新装新版

# 真理 TRUTH

## 第8巻 信仰篇

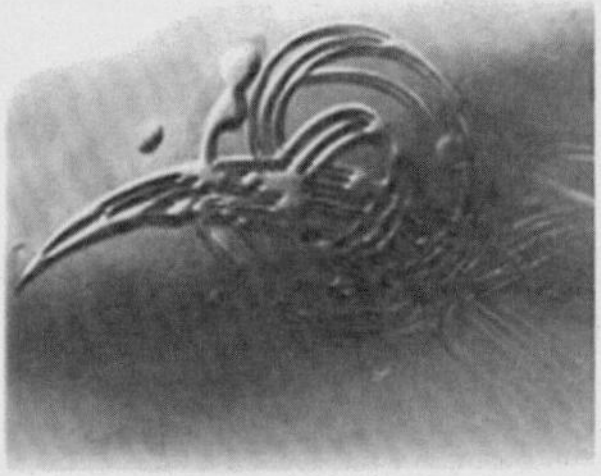

谷口雅春
Masaharu Taniguchi

光明思想社

# はしがき

「真理《しんり》は汝《なんじ》を自由《じゆう》ならしめん」これがイエスの教《おし》えの中核《ちゅうかく》を成《な》しているのである。「真理とは何ぞや」とピラトがイエスにきいたとき、イエスは黙念《もくねん》として答えなかった。真理は一言《ひとこと》でそれを説《と》きつくすことはできないのだ。真理は完全《かんぜん》にそれをつかんだと思ったとき、もうその掌《たなごころ》の中からのがれてしまって遠く彼方《かなた》にいるのである。真理は吾々《われわれ》を解放《かいほう》してくれるものである。だからイエスは「真理は汝《なんじ》を自由ならしめん」と言ったのである。真理は解放者《かいほうしゃ》である。人間をして一切《いっさい》の繋縛《けいばく》から解放し、不幸《ふこう》から解脱《げだつ》せしめるものなのである。真理を知って一切の繋縛《けいばく》から解脱《げだつ》し得《え》たものを「覚者《かくしゃ》」即《そく》「仏陀《ぶつだ》」と仏教《ぶっきょう》では言ったのである。「解脱をもって仏《ほとけ》となす」と涅槃経《ねはんぎょう》には示《しめ》されている。

併《しか》し真理は言葉をもって説《と》こうと思えば大抵《たいてい》は逃《に》げてしまう。それで言詮不及《ごんぜんふぎゅう》と仏教では言う。しかし説かなければ伝《つた》えることができない。八万四千の法蔵《ほうぞう》があり、それぞれ文章即《すなわ》ち経《きょう》典《てん》をもって説かれている所以《ゆえん》である。若《も》し文章をもって真理を説くことができなかったならば、これらの法蔵《ほうぞう》も何の甲斐《かい》もないのである。だから決《けっ》して説くことができないことはない。私は、それで現代語《げんだいご》で最《もっと》も易《やさ》しく説こうとしたのである。

真理《しんり》はそれを外《そと》に求《もと》むれば愈々《いよいよ》遠く高く深《ふか》く、容易《ようい》に近寄《ちかよ》りがたいのであるけれども、それはそんなに近寄りがたいものではないのである。何故《なぜ》なら真理は各人《かくじん》の内《うち》に深く蔵《ぞう》されている諸君《しょくん》自身の本性《ほんせい》であるからである。「真理とは何ぞや」と外にあるかの如《ごと》くピラトがたずねたときイエスは答えなかったけれども、ピラトが「汝《なんじ》は王《おう》なるか」とイエスに言ったとき、イエスは「汝《なんじ》の言えるが如《ごと》し」と答えている。汝の言えるが如く何人《なんびと》も「王である」のが真理である。諸君は皆《みな》、ことごとく一人一人が「王」であるのである。それは国の主権者《しゅけんしゃ》として憲法《けんぽう》に定《さだ》められたる王と云う意味ではない。諸君に内在《ないざい》するところの「本性」（本当の自分）が「王」なのである。諸君の「本当の自分」は何者《なにもの》にもしばられることなき絶対不可侵《ぜったいふかしん》の権利《けんり》と力をもつところの「王」であるのである。この真理を悟《さと》ったとき、諸君は如何《いか》なる不幸にも支配《しはい》されない「王」たるの実《じつ》をあらわすのである。この真理を悟ることなくして民主主義《みんしゅしゅぎ》をいくら叫《さけ》んで見ても人間は決して自由を得《う》ることはできない。それは政治《せいじ》の上や、法制《ほうせい》の上から、基本人権《きほんじんけん》は平等《びょうどう》に定《さだ》められ、自由《じゆう》は保護《ほご》されていても、真理を知らないものは、自分で自分を束縛《そくばく》して、自分自身を不幸《ふこう》に陥《おとしい》れるのである。

併《しか》し、真理を完全に知った者は、もう不幸になる必要《ひつよう》はない、病気《びょうき》になる必要もない。失望《しつぼう》する必要もないし、悲《かな》しむ必要もない。家庭《かてい》の不調和《ふちょうわ》に苦《くる》しむ必要もないし、貧《まず》しくなる必要もないのである。幸福《こうふく》と、健康《けんこう》と、喜《よろこ》びと、調和《ちょうわ》とは諸君の生《うま》れながらの本性《ほんせい》であり、それが実現《じつげん》するからである。

私は『真理《しんり》』の「入門篇《にゅうもんへん》」からはじめて、前巻《ぜんかん》に於《お》いて「真理」に悟入《ごにゅう》する道を説《と》いたが、真理を悟《さと》るのにも色々《いろいろ》の段階《だんかい》があるのである。白隠禅師《はくいんぜんじ》も「大悟《たいご》十八回、小悟《しょうご》は数知れず」と言っておられる。「真理」を小さく悟《さと》っただけで、完全に悟り切ったと思ったときに真理は高く遙《はる》かなる彼方《かなた》に逃《に》げてしまうのである。真理を悟ったならば、その方向《ほうこう》に日常生活《にちじょうせいかつ》を実践《じっせん》しつつ、更《さら》に深《ふか》く真理をきわめて、その信仰《しんこう》を深化《しんか》しなければならない。真理はただ知的《ちてき》に把握《はあく》されただけでは真当《ほんとう》の力をあらわさないのである。真理が潜在意識《せんざいいしき》にまで、「信《しん》」となって深化するとき本当に生活の智慧《ちえ》となり力となって諸君は真《しん》に一切の不幸を超《こ》えた超人《ちょうじん》となることができるのである。第七巻の「悟入篇《ごにゅうへん》」の次に「信仰篇《しんこうへん》」をおいた所以《ゆえん》である。第一巻の「入門篇」から順次《じゅんじ》読まれると一層《いっそう》よいが、本書だけでも独立《どくりつ》して真理が把握《はあく》しやすいように工夫《くふう》して書かれている。

著《ちょ》者《しゃ》識《しる》す

# 旧版《きゅうはん》の凡例《はんれい》

一、本文《ほんもん》は全部、歴史的仮名遣《れきしてきかなづかい》により、且《か》つ振仮名《ふりがな》を附《ふ》し、中学生程度《ていど》の青年には辞書《じしょ》を引かねば、多分《たぶん》意味がわからないと思われるような熟語《じゅくご》には、上欄《じょうらん》に新仮名《しんかな》でその意味を書き、読者自身が辞書を引く手数《てすう》をはぶいた。

一、戦後《せんご》の日本語の混乱《こんらん》と頽廃《たいはい》とは、殆《ほとん》ど停止《ていし》する処《ところ》を知らないように見える。それに加《くわ》うるに当用漢字《とうようかんじ》及《およ》び発音式仮名遣《はつおんしきかなづかい》の設定《せってい》、当用漢字以外《いがい》は学校で教えないこと及び、新聞雑誌《しんぶんざつし》の振仮名の廃止《はいし》により、青少年が習わぬ漢字を自分勝手な読み方をし、将来《しょうらい》文筆《ぶんぴつ》をもって立つべき文学《ぶんがく》青年でありながら「匿名批評《とくめいひひょう》」を「カクメイヒヒョウ」など発音《はつおん》して恥《は》じない者まであらわれているのである。当用漢字が設定されてもそれだけでは用《よう》を達《たっ》し得《え》ないために、此《こ》の頃《ごろ》の新聞雑誌には振仮名ではなく「フリ漢字」が用《もち》いられている。たとえば「弾《だん》がいして」では「弾害《だんがい》して」と読みそうで、訳《わけ》がわからなくなる惧《おそ》れがあるから「弾がい(劾)して」とか、「う」では何のことかわからないから「う(鵜)」と云う風に「フリ漢字」を附《つ》けているのである。「弾劾《だんがい》」の漢字を知らず、「鵜《う》」の漢字を知らない者には、「フリ漢字」は何の役《やく》にも立たない。また最初《さいしょ》からその漢字を知っている者には漢字を、あたまから書いてよい訳である。こんな国《こく》語教育《ごきょういく》を受けていては現代《げんだい》の青年は明治《めいじ》・大正《たいしょう》の文学すら読みこなすことが出来ないことになる。読書力の低下《ていか》、従《したが》って来《きた》る学力《がくりょく》及《およ》び知能《ちのう》の低下は寒心《かんしん》すべきものがある。そこで現代の文章を本当によみこなすだけの読書力をつけるためには、どうしても当用漢字以外の漢字を、辞書も引かずに其《そ》のまま振仮名附《ふりがなつき》の文章を読んでいるうちに自然《しぜん》に、もっと多くの漢字熟語《じゅくご》と正しい語義《ごぎ》を覚《おぼ》えることの出来るような修養書《しゅうようしょ》が必要《ひつよう》な訳である。本書はその目的《もくてき》を果《はた》すためにも役立《やくだ》つと思う。

一、漢字はただの符牒《ふちょう》ではないのであって、それは象形《しょうけい》文字であり、その形そのものが一《いっ》種《しゅ》の絵として各文字《かくもんじ》それぞれ独特《どくとく》の表情《ひょうじょう》とニューアンスを有《も》っているものである。文学者は、その人の文章独特のニューアンスによって単《たん》に思想《しそう》の伝達《でんたつ》のみならず感情《かんじょう》や雰囲気《ふんいき》をあらわそうとするのである。それなのに、ただ便利主義《べんりしゅぎ》で、字画《じかく》を減《へ》らしたり、複雑《ふくざつ》な字画の漢字の使用制限《しようせいげん》をすることは、恰《あたか》も画家《がか》に深《ふか》い味《あじ》の色彩《しきさい》の絵の具を使わせないで単色《たんしよく》のみで絵を描《か》けと言うようなものである。編者《へんしや》は時代に迎合《げいごう》する漢字制限に反対《はんたい》するものであり、現《げん》に新聞雑誌が漢字を制限しながら、「かな」の下に括弧《かっこ》をして振漢字《ふりかんじ》をつけているのでも、漢字の人工的制限が無理《むり》であることを証明《しようめい》している。この見地《けんち》から本書は、青年の精神修養《せいしんしゆうよう》になると同時に、自己を表現《ひようげん》するに必要なと同時に、明治・大正の文学を読破《どくは》し鑑賞《かんしよう》し得《う》るだけの国語力《こくごりよく》を養成《ようせい》するための課外教科書《かがいきようかしよ》となる目的で、漢字を制限せず、本文に歴史的仮名遣《れきしてきかなづかい》にて振仮名《ふりがな》を附《ふ》して編纂《へんさん》したのである。

新装新版

# 真理

第八巻

信仰篇

目次

## 第五章　進歩の源泉について

# 第六章　祈りの根本法則に就いて



## これだけは是非心得て置きたい事

## 第九章　繁栄と成功への智慧

## 第十章　幸福になるための智慧

## 第十一章　心の法則で人生を支配するには

## 第十二章　愛と信と行動とによって

## 第十六章　健康と長寿への心の設計

# 新装新版《しんそうしんぱん》　凡例《はんれい》

一、巻頭《かんとう》の「はしがき」は、昭和《しょうわ》三十一年七月一日初版発行時《しょはんはっこうじ》のものである。

一、本全集《ほんぜんしゅう》旧版《きゅうはん》の文字遣《もじづか》いは、第三巻を除《のぞ》き正漢字《せいかんじ》・歴史的仮名遣《れきしてきかなづか》いであるが、時代《じだい》の推移《すいい》に鑑《かんが》み、文字遣《もじづか》いを常用《じょうよう》漢字・現代《げんだい》仮名遣いに改《あらた》めた。又《また》、それにともない本文《ほんもん》の活字《かつじ》を大きくし、より読み易《やす》くした。

一、本全集旧版は総《そう》ルビであるが、パラルビを採用《さいよう》し、小学校で習《なら》うごく基本的《きほんてき》な漢字・熟語《じゅくご》のルビは除くこととした。

一、本全集旧版の上欄《じょうらん》の注釈《ちゅうしゃく》は、すべて本文の該当箇所《がいとうかしょ》に割注《わりちゅう》として挿入《そうにゅう》した。

一、本全集旧版は、昭和二十九年九月十五日から昭和三十三年十一月二十日にかけて初版発行されており、一部今日《こんにち》とは時代背景《はいけい》を異《こと》にする文章もあるが、原文尊重《げんぶんそんちょう》のためそのままとした。

# 新装新版

# 真理

## 第八巻

## 信仰篇

# 第一章　日々の生活が宗教《しゅうきょう》である

## 禅《ぜん》と生活

或《あ》る時、禅宗《ぜんしゅう》のお寺で立派《りっぱ》な本堂《ほんどう》が建《た》てられまして、その献堂式《けんどうしき》（お堂をたてて、仏様又は神さまに献げる式）が催《もよお》されたことがありました。そして其《そ》の献堂式にはその本堂に要《よう》する建造費《けんぞうひ》を奉納《ほうのう》した信者《しんじゃ》たちが多《おお》勢招《ぜいまね》かれたのであります。その宗教《しゅうきょう》の幹部《かんぶ》の人たちは、この本堂は仏様《ほとけさま》に捧《ささ》げられたる本堂であるから、出来るだけそれを汚《よご》すまいと思いまして、本堂前の空地《あきち》を借《か》りて、其処《そこ》にテントを張《は》り招待者《しょうたいしゃ》たちのための食堂《しょくどう》をつくったのであります。その献堂祝賀会《しゅくがかい》の行事《ぎょうじ》は数日にわたって行われたのでありますが、最初《さいしょ》の三日間は好天気《こうてんき》にめぐまれまして、本堂から、空地のテント食堂へ行《ゆ》くにも晴々《はればれ》しい空からは煦々《くく》とした日光《にっこう》が降《ふ》りそそいでいまして誠《まこと》に気持《きもち》がよかったのでありましたが、四日目からは曇《くも》った寒《さむ》い日がつづいて、時々《ときどき》氷雨《ひさめ》や霙《みぞれ》が降ったので、本堂からテント食堂へ行くのは少々お気《き》の毒《どく》のようでありました。

和尚《おしょう》さんは、その様《さま》を眺《なが》めて、五日目からは招待された信者たちをテント食堂へ行かないでもよいことにいたしまして、本堂でお弁当《べんとう》を頂《いただ》いてもよいことにしたのであります。

すると残念《ざんねん》なことには本堂一《いっ》ぱいに弁当殻《がら》や、新聞紙《しんぶんし》や、キャラメルのにちゃくちゃした包《つつみ》紙《がみ》などがちらかっていて、折角《せっかく》、神聖《しんせい》(とうとくきよらか)な本堂がメチャクチャに汚《よご》されてしまっていました。和尚さんは大変《たいへん》お歎《なげ》きになられて、其《そ》の次の日からは本堂でお弁当をたべないで再《ふたた》びテントへ往《い》って食べるようにせられました。

すると、その献堂式にまねかれていって帰って来た信者が、「どうも本山《ほんざん》は怪《け》しからぬ。吾々《われわれ》を招待《しょうたい》して置《お》いて、本堂でお弁当一つつかわしてくれないで、氷雨《ひさめ》の降る中を遠いところまで歩かせた」と言って大変不平《ふへい》を言っていると云う噂《うわさ》が伝《つた》わってまいりました。

これは喩《たと》え話であって、どこの禅宗のお寺にあったと云う事実《じじつ》ではありませんが、宗教の信者には時々これに似《に》たようなことが起《おこ》ることがあって、日頃《ひごろ》の信仰の程度《ていど》がおしはかられるのであります。

## 洗浄《せんじょう》と云《い》うこと

道元禅師《どうげんぜんじ》は、正法眼蔵洗浄《しょうぼうげんぞうせんじょう》の巻《まき》に次のように書いておられます。

「……身心《しんじん》これ不染汚《ふぜんな》（よごれていない）なれども、浄身《じょうしん》（からだをきよめる）の法《ほう》あり、浄心《じょうしん》の法あり。ただ身心《しんじん》をきよむるのみにあらず、国土樹下《こくどじゅげ》をもきよむるなり、国土いまだかつて塵穢《じんえ》（ちりやよごれ）あらざれどもきよむるは、諸仏之所護念《しょぶつのしょごねん》（愛護の念をそそぎたもうところ）なり。仏果《ぶっか》にいたりてなお退《たい》せず廃《はい》せざるなり、その宗旨《しゅうし》はかりつくすべきことかたし。作法《さほう》（日常のオコナイが法にかなう）これ宗旨なり、得道《とくどう》（仏となるさとりを得る）これ作法なり。」

作法《さほう》と云《い》うのは日々《ひび》の動作《どうさ》が自然《しぜん》に法《のり》にかなうことを言うのであります。宗旨《しゅうし》と云うのは宗《しゅう》教《きょう》の教《おし》えの旨《むね》（即《すなわ》ち中心又《また》は主体《しゅたい》）とするところであります。得道《とくどう》と云うのは、悟《さと》りを得《え》て、それが生悟《なまざと》りではなく、宇宙《うちゅう》に満《み》つる「道《みち》」と一体《いったい》なるを得《う》ることであります。そこで、

「作法これ宗旨なり、得道これ作法なり」と云う道元禅師の語《ことば》が実《じつ》に深《ふか》い深い意義《いぎ》を持っていることがわかるのであります。教えの本体《ほんたい》がそのまま日々《にちにち》の動作となり、得道《さとり》と云うものがそのまま作法として日常《にちじょう》生活にあらわれなければならない。生活と教えとがはなればなれに遊《ゆう》離《り》してはならないのであります。生活がそのまま教えとなり、生活がそのまま説法《せっぽう》となるのでなければ、本当に生長《せいちょう》の家《いえ》の信徒《しんと》とは称《い》えないのであります。

そこで「洗浄《せんじょう》」（あらいきよめる）と云う問題《もんだい》が起《おこ》ってまいります。「洗浄」と云うて「洗《あら》う」と云う字が出て来ますが、必《かなら》ずしも水で洗うことだけではありません。道元禅師は次の如《ごと》く爪《つめ》を剪《き》る

ことも「洗浄」の中に入れておられるのであります。

「浄身《じょうしん》は、大小便《だいしょうべん》を洗《あら》い、十指《し》の爪を剪《き》る。しかあれば、身心《しんじん》これ不染汚《ふぜんな》なれども、浄身の法あり、浄心の法あり。ただ身心をきよむるのみに非《あら》ず、国土樹下《こくどじゅげ》をもきよむるなり」

「大小便を洗う」と云うのは大小便の通路《つうろ》たる肉体《にくたい》、及《およ》びその附近《ふきん》の著衣《ちゃくい》及び両便所《りょうべんじょ》を清潔《せいけつ》にすることであります。みずから洗うのであります。お寺へ信者《しんじゃ》が教えを聴《き》きに来て、色々功《いろいろく》徳《どく》を受けながら、自分のした大小便をお寺の住持《じゅうじ》に掃除《そうじ》させて得々《とくとく》としている人もあります。

大小便だけではない、人間の歩いたところに必ず埃《ほこり》が落ちる。ズボンやスカートや肌着《はだぎ》などの繊維《せんい》が動作するにつれて、摩擦《まさつ》して落ち散《ち》る。それは少しずつではあるが、お寺や道場《どうじょう》へ集《あつま》る求道者《ぐどうしゃ》の数が多ければ、それが集って廊下《ろうか》や本堂《ほんどう》や講堂《こうどう》の隅々《すみずみ》に無数《むすう》の綿《わた》ぼこりのようなものが出来る。それを禅宗《ぜんしゅう》のお寺のお坊《ぼう》さんが掃除《そうじ》をする。信者と云うものは寺や道場を維持《いじ》するための金《かね》を出したのであるから檀那《だんな》である、自分がよごしたところは、寺の坊主《ぼうず》や道場の職員《しょくいん》が掃除すればよいと考えたりする。これは宗教の世界でなくて商売《しょうばい》の世界である。商売も商売、資本主義経済《しほんしゅぎけいざい》の世界であって、宗教ではありませぬ。こう云う気持でお寺へでも道場へでも来て教えを聴《き》いても本当の功徳《くどく》と云うものは出て来ないのであります。教えと云うものは「生活が教え」とならねば本当の功徳はないのであります。

田中忠雄《たなかただお》さんの『禅《ぜん》と現代人《げんだいじん》』(元々社発行の新書版)と云う本にこんな話が書いてあります。

〝ある日のこと、一人の老僧《ろうそう》が船を訪《おとず》れた。向学《こうがく》の心に燃《も》える道元《どうげん》は、同じ志《こころざし》につながる大宋国《だいそうこく》の人物《じんぶつ》と話をして見たかったのであろう。

道元「あなたは何処《どこ》から来られたのですか。」

老僧「育王山《いくおうざん》から三十里《り》歩いて参《まい》った。」

(尤《もっと》も、この三十里は、むろん支那里《しなり》である。)

道元「何の用《よう》で、そのような遠い所から……」

老僧「椹《じん》を買うためでござるよ。」

(椹というのは、菌《きのこ》のこと、また桑《くわ》の実《み》のこと。ここは恐《おそ》らく日本の貿易品《ぼうえきひん》、菌《きのこ》のことであろう。)

道元「育王山であなたは何をしておられますか。」

老僧「典座《てんぞ》と申《もう》す役《やく》をやっておりますじゃ。」

(典座とは禅院《ぜんいん》で一山《ざん》の賄《まかな》い役《やく》、つまり、衆僧《しゅうそう》の食事を司《つかさど》る六知事《ちじ》の一つである。この老僧は明日《あす》人々に供《きょう》すべき食物《しょくもつ》を獲《え》るためにやって来たことが判《わか》る。)

ここに於《お》いて、道元の胸《むね》にふっと学問的《がくもんてき》な興味《きょうみ》が湧《わ》いた。彼はこの老《お》いた典座《てんぞ》に向《むか》って言う。

道元「茶をさし上げたいと思います。ほんの暫《しばら》くお話が願《ねが》いたい。」

典座「いや、明日《あす》の食事のことがありますでの、わしが早く帰らぬと皆《みな》が困《こま》るのじゃ。」

ここは、この問答《もんどう》の一つの頂点《ちょうてん》であって、仏法《ぶっぽう》の極意《ごくい》を説き抜《と》いている所であるが、知《ち》識欲《しきよく》に燃《も》える道元《どうげん》には、まだ通《つう》じない。道元は後《のち》にこの会話の思い出を『典座教訓《てんぞきょうくん》』の中に書いて弟子《でし》に示《しめ》している。原文を直訳《ちょくやく》すると、「不可《ふか》なり、明日《あす》の供養吾若《くようわれも》し管《かん》せずは、便《すなわ》ち不是《ふぜ》なり」ということになる。そのような話などしてはおられませぬわ、という意味である。そこで、道元は切り出した。

道元「寺には他《ほか》に食事役《しょくじやく》の人もいるでしょう。あなた一人ぐらい居《い》なくても困《こま》るということはないでしょうに。」

典座「典座《てんぞ》の役は、老僧の弁道《べんどう》（学問）ですぞ。何で他人《たにん》に譲《ゆず》れましょうや。」

道元「食事の役が学問ですって、じゃ、それより、何故《なぜ》あなたは其《そ》のような煩《わずら》わしい作務《さむ》（労《ろう》働《どう》）などやめて、座禅《ざぜん》をしたり古人《こじん》の書物《しょもつ》を読んだりしないのですか。それこそ学問に携《たずさ》わる文化人《ぶんかじん》の仕事《しごと》ではありませんか。」

老僧は大きく笑《わら》った。

老僧「おお、立派《りっぱ》な外国のお方《かた》よ。惜《お》しいかな、あなたは未《ま》だ未熟《みじゅく》で弁道《べんどう》（学問）ということが判《わか》っておられぬようじゃな。」

流石《さすが》の道元も、ここにおいてぎくりとした。〟

この文章はここがヤマであるのです。宗教《しゅうきょう》の教《おし》えをきくと云《い》うことはただ道場《どうじょう》に坐《すわ》って、講師《こうし》の話をきくことであって、日常《にちじょう》生活の作務《さむ》即《すなわ》ち労作《ろうさ》をすることではないとまだ若《わか》い頃《ころ》の道元《どうげん》は考えていたのであるが、これと同じ様な考えをもっている程度《ていど》の信者《しんじゃ》や修行者《しゅぎょうしゃ》がどこの宗教にでも随分沢山《ずいぶんたくさん》あるものです。ここのところは余程《よほど》考えなければならないのであります。

宗教と云うものは、善《よ》き本を読み、善《よ》き話をきくことだと思っていて、「日常生活」そのもののが宗教であると云うことを知らない人が多いのであります。「日《ひ》に日《ひ》に生《い》くるが宗教であるる」と生長の家の「智慧《ちえ》の言葉」にも書かれているのであります。

さて、この「洗浄《せんじょう》」すなわち日常生活の事々物々《じじぶつぶつ》を「きれいにする」と云うことが宗教なのであります。「きれいにせねばならぬ」などと申しますと、「本来《ほんらい》（もと）浄穢《じょうえ》（きよらか）（とよごれ）なし」――「物質は本来空《くう》であるから、きれいもきたないもないではないか」と言う人があるかも知れません。

そこで道元は、「しかあれば身心《しんじん》これ不染汚《ふぜんな》なれども……」（身も心も、本来清浄《しょうじょう》のものであって、染《よご》れ汚《けが》れのないものだけれども）

と言って、つづけて

「浄身《じょうしん》の法《ほう》あり、浄心《じょうしん》の法あり、ただ身心《しんじん》の法あり。ただ身心をきよむるのみにあらず、国《こく》土樹下《どじゅげ》をもきよむるなり」と言っているのであります。すなわち、本来「清浄《しょうじょう》のもの」であるから、それの自然《しぜん》の動きは、「浄《きよ》める働《はたら》き」となってあらわれるのであります。それが「きよめる働き」となっていないならば、本来の生命《せいめい》の働きが妄想《もうぞう》によって鎖《とざ》されていると云うほかはないのであります。そして自分と大宇宙《だいうちゅう》の生命とは一体《いったい》でありますから、自分の身心《しんじん》をきよめることは国土《こくど》をきよめることになるのです。「国土樹下《じゅげ》」と言われたのは釈迦牟尼仏《しゃかむにぶつ》が菩《ぼ》提樹《だいじゅ》の下に坐《すわ》って悟《さと》りをひらかれたので、「樹下《じゅげ》」は、すなわち、「自分の悟《さと》りの座《ざ》」のことであります。「悟りの座」をきよめないで、自分が浄《きょ》まる筈《はず》がない。道場を清掃《せいそう》すると云う行事《ぎょうじ》そのものが自分を浄《きょ》めることになり、自分を浄めることが宇宙を浄めることになるのであります。

道元は言う。「国土いまだかつて塵穢《じんえ》あらざれどもきよむるのは、諸仏《しょぶつ》之《の》所護念《しょごねん》なり。仏果《ぶっか》（ホトケとしてのサトリ）にいたりてなお退《たい》せず廃《はい》せざるなり。」

国土はその実相《じっそう》においてはいまだ嘗《かつ》て汚《よご》れはないのである。汚れがあるのは、その実相があらわれていないだけのことなのである。諸仏《しょぶつ》の愛念《あいねん》の実相のあらわれる相《すがた》が「きよめる」と云う行動としてあらわれて来るのであります。「護念《ごねん》」と云うのは「愛念」と云うのも同じことであります。だから諸仏の護念のすがたが、現世《げんぜ》をきよめるすがたとしてあらわれるのであります。だから自分はさとって仏《ほとけ》になったと言って作務《さむ》を怠《おこた》ると云うことはない。「仏果《ぶっか》にいたりてなお退《たい》せず廃《はい》せざるなり」と道元《どうげん》の言われるわけもここにあるのであります。仏果《ほとけのさとり》を得《え》たから、もう「先生」になってしまって掃除《そうじ》をしないでもよいと云う事はないのであります。

物を清《きよ》めるには大抵《たいてい》、水をもって浄《きよ》めるのでありますけれども、道元は次のように『正法眼蔵《しょうぼうげんぞう》』洗浄《せんじょう》の巻《まき》に書いているのであります。「水かならずしも本浄《もとじょう》にあらず、本不浄《もとふじょう》にあらず。身《しん》必ずしも本《もと》浄にあらず、本《もと》不浄にあらず。諸法《しょほう》またかくのごとし。水いまだ情《じょう》（心あるもの）非情《ひじょう》（心なきもの）にあらず。身《しん》いまだ情非情にあらず。諸法またかくのごとし。仏世尊《ぶつせそん》の説《せつ》、それかくのごとし。しかれども水をもて身《しん》をきよむるにあらず。仏法《ぶっぽう》によりて、仏法を保任《ほにん》する（ながくたもつ）に、この儀《ぎ》（おこないの作法。〈「義」が人間の行為にあらわれたもの。〉）あり、これを洗浄《せんじょう》と称《しょう》す。仏祖《ぶっそ》の一身心《いっしんじん》をしたしくして、正伝《しょうでん》するなり。仏祖の一句子《いっくす》（一言一句）をちかく見聞《けんもん》するなり、仏祖の一光明《いちこうみょう》をあきらかに住持《じゅうじ》する（たもつ）なり。おおよそ無量無辺《むりょうむへん》の功徳《くどく》を現成《げんじょう》（ここに今成就する）せしむるなり。身心《しんじん》に修行《しゅぎょう》を威儀《いぎ》（かたちの作法にあらわす）せしむる、正当恁麼時《しょうとういんもじ》（いまこの時）すなわち久遠《くおん》の本行《ほんぎょう》（本来のいのちの動き）を具足円成《ぐそくえんじょう》（円満に成就せること）せり。このゆえに修行の身心本現《しんじんほんげん》するなり。」

すこし、道元の文章はむつかしいのでありますけれども、大体《だいたい》の意味はこうであります。

水はかならずしも本来《ほんらい》、浄《きよ》らかでも不浄《ふじょう》でもない。身《からだ》もかならずしも本来、浄らかでも不浄でもない。すべての法はみな其《そ》のようなものである。釈尊《しゃくそん》の教えもそのとおりである。それはそうであるが、本来浄、不浄のない身《み》を浄めると云うと変《へん》であるが、形は水をもって身《からだ》を浄《きよ》めるように見えるけれども、決《けっ》して水をもって身《からだ》を浄めるのではない。仏法《ぶっぽう》を保任《たもっ》のに仏法をもってするのであって、これが洗浄と云う儀《かたち》をもってあらわれるのである。「きよめる」行為《こうい》こそ仏祖釈迦牟尼仏《ぶっそしゃかむにぶつ》が身《からだ》と心とをもって教えられた教えを正しく伝《つた》えるのであり、釈迦世尊の教えのうちの一句《いっく》を身《み》にちかく見、また聞くことになり、釈迦世尊から輝《かがや》き出《い》でる一つの光明をハッキリと身《み》に体《たい》することになるのであって、およそ洗浄こそ、実相《じっそう》の無量無辺の功徳を円《えん》満《まん》に現成《げんじょう》即《すなわ》ち現実界《げんじつかい》に成就《じょうじゅ》し実現《じつげん》するものである。こうして洗浄と云う行為によって、身《からだ》をもち心をもって修行《しゅぎょう》し、仏の荘厳《そうごん》なる実相を威儀《いぎ》（ここでは作法のこと）と云う形にあらわしたところのその正当恁麼時《しょうとういんもじ》に、すなわち時間を超《こ》えた久遠《くおん》の本仏《ほんぶつ》の本行《ほんぎょう》が円満に具《そな》わり足《た》り成就《じょうじゅ》しているのである。だから洗浄と云う行《ぎょう》を修《おさ》めることそのことが、本仏《ほんぶつ》の行《ぎょう》そのままに本仏の身心《しんじん》がそこにそのまま実現しているのだ――と云うほどの意味であります。

「なんだ廊下《ろうか》の掃除《そうじ》か。室内《しつない》の雑巾《ぞうきん》がけか」などと、軽蔑《けいべつ》したように云う人があるかも知れませんけれども、それは宗教と云うもの、悟《さと》りと云うものを本当に知らぬからであります。「きよめる」と云う行事《ぎょうじ》がそのまま仏の現成《げんじょう》なのであります。

華厳経《けごんきょう》の浄行品《じょうぎょうほん》には、洗浄《せんじょう》をする場合にとなえる三種《しゅ》の誓願偈《せいがんげ》（ちかいの言葉）があげられています。

「当《まさ》に願《ねが》うらくは一切《いっさい》の衆《しゅう》とともに、穢汚《けがれ》を除《のぞ》いて婬怒癡《いんぬち》の三毒《どく》（婬は正しくない色情。怒はイカリ、癡はオロカ）なからんことを。」（大小の二便《べん》を浄《きょ》めるときにとなえる）

「当《まさ》に願うらくは一切の衆とともに、無上《むじょう》の大道《だいどう》に向《むか》って出世間《しゅっせけん》の法を得《え》んことを。」

出世間の法を得《う》るとは現象界《げんしょうかい》を出て、実相《じっそう》の悟《さと》りを得る意味です。これは水を以《もっ》て物を浄《きょ》める時に使います。

「当《まさ》に願うらくは浄忍《じょうにん》を具足《ぐそく》して畢竟《ひっきょう》じて無垢清浄《むくしょうじょう》ならんことを。」

これは、水をもって身心《しんじん》を浄《きょ》める時に唱《とな》える言葉であります。「浄忍」とは、事物及《じぶつおよ》び人間が本来清浄《ほんらいしょうじょう》であると云う実相の悟りであります。本来清浄であるから、自然に清浄ならしむる行《おこな》いが出て来るのであります。

# 第二章　久遠不滅《くおんふめつ》の生命《せいめい》を見つめつつ

## 人間を肉体《にくたい》だと思ってはならない

人間は肉体《にくたい》ではない、だから肉体だけになってしまったら、其処《そこ》に人間はいないのである。人間は、「心」であり、肉体をつかって物を感じ、行動《こうどう》するのである。肉体は時には望遠鏡《ぼうえんきょう》のハタラキをして物を観《み》、レーダーのハタラキをして物を感じ、トラックや運搬機《うんぱんき》（はこぶきかい）のハタラキをして心の思いを行動化《こうどうか》する（おこないにあらわす）のである。吾々《われわれ》が心で肉体を癒《い》やそうと思うならば、「心」が吾々の主人公《しゅじんこう》であり、肉体はその道具《どうぐ》だと云《い》うことを先《ま》ず知らなければならないのである。吾々が人間を「心」だと知ることができる程度《ていど》にしたがって、肉体それ自体《じたい》が「心」を支配《しはい》する程度が減《へ》ってくるのである。肉体それ自体は、物質《ぶっしつ》として表現《ひょうげん》（あらわすこと。又、あらわれること）されていますから人間を肉体だと信《しん》じている程度に従《したが》って物質の法則《ほうそく》に支配される程度が多くなるのであります。

## 「本体《ほんたい》としての心」と「現象《げんしょう》としての心」を混同《こんどう》してはならぬ

人間を「心」だと云《い》う場合の「心」とは脳髄《のうずい》から出て来る「精神作用《せいしんさよう》」ではないのであります。唯心論《ゆいしんろん》と唯物論《ゆいぶつろん》とが時々《ときどき》言い争《あらそ》って、「心は脳髄の産物《さんぶつ》であるから、脳髄をこわしたら心はでて来なくなる。だから、心が万物《ばんぶつ》を造《つく》るなどと云うことはあり得《え》ない」と云うような反《はん》論《ろん》（反対のギロン）が出て来るのは、「唯心論」と云う場合の「心」を、脳髄作用《のうずいさよう》の心と混同《こんどう》しているからであります。唯心論と云う場合の「心」や、宇宙《うちゅう》の本体《ほんたい》（現象に対する語。形にあらわれるにはもとがなければならぬ。そのモトになるホンモノ）としての「心」と云う場合には、英語《えいご》で書けばmind《マインド》ではなくMind《マインド》と書くのです。日本文字には大文字《キャピタル》がないので混同するのである。mind《マインド》としての心は脳髄から出て来る「現象《げんしょう》（かたちにあらわれて見えるもの）心《しん》」であって、ラジオのスピーカーから出て来る第二次再生音《さいせいおん》（もとの音でなく或る装置で再生させた音）みたいなものでありまして、「本体としての心」が脳髄の真空管《しんくうかん》を通して再生《さいせい》（二どめにでて来る）した精神作用であって、本体のハタラキを幾分伝《いくぶんつた》えているが脳髄自身の雑音《ざつおん》が多いのであります。脳髄自身に如何《いか》に雑音が多いかは睡眠中《すいみんちゅう》に起《おこ》る脳波《のうは》（脳髄から出る電気的波動）の研究《けんきゅう》によって明《あきら》かにされています。

## 人間は何故《なぜ》病《や》まず老《お》いないか

脳髄《のうずい》と云《い》うような複雑《ふくざつ》な（こみ入っている）組織《そしき》が、偶然《ぐうぜん》にある数種元素《すうしゅげんそ》がただ集《あつま》っただけで、出来る筈《はず》はないのであります。適当《てきとう》なる順序《じゅんじょ》に元素を配列《はいれつ》し、分子《ぶんし》を配列し、細胞《さいほう》を配列する精巧《せいこう》なる知性《ちせい》にその製作《せいさく》が導《みちび》かれなかったならば、到底《とうてい》あの複雑微妙《びみょう》な（こまかいところにまで感じが行きとどいていてフシギなハタラキをする）脳髄構造《こうぞう》と云うものができよう筈《はず》がないのです。ここに脳髄からでて来た「心」以前《いぜん》に、脳髄以前の「心」（知性）の存在《そんざい》を認《みと》めなければならない理由《りゆう》があります。その「知性」こそ吾々《われわれ》自身であり、肉体《にくたい》が死んでも脳髄のハタラキが停止《ていし》しても、脳髄をつくった「知性」は決《けっ》して死ぬものではないのであります。この「知性」こそ本当の人間であり、それは無病《むびょう》であり、肉体以前から存《そん》するものでありますから、不老不死《ふろうふし》であり、この「知性」はよろずの元素を組合《くみあわ》せて肉体をつくった本尊《ほんぞん》であるから、この「知性」（これを「霊《れい》」とも謂《い》う）が曇《くも》らされない限《かぎ》り、新陳《しんちん》代謝《たいしゃ》の際《さい》につねに若《わか》く完全《かんぜん》なる有様《ありさま》に肉体を修補《しゅうほ》する（修繕しおぎなう）から決して老《お》いる事も病《や》む事もないわけであります。

## 人間の老病《ろうびょう》疲労《ひろう》を防《ふせ》ぐには

人間が病《や》み、且《か》つ老《お》いるのは、人間の本体《ほんたい》である「知性《ちせい》」（霊性《れいせい》・タマシイである本性）の表面《ひょうめん》に迷《まよ》いの雲がかかったからであって、あなたの「霊性」そのものが濁《にご》ったのではありません。其《そ》の「迷いの雲」のなかには色々《いろいろ》のものがあります。第一に「人間は物質《ぶっしつ》だ肉体《にくたい》だ」と云《い》う観念《かんねん》です。この観念は五官《ごかん》の感覚《かんかく》を媒介《ばいかい》（なかだち）として入《はい》って来ます。だから、「人間は物質の成分《せいぶん》の不足《ふそく》で病気《びょうき》にかかる」とか、「物質を消耗《しょうこう》（ショウモウすること。〈本来はフリガナ通りの発音が正しい〉）するから疲労《ひろう》する」とか云う「第二の迷い」を生《しょう》じます。その「迷いの雲」であなたの「霊性」をくもらさないようにして、「霊性」そのものを直接示現《ちょくせつじげん》するようにしますならば、永遠《えいえん》に老いることなき、病むことなき、疲《つか》れることなき「霊性」の象徴《しょうちょう》（目に見えぬものを形にあらわしたもの）的《てき》示現としての健全《けんぜん》な肉体が出現《しゅつげん》するのであります。この「迷いの雲」は五官を媒介《ばいかい》として入って来たのですから、吾々《われわれ》は一日一回乃至《ないし》二回は神想《しんそう》観《かん》（編註・生長の家の瞑想法《めいそうほう》）をして五官の眼《め》を閉《と》じ、物質的現象《げんしょう》の肉体を見ず霊性のみを見る修行《しゅぎょう》をすることが必要《ひつよう》です。

## 迷《まよ》いを去《さ》れば「実相《じっそう》」の完全《かんぜん》さが現《あらわ》れます

コップに水を入れて、一本の箸《はし》をそれに挿《さ》し込《こ》むと、其《そ》の箸は水面《すいめん》から折《お》れたように見えます。その水を捨《す》てますと、箸《はし》が折れていない実相《じっそう》がわかる。その水にあたるものが、吾々《われわれ》の健《けん》全《ぜん》なる実相を曲げて不健康《ふけんこう》に見せる「迷《まよ》いの雲」である。箸が折れたように見えるのを直すために、箸を逆《ぎゃく》方向に捻《ね》じまげる操作《そうさ》は決《けっ》して必要《ひつよう》ではない。箸が折れたように見せる迷いの根《こん》元《げん》となっている水を捨てることです。それと同じように、人間を病気《びょうき》のように見せている「人間物質観《ぶっしつかん》」（人間を物質と観る考え方）を捨て去る事です。人間物質観を捨て去れば「物質なるがゆえに消耗《しょうこう》する」とか、「物質なるがゆえに結局滅《けっきょくほろ》びる」とか云うような第二次第三次の迷いの観念《かんねん》が消え去り、それが消え去る程度《ていど》に従《したが》って、人間の完全なる「霊性《れいせい》」が現象界《げんしょうかい》にあらわれて、健康《けんこう》があらわれるのです。健康だけではない霊性の自在《じざい》の発現《はつげん》として凡《あら》ゆる善《よ》きものが実現《じつげん》するのです。

## 肉体《にくたい》なんぞ我《わ》れ関与《かんよ》せん

ある人は大《おお》いに儲《もう》ける、ある人は運《うん》が好《よ》い、ある人は健康《けんこう》である。ある人は精力絶倫《せいりょくぜつりん》（ならびなくすぐれている。たぐいのない）である。何と云《い》う羨《うらや》ましいことだろうとあなたは思うかも知れません。しかしこれは「ある肉体《にくたい》」が大いに儲けるのでもなく「ある肉体」が運がよいのでもなく、「ある肉体」が健康で精力絶倫なのでもありません。それは本当は「或《あ》る心」が大いに儲《もう》けるのであり、「或る心」が運がよいのであり、「或る心」が健康で精力絶倫なのであります。あなたの「心」によって事業《じぎょう》は計画《けいかく》され、あなたの「心」によってあなたの行動《こうどう》が運のよい方向《ほうこう》に向いて動き出し、あなたの心が肉体の状態《じょうたい》を鼓舞《こぶ》し、栄養成分《えいようせいぶん》の排列《はいれつ》を健康な組織《そしき》をつくるように導《みちび》くのです。すべてはあなたの「心」によって現象界《げんしょうかい》のあなたの状態は変化《へんか》しているのです。先《ま》ず心を変えることです。

## 人間は既に完全《かんぜん》である

吾々《われわれ》は完全《かんぜん》なる神の表現《ひょうげん》である——これは永遠《えいえん》に変《か》ることなき真理《しんり》であります。既《すで》に吾々は完全なる神の表現でありますから、自分で神を表現しようと頑張《がんば》る必要《ひつよう》はないのであります。既に完全なる神の表現なのです。そう見えないのは自分の心の迷《まよ》いに過《す》ぎないのであります。では、「迷い」を除《と》り去《さ》るには？　「迷い」を除り去ろうと頑張る必要はないのです。「頑張る心」そのものが「迷い」なのです。「迷い」の心で「迷い」を取り去ろうと思っても、煙《けむり》の出る煙草《タバコ》を振《ふ》り廻《まわ》して、煙を追《お》い払《はら》おうとするのと同じことであります。「迷い」の心と云うものは、水の表面《ひょうめん》に起《おこ》っている波《なみ》のようなものです。心の表面に不均衡《ふきんこう》（つりあいがこわれたこと）が起るために、其《そ》の波によって、波型《なみがた》の蔭《かげ》と光《ひかり》とがあらわれるように、心に暗《くら》い処《ところ》や明《あか》るい処があらわれるのです。

## 「我《が》の心」を捨《す》て「神の心」に全託《ぜんたく》しましょう

心に不均衡《ヒズミ》（stress ストレス・力学的な《ユガミ》）が起《おこ》ればそれが肉体《にくたい》のハタラキに不均衡《ヒズミ》をつくり、それが病気《びょうき》や不幸《ふこう》や失敗《しっぱい》の原因《げんいん》になるのであります。だから迷《まよ》いを取去《とりさ》ろうと、心を激動《げきどう》させて頑《がん》張《ば》ることは、一層《いっそう》心の中にヒズミ（ストレス）を作ることになりますから、頑張る心をやめることです。病気をなおしたい治《なお》したいと色々《いろいろ》と手段《しゅだん》工夫《くふう》をつくしても却《かえ》って病気が悪《わる》くなるばかりであるのに「もう死んでも可《よ》い。どうなとなれ。」と自分の身体《からだ》を投げ出してしまったときに、最早《もはや》恢復《かいふく》の見込《みこ》みがないと思われていた重症《じゅうしょう》が治ることがあるのはこのためであります。肉体の我《が》の心（mind《マインド》）で治ろうと頑張らずに、肉体の統治権《とうちけん》を神の心（Mind《マインド》）にまかせてしまって、のんびりとすることとです。すなわち「無我全托《むがぜんたく》（すべてをまかせきる）」して神の完全《かんぜん》なる支配《しはい》を信《しん》じてまかせ切ることとです。

### 神われに働《はたら》きたまう

「わが努力《どりょく》はわれが努力せるに非《あら》ず、神が創造《そうぞう》の歌を歌いたまえるなり」こう或《あ》る西洋《せいよう》の詩人《しじん》が歌いました。吾々《われわれ》は神におまかせすると云《い》っても努力しないで神にはたらいて貰《もら》うと云うのではないのであります。われが努力せるに非《あら》ずして、われを通して、神の創造の音楽が奏《かな》でられていると云う風《ふう》な、愉快《ゆかい》な心境《しんきょう》で、努力せずして自然《じねん》に努力されている、はからわずしてはからわれている状態《じょうたい》になることが必要《ひつよう》なのであります。吾々《われわれ》は自分で努力をせずに、自分を通して神が努力したまうその創造のみ業《わざ》に讃歎《さんたん》する(ほめたたえる)がよいのです。毎日毎日、毎朝、毎夕ひまがあれば讃歎するがよいのであります。これが所謂《いわゆ》る「念仏申《ねんぶつもう》す心」に通《つう》ずる心であります。「念仏申す力」によって救《すく》われるのなら自力《じりき》であるけれども、既《すで》に救われている有《あ》りがたさを讃美《さんび》して念仏申さずにおれない状態であるのですから、自力《じりき》は少しもないのであります。

## 神にまかせながら働《はたら》くこと

眠《ねむ》っている間《あいだ》にも神は吾《われ》らの内《うち》に、そして吾らの背後《はいご》に働《はたら》き給《たま》うているのです。それゆえに吾らは何等恐怖《なんらきょうふ》することなく、神にまかせ切っておればよいのであります。神にまかせ切っていると云うことは自分は少しも働《はたら》かないのかと云うと決《けっ》してそう云う意味ではないのであって、神にまかせ切っていながらでも、自力《じりき》のないままで心臓《しんぞう》は鼓動《こどう》し、肺臓《はいぞう》は呼吸《こきゅう》し、胃腸《いちょう》も腎臓《じんぞう》もそれぞれのハタラキをつづけているのであります。それと同じ意味に於《お》いて、日常生《にちじょう》活に神にまかせていながらそのまま自然《じねん》に働いて、その働きを「自分の力」だと思わずに、常《つね》に「神の力、われを通《つう》じて働きたまう」と信《しん》じて、その神のみ業《わざ》の素晴《すば》らしさを讃歎《さんたん》するがよいのであります。そこに自分のハタラキが消えてしまって、神のみの完全《かんぜん》なハタラキがあらわれるのであります。

## 対立的信仰《たいりつてきしんこう》（善と悪とが対立して存在すると云う信仰）から絶対一元《ぜったいいちげん》の信仰へ

現世《げんぜ》の生活を幸福《こうふく》にしたいと思いながらも、「現世」を「実相《じっそう》の世界」と対立《たいりつ》させている限《かぎ》りに於《お》いては、現世は不完全《ふかんぜん》であり、対立の世界には摩擦《まさつ》は不可避《ふかひ》のものとなってしまうのであります。現世の問題《もんだい》に心の法則《ほうそく》を当て嵌《は》めて、旨《うま》く処理《しょり》してやろうと云う考えは、或《あ》る程度《ていど》成功《せいこう》するけれども、全然《ぜんぜん》は調和《ちょうわ》したものとはならないのであります。現世を幸福にするために、その手段《しゅだん》として「実相の世界」の完全さを観想《かんそう》（心に見ておもうこと）すると云うのであれば、現世を実在《じつざい》の世界として考えているために本当に「実相一元《じっそういちげん》」（実相ばかりあること）「光明一元《こうみょういちげん》」「本来悪《ほんらいあく》なし、本来不《ふ》幸《こう》なし」になり切らないのであります。大抵《たいてい》の人は、真理《しんり》への入門当時《にゅうもんとうじ》は、病気《びょうき》を治《なお》したい、経済《けいざい》を豊《ゆた》かにしたい、家庭《かてい》を調和《ちょうわ》したい、この程度《ていど》の現世利益《げんぜりやく》（この世でのオカゲ）的《てき》ねがいで来るのであります。しかしやがて、「治すべき病気本来なし」「貧乏《びんぼう》本来なし」「本来家庭の不調和なし」

の実相を体得《たいとく》するに至《いた》るでしょう。

### 現世利益《げんぜりやく》をねがう信仰《しんこう》の弊害《へいがい》

現世利益《げんぜりやく》をねがう信仰《しんこう》と云《い》うものは、真理《しんり》をもって物質《ぶっしつ》世界を支配《しはい》し、物質的オカゲを得《え》ようとするのであるから、「物質あり」の観念《かんねん》をぬけ切ることができない、其処《そこ》にどうしても「光一元《ひかりいちげん》」にはなり切れない憾《うら》みがあります。従《したが》って、物質世界の一高一低《いっこういってい》の波動《はどう》に支配されることが免《まぬが》れがたいのであります。それは現世利益が整《ととの》うたときには、天にも昇《のぼ》ったような高《こう》揚《よう》したよろこびが続《つづ》くかと思えば、現象《げんしょう》世界の波《なみ》で現世利益が低下《ていか》したときには奈落《ならく》の底《そこ》に落ちたような失意落胆《しついらくたん》がおこりがちです。このような一高一低変化動揺《へんかどうよう》きわまりなき状態《じょうたい》を克《こく》服《ふく》する（うちかちしたがえる）には、物質界を真理によって支配しようと云《い》うような対立二元《たいりつにげん》の考えを捨《す》てて、ただ真理のみの実相《じっそう》世界、ただ光明《こうみょう》のみの実相世界――それのみをあるとして、それのみを見詰《みつ》めて、常《つね》にそれを感謝《かんしゃ》する生活を送らねばならぬのであります。併《しか》し、そうすれば自《し》然《ぜん》に現世利益がもとめずとも随伴《ずいはん》するのでありまして、それは親鸞聖人《しんらんしょうにん》作の『現世利益和《わ》讃《さん》』にある通りであります。

## 現象《げんしょう》の波《なみ》を超《こ》えて

「わが国は此《こ》の世の国に非《あら》ず」とキリストは言われたのであるが、「此の世の国は唯影《ただかげ》に過《す》ぎざるなり」と『甘露《かんろ》の法雨《ほうう》』（編註・生長の家のお経《きょう》）には喝破《かっぱ》（ハッキリ言いあらわす）されているのであります。「唯影《ただかげ》に過ぎざるなり」と云《い》う喝破は、「此《こ》の世の国」即《すなわ》ち「現世《げんぜ》」の完全《かんぜん》なる否定《ひてい》（存在しないと打消す）である。現世の完全なる否定のみが、実相《じっそう》完全の世界の全肯定《ぜんこうてい》（完全な肯定。存在すると完全に断定する）となります。そして実相完全の世界の全肯定は結局《けっきょく》、その影を現象界《げんしょうかい》にうつして、現象界が整《ととの》うのであるけれども、「現象世界が整う」と言うと、忽《たちま》ち現象世界へ心を執著《しゅうじゃく》（心でねばりつく）させて、「宝《たから》の車」（現象の善《よ》きものの譬《たとえ》）を「馬」（実相の動力《どうりょく》）の前にむすびつけて、「宝の車」を走らせようとするならば却《かえ》って「宝の車」はいっかな進まず、「現象少しも思うままにならぬ」と歎《なげ》かなければならぬようになるのであります。現象の波に乗って、経済状態《けいざいじょうたい》がよくなったからとて、それは信仰《しんこう》の高い証拠《しょうこ》でもなければ、悟《さと》りの深い証拠でもないのであります。そう云う経済状態の良《よ》さは現象の波《なみ》に乗るだけであったら、いずれは波の下降《かこう》するときに深く奈落《ならく》に沈《しず》むことにもなります。

## 霊的実在《れいてきじつざい》とお蔭《かげ》との関係《かんけい》

法華経《ほけきよう》に三車《さんしや》（牛車、羊車、鹿車の三つ）火宅《かたく》（火災の起っている家）の譬《たとえ》があります。火宅はやがて滅《ほろ》びて行《ゆ》く現象《げんしよう》世界の譬《たとえ》であり、三車は現象世界の「宝《たから》の車」であります。現象世界の宝に執着《しゆうじやく》している限《かぎ》りは、火宅は焼《や》け落ちて、その下敷《したじき》になって死ぬるほかはないのであります。しかし、火宅の下で「現象界の宝」のもてあそびに熱中《ねつちゆう》している子供《こども》（幼稚《ようち》な魂《たましい》）を救《すく》い出すには別《べつ》の玩具《おもちや》（やがてくだけるもので、本物《ほんもの》ではないお蔭《かげ》）を与《あた》えるほかはないのであります。これが或《あ》る種《しゆ》の宗教《しゆうきよう》で得《え》られる現世利益《げんぜりやく》です。しかしそのお蔭《かげ》は玩具《おもちや》であって実物《じつぶつ》ではないのであるから、やがて壊《くだ》けるときが来るのであります。その壊けるときに信仰《しんこう》を墜《おと》してしまうようでは、本当の信仰ではありません。すべてのお蔭《かげ》は「影《かげ》」であるからその本源《ほんげん》は霊的実在《れいてきじつざい》の世界から来るのであります。そして、お蔭は霊的実在を把握《はあく》させるための方便《ほうべん》にすぎないのであります。いつまでもお蔭にしがみついて霊的実在を忘《わす》れたら本末顛倒《ほんまつてんどう》（モトとスエとがあべこべになること）になります。

## 神の心の上に建物《たてもの》を築《きず》くこと

我《が》の道を行《ゆ》くために、神の方法《ほうほう》を手段《しゆだん》にしてはなりません。神の心をわが心とし、神の道をわが道として歩《あゆ》まなければなりません。我《が》の道を行っている限《かぎ》りその道は、今は滑《なめら》かであってもやがて行《ゆ》き詰《づま》る時が来るにきまっているのです。神の道は、はじめは道幅《みちはば》が狭《せま》いが行く先は神の宝蔵《ほうぞう》に達《たっ》する広い大道《だいどう》に通《つう》じています。我《が》の心の上に建《た》てた建物《たてもの》は、砂《すな》の上に建てた楼閣《ろうかく》のようなものであり、やがて壊《くだ》けてしまうのでありますけれども、神の心の上に建てた計画《けいかく》は、基礎《きそ》がしっかりしているから、次第《しだい》に高く天を摩《ま》する（こする。サツする。マ）ように大きくなっても、倒《たお》れると云うことはないのであります。神の心を心とし、神の計画と一体《いったい》となるとき、一切《いっさい》の「存在《そんざい》」と「自分」とが一体になり、すべての存在との連関《れんかん》がなめらかに動くようになるのであります。

## 宗教教師《しゅうきょうきょうし》としての心得《こころえ》

神の計画《けいかく》と無我《むが》一体《いったい》になった人のみが本当の宗教人《しゅうきょうじん》と言うことができるのである。嘗《かつ》て金《こん》光教《こうきょう》の三宅歳雄《みやけとしお》氏《し》が次のように言っている言葉は他山《たざん》の石《いし》と傾聴《けいちょう》する価値《かち》があります。「神による救《すく》いを、自分が救ってやったと自惚《うぬぼ》れてしまうのです。教会《きょうかい》をたてると、神から貸《か》して貰《もら》ったものを自分で建《た》てたと錯覚《さっかく》するのです。本当を言えば夕《ゆう》べに教会から追出《おいだ》され、朝《あした》に神から〝門前《もんぜん》のコジキよ、内《うち》に入れ〟と呼《よ》ばれる生活、これでなければならぬのでしょう。そうすれば、神前奉仕《しんぜんほうし》の身《み》が本当に涙《なみだ》と共《とも》に合掌《がっしょう》出来るようになります」これはまことに宗教教師《きょうし》たる者への頂門《ちょうもん》の一針《いっしん》（心が目覚めるために頭部に刺した一本の針）である。すべて宗教の教師たるものはこの心掛《こころが》けで教《おし》えを説《と》かねばならぬ。教えは神より来《きた》る、吾々《われわれ》は唯取次《ただとりつ》ぎがして貰《もら》っているだけであるからであります。

## 毎日全力《ぜんりょく》を出し切れ

吾々《われわれ》は困難《こんなん》を避《さ》けようと思ってはならないのです。「艱難《かんなん》なんじを珠《たま》にす」と云《い》うのはふるい諺《ことわざ》ではあるけれども、ふるくさい真理《しんり》ではないのであります。すべて真理と謂《い》うものは永遠《えいえん》に古くして久遠無窮《くおんむきゅう》に新しいのです。私は最近《さいきん》海外から日本を訪《おとず》れたプロレスの試合《しあい》をテレビで見たのであるが、四十八歳《さい》のカルネラにしても五十二歳と云うクルスカンプにしても、筋肉《きんにく》の力も皮膚《ひふ》の緊張《きんちょう》も失《うしな》われていない。クルスカンプが力道山《りきどうざん》に床《ゆか》の上に叩《たた》きつけられ、競技場《きょうぎじょう》から投《な》げ落《おと》されても、あの年齢《ねんれい》でありながら、一、二分間のうちには元《もと》の精力《せいりょく》を恢復《かいふく》するのである。あの全身の筋肉の若《わか》さと云うものは、毎日試合や稽古《けいこ》に、死の一歩手前《てまえ》まで全力《ぜんりょく》を出すからこそ、あの年齢になっても続《つづ》いているのであります。毎日毎日死の一歩手前まで全力を出すものは老《お》いないのであります。

## 人間は三時間眠《ねむ》ればよい

或《あ》る日、私はＮＨＫの放送《ほうそう》で、虎《とら》の門神経科《もんしんけいか》の龍庸夫博士《りゅうつねおはくし》と歌舞伎俳優守田勘彌丈《かぶきはいゆうもりたかんやじょう》との睡眠《すいみん》時間に関《かん》する対談《たいだん》をきいていますと、龍《りゅう》博士は自分は四時間以上《いじょう》は眠《ねむ》らないこと、ナポレオンやエディソンの睡眠時間は三時間であったこと、井伊直弼《いいなおすけ》が一刻《いっこく》（二時間）しか眠らないで凡《あら》ゆる学問《がくもん》や趣味《しゅみ》に通《つう》じていたことなどを話して、「人間は八時間以上眠らねばならないと云う観念《かんねん》にとらわれるのが可《い》けない」と言っていられました。人間が夜中《やちゅう》に眼《め》がさめて、それから眠れないで輾転《てんてん》（あちらにころび、こちらにころび向きが変ること）反側《はんそく》して「眠れないから疲《つか》れる」なんて云う観念で苦《くる》しんでいる人があるが、一度熟睡《じゅくすい》して夜中に眼がさめるのは、もう熟睡の時間が完了《かんりょう》したからであるから、眠ろうと努力《どりょく》して自分の作った妄想《もうぞう》に縛《しば》られて苦しむよりは、眠られない時には起きて仕事《しごと》をするなり、読書をするなりする方《ほう》がよいのであります。

## 自分の運命《うんめい》を支配《しはい》するもの

人間内部《ないぶ》の実相《じっそう》の無《む》限力《げんりょく》が開顕《かいけん》されるに従《したが》って、単《たん》に睡眠《すいみん》時間や、筋肉《きんにく》の力に異常《いじょう》なる改《かい》善《ぜん》が行われるだけではなく、全身の健康《けんこう》さ、家庭状態《かていじょうたい》や事業《じぎょう》状態にも、改善がもたらされるのであります。内部の力が開《ひら》かれないでいては外《そと》に大《だい》なる進歩《しんぽ》はあり得《え》ないのであります。一時は外だけ発達《はったつ》するように見えていましても、内部の進歩のないものは、根《ね》なし草《ぐさ》のようにやがては萎《しぼ》んでしまうほかはないのであります。「内部の進歩」とは内在《ないざい》の実相がどれほど自覚《じかく》の上にひらかれて来たかの程度《ていど》を示《しめ》す言葉であります。あなたの運命《うんめい》を支配《しはい》しているのは、外にある神ではなく、あなたの内部に宿《やど》る神（あなた自身の超在意識《ちょうざいいしき》）なのであります。悟《さと》りの邪《じゃ》魔《ま》になる錯誤《さくご》の一つは、神とはあなた自身以外のどこかにある存在であって、我々《われわれ》の運命に干《かん》渉《しょう》（かかわりあう。オセッカイする。）しているものだと云う考えであります。ところが自分の運命を支配しているのは自分自身なのであります。

## 忍辱《にんにく》の徳《とく》に就《つ》いて

吾々《われわれ》の生活が実相《じっそう》そのままの生活に到《いた》ることを、仏教《ぶっきょう》では到彼岸《とうひがん》と言っている。彼岸《ひがん》とは実相であり、此岸《しがん》とは現象世界《げんしょうせかい》のことである。その到彼岸のことを梵語《ぼんご》では波羅蜜多《はらみた》と言っているのであります。吾々が彼岸にわたる道（即《すなわ》ち波羅蜜多）には六つあります。そのうちに「忍辱《にんにく》」（はずかしめをしのぶこと。腹を立てないこと）と云う徳《とく》があります。辱《はずか》しめを忍《しの》ぶのです。キリスト教では、「心の貧《まず》しき者」とか「謙《へりくだ》れる者」とか「柔和《にゅうわ》なる者」とか言っています。この忍辱の徳にも心境《しんきょう》によって色々《いろいろ》の段階《だんかい》があります。「辱《はずか》しめられた、口惜《くや》しい、残念《ざんねん》だ」と思っても無理《むり》にその感《かん》情《じょう》をおさえて忍《しの》ぶのは忍辱《にんにく》の徳の入門《にゅうもん》であって、辱《はずか》しめも辱しめる人も本来無《ほんらいな》いことを知り、ただ実相（み心《こころ》の既《すで》に成《な》れる世界）を静観《せいかん》して、心を光風霽月《こうふうせいげつ》（光に風のさ渡る如く、はれた空に月のかかるが如くアトを止めずサラサラしたさま）の状態にあらしめて心が自然《しぜん》に柔和《にゅうわ》なるを最高《さいこう》の徳《とく》とするのであります。

## あまりに善悪《ぜんあく》を窮屈《きゅうくつ》に考えてはならない

如何《いか》なる時にも心を光風霽月《こうふうせいげつ》ならしめよ。其処《そこ》から個人《こじん》の健康《けんこう》も、家庭《かてい》の調和《ちょうわ》も、世界の平《へい》和《わ》も得《え》られるのである。一国《いっこく》の大統領《だいとうりょう》や首相《しゅしょう》が神経過敏《しんけいかびん》にヒステリックになっているところに世界の危機《きき》が訪《おとず》れるのである。我々《われわれ》は広々《ひろびろ》とした心を持たなければならないのであります。善悪《ぜんあく》を容易《ようい》に分ける心は時として偏狭《へんきょう》（着物の偏〈オクビ〉のハバがせまいこと。包容力の足らぬこと）に陥《おちい》って、自分の考えと異《こと》る一切《いっさい》の見解《けんかい》を悪《あく》と見て、直《す》ぐ、人類《じんるい》を敵《てき》と味方《みかた》とに分けてしまうのである。これを「善悪を知る樹《き》」の果《み》をたべると言い、アダムとイヴとは「此《こ》の善悪を知る樹《き》」の果《み》を食べてエデンの楽園《らくえん》から追放《ついほう》されたのであります。親鸞聖人《しんらんしょうにん》も、あまりに善悪をけざやかに（ハッキリ）分ける所謂《いわゆ》る善《ぜん》人《にん》が、所謂る悪人《あくにん》よりもおくれて救《すく》われることを「善人なおもて往生《おうじょう》す、況《いわ》んや悪人をや」と説《と》いていられるのであります。

## 悪《あく》と戦《たたか》うに非《あら》ず、善《ぜん》と協力《きょうりょく》するなり

悪《あく》が見えても、悪を存在《そんざい》すると思ってはならない。ものを外観《がいかん》で価値《かち》づけしてはなりません。それは善《ぜん》のあらわれんとする相《すがた》だと観《み》ることによって、悪と見えるものを消すことに協《きょう》力《りょく》しながら、自分の心に悪を描《えが》かず、善のあらわれることを速《はや》めつつ、自分の心を平和《へいわ》に光《こう》風霽月《ふうせいげつ》の状態《じょうたい》にあらしめることが出来るのであります。悪と戦《たたか》うと云《い》う感じをやめて、善と協力し、善を顕現《けんげん》するために、実行《じっこう》しつつあるのだと云う感じで努力《どりょく》することが必要《ひつよう》なのであります。そのためには、この世界を善なる唯一《ゆいいつ》の神の支配下《しはいか》にあるものであって、「悪」は存在するかの如《ごと》く見えても「虚《きょ》の力」（マイナスの力。非存在の力）であることを知らなければならない。キリストは悪と戦うことをしなかった。神殿《しんでん》の境内《けいだい》で犠牲《いけにえ》を売る商人《しょうにん》を追《お》い出したのも善の顕現《けんげん》に協力されたに過《す》ぎないのであります。彼は「死」を彼に持ち来《きた》した人とすら戦わなかったのであります。そして十字架上《じゅうじかじょう》に於《お》いて、それらの人たちの幸福《こうふく》を祈《いの》られたのであります。

## 天地一切《てんちいっさい》と和解《わかい》するとは？

敵《てき》を見ず、悪《あく》を見ないのは、決《けっ》して消極的《しょうきょくてき》（ひっこみがちの）でもなければ、敗北思想《はいぼくしそう》（まけにくみする考え）でもないのであります。弱者《じゃくしゃ》は常《つね》に自分を害《がい》する者はないかと周囲《しゅうい》を見まわして、周囲全体が敵《てき》であるが如《ごと》くに見えてくるのである。強者《きょうしゃ》は、すべての人間及《およ》び生物《せいぶつ》が神につくられたものであって、自分の兄弟であると信《しん》ずることが出来るゆえに、今、誰《たれ》かが敵対《てきたい》するかのように見えていても、それが一層善《いっそうぜん》なるものが出現《しゅつげん》する過程《かてい》として、明《あか》るい平和《へいわ》な気持《きもち》で、一切《いっさい》を包容《ほうよう》して行《ゆ》くことができますから、すべての嶮《けわ》しきものは消え、凡《あら》ゆる事物《じぶつ》が、自然《しぜん》に平和を持ち来《きた》すように動き出してくれるのであります。これが本当の「忍辱《にんにく》」の徳《とく》と云うものであります。吾々《われわれ》はすべてのものと和解《わかい》しなければなりません。相手を「悪」と観《み》、「害物《がいぶつ》」(がいするもの)と観ながら、相手と本当に和解することはできないのであります。「害物」と見え、「悪」と見える其《そ》の奥《おく》に実相《じっそう》の善意《ぜんい》を観《み》なければなりません。

## 意識《いしき》の関係《かんけい》しない病気《びょうき》はない

「悪《あく》」は、それを吾々《われわれ》の心が「存在《そんざい》する」とみとめる迄《まで》は、吾々を苦《くる》しめることはできないのであります。それでも吾々の心が気がつかないうちに病菌《びょうきん》が感染《かんせん》(かんじうつる)していて、吾々は病気《びょうき》で苦《くる》しむことがあるじゃないかと言う人があるかも知れないけれども、「気がつかない」と云うのは、現在意識《げんざいいしき》だけのことであります。潜在意識《せんざいいしき》の中には色々《いろいろ》の「和解《わかい》しない思い」が蓄積《ちくせき》していて、その「思い」が具象化《ぐしょうか》（カタチをそなえてあらわれる）して「病菌」の繁殖《はんしょく》しやすい状態《じょうたい》があらわれているのであります。子供《こども》の激《はげ》しい疫痢的症状《えきりてきしょうじょう》が、その両親夫婦《りょうしんふうふ》があらそうていた潜在意識の反映《はんえい》としてあらわれることは屡々《しばしば》あります。こんな場合に顕微鏡《けんびきょう》で見るならば、疫痢《えきり》を起《おこ》す病《びょう》菌《きん》が見えるであろうけれども、その両親が生長《せいちょう》の家《いえ》の講師《こうし》に説教《せっきょう》されて、心の奥深《おくふか》く秘《かく》されていた夫婦互《たがい》の反目《はんもく》の感情《かんじょう》が完全《かんぜん》に和解してしまったときに、急激《きゅうげき》に症状が消えてしまうことがあるので、病菌の繁殖《はんしょく》の程度状態は人間の心の持方《もちかた》で左右《さゆう》されるものであることが明《あきら》かであります。

## 人間本来《ほんらい》の健全《けんぜん》さに目覚《めざ》めよ

人間は自己《じこ》の内《うち》に神性《しんせい》が宿《やど》っていると云《い》うことを直観《ちょっかん》（そのものズバリと全体を知る智慧）的《てき》に知っているのである。そしてその尊《とうと》さをも知っている。随《したが》って人は自分の尊厳《そんげん》を傷《きず》つけられると憤慨《ふんがい》するのである。人間の本性《ほんせい》が神性であって、健全《けんぜん》そのものが本来《ほんらい》の性質《せいしつ》だと自覚《じかく》しているから、病気《びょうき》を恐《おそ》れたり、病気から治《なお》りたいと思うのであります。本来人間が死すべきものであったら人間は死を恐れることはないのであります。人間の健康《けんこう》と不死《ふし》とは本来の性質であるのであって、それは外《そと》から追加《ついか》する（あとから加える）ものではありません。それは内から引出《ひきだ》して来なければならないものであります。それを内から引出すには、先《ま》ず内を認識《にんしき》しなければならないのです。認《みと》めたものがあらわれるのが心の法則《ほうそく》であるからであります。あなたの紙幣入《おさつい》れにいくら紙幣《おさつ》があってもそれを認めなければ使えないようなものであります。

## 内在神性《ないざいしんせい》の無限《むげん》力《りょく》を発揮《はっき》するには

人の本性《ほんせい》が「神の子」であると云《い》うことは、その肉体《にくたい》を見るだけではわからないのであります。人間の本体《ほんたい》は肉体ではなく霊《れい》であるから、霊的感覚《れいてきかんかく》をもってみなければ、人間の本性が「神の子」であると云うことはわかりません。それを自覚《じかく》するには、暫《しばら》く肉眼《にくがん》の目を瞑《と》じて精《せい》神《しん》を統一《とういつ》し、内《うち》なる神性《しんせい》に心を振《ふ》り向けるところの内観《ないかん》（内部の生命の実相を観ずること）の修行《しゅぎょう》を積《つ》むことが必要《ひつよう》であります。この修行を生長《せいちょう》の家《いえ》では神想観《しんそうかん》と言っているのであります。神想観を度《たび》かさねて、自己の内性《ないせい》が、「全能《ぜんのう》の神性」であることを霊の眼《め》をもって見る修行を積むに従《したが》って、内《ない》在《ざい》の無限《むげん》の力が引出《ひきだ》されて来て、健康《けんこう》も増進《ぞうしん》し、思索力《しさくりょく》も、判断力《はんだんりょく》も、創作力《そうさくりょく》も、発明《はつめい》する力も……その他、色々《いろいろ》の力が引出されて来るのであります。

## 聖胎長養《せいたいちょうよう》と云《い》うこと

若《も》しあなたの胎内《たいない》に赤《あか》ん坊《ぼう》が宿《やど》っていても母親がその胎児《たいじ》（おなかにやどった子）に栄養《えいよう》を送ることをしなかったならば、その胎児は完全《かんぜん》に生長《せいちょう》せず、胎児そのものは完全な栄養を受けることが出来ず、結局《けっきょく》、死産《しざん》か流産《りゅうざん》のほかはないでありましょう。それと同じくあなたの内部《ないぶ》には神の胎児が、「神性《しんせい》」として「仏性《ぶっしょう》」として「神の子」として宿っているのでありますけれども、それを培《つちか》い養《やしな》わなければ、本来《ほんらい》宿っている「神性」も恰《あたか》も無《な》きが如《ごと》く、何の甲斐《かい》もないのであります。この内《うち》にやどる聖《せい》なる（精神的にけがれのない）神性の胎児《たいじ》を養《やしな》うことを「聖胎長養《せいたいちょうよう》」と言うのであります。その神性をつちかう道は、つねに暇《ひま》をつくって「真理《しんり》」の書を読むこと、神想観《しんそうかん》をして神性の自覚《じかく》を深《ふか》めること、そして愛他行《あいたぎょう》をおこなって実践《じっせん》の上から、神なるものを内部から外《がい》部《ぶ》へ発現《はつげん》することなのです。

## 神性《しんせい》を発露《はつろ》する処《ところ》に病気《びょうき》はない

「真理《しんり》」の書を読んで病気《びょうき》が治《なお》るのは、自己内在《じこないざい》の「神性《しんせい》」の自覚《じかく》が深《ふか》まるからであります。「神性」そのものに病気はない。その病気のない「神性」が自覚されるにしたがって病気が治るのは当然《とうぜん》のことであって、奇蹟《きせき》（ふしぎ）と称《しょう》すべき程《ほど》のことではありません。俗人《ぞくじん》にはその治病《ちびょう》の因果関係《いんがかんけい》がわからないから奇蹟と称するだけのことです。神想観《しんそうかん》をして神性の自覚を深めても、病気は治ります。白隠禅師《はくいんぜんじ》が一種《いっしゅ》の観法《かんぼう》（心をしずめて見る修行〈日本教文社発行『白隠禅師　健康法と逸話』参照〉）で自分の肺結核《はいけっかく》を治したのもそれです。愛他行《あいたぎょう》を実践《じっせん》することによって自己の神性の自覚を深めても病気は治ります。天理教《てんりきょう》の「ひのきしん」と云う労働奉仕《ろうどうほうし》で病気が治ったり、昔《むかし》の「ひとのみち」と云う宗教で早暁《そうぎょう》から朝詣《あさまい》りして、神さまへの奉仕だと思って道場の廊下《ろうか》を一所懸命《いっしょけんめい》に拭《ふ》き掃除《そうじ》をすると、結核で気息奄々《きそくえんえん》としていたような病人が治ったような実例《じつれい》があったのも愛他行で神性を一《いっ》層《そう》多く発露《はつろ》したからです。

## われを信《しん》ずる者は死すとも死せず

神性《しんせい》をより一層自覚《いっそうじかく》するに従《したが》って、その人の住む世界の状態《じょうたい》（現象《げんしょう》）が変《かわ》ってまいります。それは決《けっ》して実在《じつざい》の世界が変化《へんか》するのではありません。我々《われわれ》が自覚すると自覚しないとに拘《かかわ》らず、実在の世界には、神の子ばかりが調和《ちょうわ》した生活を営《いとな》んでいるのであります。我々の自覚によって変化する世界は、我々の世界観《せかいかん》や感情《かんじょう》などが投影《とうえい》されている、現象世界が変化するのです。キリストが、「われを信《しん》ずる者は死すとも死せず」と言った場合の「われ」は肉体《にくたい》キリストではないのです。ヨハネ伝《でん》に彼は、「神は霊《れい》なれば、霊を以《もっ》て拝《はい》すべきなり」と言っています。肉体キリストを拝する者はこの教《おし》えに背《そむ》くものであります。霊をもって「霊なるキリスト」即《すなわ》ち「普遍《ふへん》のキリスト」を拝し、それが自分自身にも内在《ないざい》すると信ずる者が死すとも死せざる「われを信ずる者」であります。

## 実相《じっそう》と現象《げんしょう》との関係《かんけい》

此《こ》の世界と人類《じんるい》とを「物質《ぶっしつ》」だとして観《み》る観念《かんねん》（かんがえ）は、「神は霊《れい》なれば、霊をもって拝《はい》すべきなり」と云《い》う教《おし》えから見るとき、霊を以《もっ》て拝せず、物質と云うスリ硝子《ガラス》を透《とお》して拝したようなものであります。従《したが》って実相《じっそう》の完全《かんぜん》な相《すがた》がボケてしまってハッキリ観《み》ることができないのであります。若《も》し我々が「物質」の外観《がいかん》を通して事物《じぶつ》を見ず、その霊なる実相を直視《じきし》する（ジカに見る。直接に見る）ならば森羅万象《しんらばんしょう》（宇宙間に限りなく存在する一切のもの）到《いた》る処《ところ》に神の示現《じげん》をみとめることができるのであります。「山川草木国土悉皆成仏《さんせんそうもくこくどしっかいじょうぶつ》」と観《かん》ぜられた釈尊《しゃくそん》の自覚《じかく》がそれであります。此処《ここ》にキリスト教《きょう》と仏《ぶつ》教《きょう》とは一致《いっち》して来るのであります。我々《われわれ》の肉眼《にくがん》で見え、肉耳《にくじ》で聴《き》える現象世界は、五官《ごかん》を通して此《こ》の世界を我々が解釈《かいしゃく》した其《そ》の解釈のあらわれに過《す》ぎないのです。解釈が異《ことな》れば見られる世界が異って見えてまいります。

## 病気《びょうき》を治《なお》そうと思うよりも実相《じっそう》の完全《かんぜん》な相《すがた》を見よ

悟《さと》りの心は到《いた》るところに「仏《ほとけ》」の相《すがた》を見、到る処《ところ》に「神」を見るのであります。悟りの心は到る処に「神仏《しんぶつ》」を見ますから、「物質《ぶっしつ》」を見ないし、「罪人《つみびと》」を見ないのであります。罪《つみ》も病《やまい》も死も貧《ひん》も鈍《どん》も、要《よう》するに迷《まよ》いの影《かげ》であります。そんなものは、霊《れい》なる実相《じっそう》を観《み》る眼《め》には存在《そんざい》しないのであります。「霊なる実相」を観とおす眼が、悟りの眼であります。観《み》ればあらわれるのです。イエスは現象的《げんしょうてき》に言えば病気《びょうき》をしている人に対しても、その病気を見ず、「床《とこ》をとり上げて歩《あゆ》め」と言い、墓《はか》の中に横《よこ》たわるラザロにさえ「死せるに非《あら》ず寝《い》ねたるなり」と言っています。イエスは病気や死を超《こ》えて、無病不死《むびょうふし》の霊なる相手の実相を観《み》たのです。「観《み》ればあらわれる」と云う原則《げんそく》に従って跛者《あしなえ》(いざり。ちんば)は立ち、ラザロは墓から蘇生《よみがえ》ったのであります。これに類《るい》する事が今、生長《せいちょう》の家《いえ》で実現《じつげん》しつつあるのであります。

# 第三章　宗教《しゅうきょう》と現世利益《げんぜりやく》の問題《もんだい》

## 新興宗教《しんこうしゅうきょう》と既成宗団《きせいしゅうだん》との立場の相違《そうい》

昭和《しょうわ》二十九年四月十八日のことでした。私は偶然《ぐうぜん》ラジオのスイッチを拈《ひね》って見るとNHKの放送討論会《ほうそうとうろんかい》の「現在《げんざい》の宗教《しゅうきょう》はこれでいいか」と云《い》う番組《ばんぐみ》が出て来たのであります。出演《しゅつえん》の講師《こうし》は神田寺《かんだでら》の友松圓諦師《ともまつえんたいし》、立正佼成会《りっしょうこうせいかい》の庭野日敬師《にわのにっきょうし》及《およ》び嘗《かつ》てキリスト教《きょう》の熱心《ねっしん》な信者《しんじゃ》であったが、今はキリスト教をやめて唯物史観《ゆいぶつしかん》(文化の歴史はケイザイ上の物の生み出される量によってうつりかわると云う説)に立って社会主義運動《しゃかいしゅぎうんどう》に共鳴《きょうめい》していると云《い》う柳田謙十郎氏《やなぎだけんじゅうろうし》でありました。

友松圓諦師が「新興《しんこう》宗教のなかには、古典《こてん》の正統的《せいとうてき》な研究《けんきゅう》をなさず、身勝手《みがって》な解釈《かいしゃく》をして経典《きょうてん》の真意《しんい》を歪《ゆが》め、あやまり伝《つた》えているのがあるが、あれは怪《け》しからぬ」と云うような提論《ていろん》(論を提出する)がありましたが、聴衆《ちょうしゅう》の中から「友松圓諦師の宗教は、新興宗教であるのか、既成《きせい》宗教であるのか」と云う意味の質問《しつもん》があったのに対して、友松圓諦師自身が、「ある意味では自分の真理《しんり》運動は新興宗教と謂《い》えば言えないこともない」と云うような回答《かいとう》をしたことは注目《ちゅうもく》に価《あたい》することでありました。

釈尊《しゃくそん》はただ一つ仏教《ぶっきょう》をお説《と》きになったのでありますけれども、かくてその仏教を伝《つた》えられたと称《しょう》する弟子《でし》の結集《けつじゅう》した経典《きょうてん》の各々《おのおの》異《ことな》る解釈からして仏教各宗派《かくしゅうは》が派生《はせい》して来たのでありまして、法然上人《ほうねんしょうにん》を元祖《がんそ》とする浄土宗《じょうどしゅう》、更《さら》にその浄土宗より出《い》でて、親鸞聖人《しんらんしょうにん》が新たなる解釈を用《もち》いて浄土真宗《じょうどしんしゅう》を興起《こうき》（おこす）せられましたのも、経典の新しき解釈によるのであります。友松圓諦師が浄土宗の僧侶《そうりょ》でありながら、その本来《ほんらい》の教義《きょうぎ》に反《はん》して、指方立相《しほうりつそう》（方角を示しスガタを立てる。〈たとえば西方の浄土と云うように〉）の浄土を否定《ひてい》せられた為《ため》、浄土宗正統《せいとう》の解釈を紊《みだ》すものであるとして本山《ほんざん》から問詰《もんきつ》（なじりせめる）のことがあって問題を惹《ひ》き起《おこ》したことを聞いたのでありますが、これは友松圓諦師自身から言えば、決《けっ》して「身勝手な解釈をして経典の真意を歪《ゆが》め」られたつもりではないでしょうけれども、浄土宗本山の宗務当局《しゅうむとうきょく》から考えれば、友松圓諦師は「身勝手な解釈をして経典の真意を歪《ゆが》めた」と認《みと》めねばならなかったからであって、ここに、友松圓諦師自身も「或《あ》る意味では自分の真理運動も新興宗教と謂《い》えば言えないこともない」と云う意味を漏《も》らされたのであろうと思われるのであり、従《したが》ってまた、新しき力強き救済力《きゅうさいりょく》ある宗教が、古き経典の新しき解釈から生《うま》れる以上《いじょう》、既成教団《きせいきょうだん》の宗務当局から観《み》るならば、新興宗教の殆《ほとん》ど全《すべ》ては、「古典の正統的な研究をなさず、身勝手な解釈をして経典の真意を歪《ゆが》め、あやまり伝えている」と批難《ひなん》さるべきものでありますが、その批難が当《あた》っているか否《いな》かは別問題《べつもんだい》なのであります。イエスの如《ごと》きも、当時のユダヤ教徒《きょうと》から観《み》るならば経典の正しき解釈をなさず、これを歪《ゆが》め伝えてみずから「神の子」と称《しょう》して神を潰《けが》す言行《げんこう》を敢《あえ》てしたものだとして批難され、磔殺《たくさつ》（はりつけにしてころす）の刑《けい》にまで処《しょ》せられたのでありました。

## 此《こ》の放送討論会《ほうそうとうろんかい》の目的《もくてき》について

NHKがこのような三講師《こうし》を集めて放送討論会《ほうそうとうろんかい》をやった目的《もくてき》は果《はた》して何であろうか。友松圓《ともまつえん》諦師《たいし》は、仏教僧侶《ぶっきょうそうりょ》でありながら経典《きょうてん》の新しき解釈《かいしゃく》を始めて指方立相《しほうりっそう》の浄土《じょうど》を否定《ひてい》し、新興《しんこう》宗教的《しゅうきょうてき》な「真理運動《しんりうんどう》」をはじめた宗教改革者《かいかくしゃ》としての一面《めん》を備《そな》えておられる方《かた》であり、庭野《にわの》日敬師《にっきょうし》は日蓮宗《にちれんしゅう》の身延山《みのぶさん》を本山《ほんざん》として毎年信徒《まいねんしんと》を集めて団体参拝《だんたいさんぱい》をしているにも拘《かかわ》らず、日蓮宗の身延本山の宗務当局《しゅうむとうきょく》と抗争《こうそう》しているところの日蓮宗の新しき解釈による宗教革命《かくめい》運動者であるし、柳田謙十郎《やなぎだけんじゅうろう》氏《し》は嘗《かつ》て深《ふか》い熱烈《ねつれつ》なキリスト教信者《きょうしんじゃ》であったにも拘《かかわ》らず、ついに其《そ》のキリスト教にあきたらず無宗教《むしゅうきょう》となり、新たに唯物論《ゆいぶつろん》と云う一種《いっしゅ》の信仰《しんこう》に投《とう》じたところの

「現在《げんざい》の宗教に慊《あきた》らざる」人であるから、いずれも現在の宗教のあり方に不満《ふまん》を持ち、それに対して革命的な意見《いけん》をもっている人々として、屹度《きっと》「現在の宗教はこれでいいか」と云う問題を提出《ていしゅつ》したら、それに対する答えとして、革命的な名論卓説《めいろんたくせつ》(すぐれた説)がでるにちがいないと云うので、NHKがこの三講師に出演《しゅつえん》を依頼《いらい》したと思うのであります。それはその放送討論会が「現在の宗教はこれでいいか」と云う題目《だいもく》で計画《けいかく》されたのでも明《あきら》かであります。

ところが友松圓諦師は、みずから新興宗教的な面を持ちながら、現在の既成《きせい》宗教に慊《あきた》らざる一面を語ろうとしないで、新興宗教に対する批判《ひはん》のような言葉が出たために、みずから新興宗教だと思っている庭野日敬師がその弁護的《べんごてき》な応答《おうとう》をせられたので、「宗教は如何《いか》にすべきか」と云う、もっと無色透明《むしょくとうめい》な討論会であるべきものが、立正佼成会《りっしょうこうせいかい》の批判となり、立正佼成会の弁護となり、「在来《ざいらい》の、そして現在の宗教が是《これ》でいいか」の問題に対する批判が殆《ほとん》ど他《た》へ外《そ》らされてしまったようになったのは誠《まこと》に遺憾《いかん》な(ざんねんな)感じがしたのであります。

## 宗教《しゅうきょう》と社会主義運動《しゃかいしゅぎうんどう》

その中で注目《ちゅうもく》をひいたのはキリスト教《きょう》から無宗教《むしゅうきょう》に転《てん》じて社会主義運動《しゃかいしゅぎうんどう》に転じられた柳田《やなぎだ》謙十郎氏《けんじゅうろうし》の意見《いけん》でありました。それは「宗教家《しゅうきょうか》が唯《ただ》、教《おし》えばかり説《と》いていないで、何故《なぜ》原爆《げんばく》水爆禁止《すいばくきんし》運動と云《い》うような焦眉《しょうび》（マユがこげて来るほどさしせまった危急のこと）の問題《もんだい》にもっと協力《きょうりょく》して起《た》ち上《あが》らないか。人間の一人一人の精神《せいしん》がよくなれば自然《しぜん》と戦争《せんそう》がなくなり原爆《げんばく》も水爆《すいばく》も不必要《ふひつよう》になるなどと云うような悠暢《ゆうちょう》なことを言っている暇《ひま》はない。今現実《げんじつ》に、原爆水爆が人類《じんるい》を傷《きず》つけつつあるのであるから、それを先《ま》ず吾々《われわれ》は挙《こぞ》って禁止する運動をこそ起《おこ》すべきである」と云うのでありました。ここに宗教がただ魂《たましい》の救済《きゅうさい》問題だけを考えていることに対する痛烈《つうれつ》な批難《ひなん》があるのでした。これに対して庭野日敬《にわのにっきょう》師《し》は、「宗教はどこまでも個人《こじん》個人の救《すく》いの問題であり、個人が集《あつま》ったのが社会であり、国家《こっか》であるから、個人を善《よ》くするよりほかに根本的《こんぽんてき》に世界を平和《へいわ》にする方法《ほうほう》はない、これが宗教の役目《やくめ》である」と云う風《ふう》な返答《へんとう》をせられたのであります。

宗教が魂《たましい》だけの救済《きゅうさい》を目的《もくてき》としており、魂の救済が何等《なんら》、現実《げんじつ》世界を改造《かいぞう》し得《え》ない、現世《げんぜ》利益《りやく》（此の世でのオカゲ）否定《ひてい》の従来《じゅうらい》の既成宗団《きせいしゅうだん》のそれの如《ごと》きものであるならば、此《こ》の柳田謙十郎氏の宗教に対する抗議《こうぎ》は一応尤《いちおうもっと》もだと云うことになるでありましょう。それなのに既成宗団の多くは、特《とく》に浄土真宗《じょうどしんしゅう》の如《ごと》きは現世利益を否定して、死後の極楽行《ごくらくゆき》だけを信《しん》ずるのが浄土真宗の正説《せいせつ》として、現世に阿弥陀仏《あみだぶつ》の仏力《ぶつりき》は現世にも及《およ》んで現世利益が得られると説く吾々生長《われわれせいちょう》の家《いえ》の教えを異安心《いあんじん》（まちがいの信仰心）として排斥《はいせき》するばかりでなく、西本願寺《にしほんがんじ》の僧侶等《そうりょとう》のなかには、「生長の家の教えを信じたら地獄《じごく》へ墜《お》ちる」――と恰《あたか》も本願寺が教権《きょうけん》（宗教の本山がもつ権利）によって極楽へ往《ゆ》けるか地獄へ墜ちるか判決《はんけつ》出来るかのよう説教して廻《まわ》って歩いた者さえあるのであります。

しかし、現世《げんぜ》に利益《りやく》がないような宗教ならば、柳田謙十郎氏の言うように、ビキニの灰《はい》が現実に「死」をもっておびやかしている今日《こんにち》、死んでからの世界よりも現実の世界の苦しみを如何《いか》にすべきか、それを見殺《みごろ》しにするのは宗教家ではないと云う反撃《はんげき》を甘《あま》んじて受けなければならなくなるのであります。尤《もっと》も「朝《あした》に紅顔《こうがん》、夕《ゆう》べに白骨《はっこつ》」と云う蓮如上人《れんにょしょうにん》の御文章《ごもんしょう》にあるように、明日《あす》とは言わず今直《す》ぐにも白骨となるのが人間の肉体的存在《にくたいてきそんざい》であるから、こんなに現世が争闘《そうとう》と混乱《こんらん》とに充《み》ち満《み》ちている時代こそ、厭離現世《えんりげんぜ》（この世をいとい、はなれる）・欣求浄土《ごんぐじょうど》（死んでから行く浄土をねがいもとめる）の浄土教《じょうどきょう》こそ必要《ひつよう》だと言われるかも知れませんが、現代は、法然上人《ほうねんしょうにん》、親鸞聖人《しんらんしょうにん》の出現《しゅつげん》した科学精神《かがくせいしん》のない保元《ほうげん》・平治《へいじ》の時代とは異《こと》なるのであります。あの時代には現代と同じように戦禍《せんか》や天災《てんさい》による惨憺《さんたん》たる状態《じょうたい》は目の前に現《げん》じられていましたが、現代のようには科学が発達《はったつ》していず、実証《じっしょう》を求める精神が目覚《めざ》めていませんでしたから、現世を厭《いと》う心は直《ただ》ちに、死後の極楽浄土があると云《い》う実証がなくとも、すぐ極楽浄土を欣求《ごんぐ》する心になり得たのでありますけれども、科学が発達して実証を求める心が目覚《めざ》めている現代人に於いては実証のない極楽浄土を素直《すなお》に「そうですか」と受け取って、その中へ跳《と》び込《こ》み得《う》ることは殆《ほとん》ど不可能《ふかのう》になっているのでありま す。それなのに西本願寺その他の浄土教団が、封建的《ほうけんてき》な教権《きょうけん》をもって、現世利益を説くのは異安心《いあんじん》（正統の安心〈すくわれて心が安まる〉の仕方でない）であると言って排斥《はいせき》するのは、天に向《む》って唾《つばき》を吐《は》くのと同じことで、みずからの教団をみずから進んで傷《きず》つけているのと同じことなのであります。しかも親鸞《しんらん》教《きょう》の教祖《きょうそ》自身が現世利益を否定《ひてい》せられたのなら、その教えを祖述《そじゅつ》する（祖師のおしえをのべつたえる）真宗教団として、現代に適《てき》しても適しなくとも現世利益を否定しなければならぬかも知れないけれども、親鸞聖人御自身が現世利益を説いていられるのでありますから、現世利益を否定することそのことが宗祖《しゅうそ》親鸞聖人に叛逆《はんぎゃく》の旗《はた》を飜《ひるがえ》すと云うことになるのであります。親鸞聖人は「現世利益和讃《わさん》（和文のほめる歌）」に於いて次の如《ごと》くお書きになっていられるのでありまして、これをまだ充分《じゅうぶん》お知りになられない方もあるらしいので、次のその全文《ぜんぶん》を紹介《しょうかい》させて頂《いただ》きます。

**現世利益和讃《げんぜりやくわさん》**

阿《あ》弥《み》陀《だ》如来《にょらい》化《け》して
息災延命《そくさいえんみょう》のためにとて
金光明《こんこうみょう》（お経の名称。その寿量品には仏の寿命の無限なることが書かれているので延命息災の経と言われている）の寿量品《じゅりょうほん》
ときおきたまえるみのりなり
山家《さんけ》（支那北宋の初め、天台一門の中に二派あり、義寂を祖とするを山家と言い、志因を祖とするを山外〈サンガイ〉と言う。伝教大師は山家の宗派の系統を伝承する）の伝教大師《でんぎょうだいし》は
国土人民《こくどにんみん》をあわれみて

七難消滅《しちなんしょうめつ》の誦文《じゅもん》には
南無阿弥陀仏《なむあみだぶつ》ととなうべし
一切《いっさい》の功徳《くどく》にすぐれたる
南無阿弥陀仏をとなうれば
三世《さんぜ》の重障《じゅうしょう》（かさなるサワリ）みなながら
かならず転《てん》じて軽微《きょうみ》なり
南無阿弥陀仏をとなうれば
この世の利益《りやく》きわもなし
流転輪廻《るてんりんね》（業〈ゴウ〉が流動し車のワが廻るように次へ次へと転ずること）のつみきえて
定業《じょうごう》（業として定まったもの）中夭《ちゅうよう》（わか死にして中途で死ぬ）そのこりぬ
南無阿弥陀仏をとなうれば
梵王帝釈《ぼんのうたいしゃく》帰敬《ききょう》す
諸天善神《しょてんぜんじん》ことごとく
よるひるつねにまもるなり
南無阿弥陀仏をとなうれば

四天大王《してんだいおう》もろともに
よるひるつねにまもりつつ
よろずの悪鬼《あっき》（迷える霊魂）ちかづけず
南無阿弥陀仏《なむあみだぶつ》をとなうれば
堅牢地祇《けんろうちぎ》（地の神）は尊敬《そんぎょう》す
かげとかたちのごとくにて
よるひるつねにまもるなり
南無阿弥陀仏をとなうれば
難陀跋難大龍等《なんだばつなんだいりゅうとう》
無量《むりょう》の龍神尊敬《りゅうじんそんぎょう》し
よるひるつねにまもるなり
南無阿弥陀仏をとなうれば
炎魔《えんま》（閻魔に同じ）法王尊敬《ほうおうそんぎょう》す
五道《ごどう》の冥官《みょうかん》（冥途〈メイド〉の役人）みなともに
よるひるつねにまもるなり

南無阿弥陀仏をとなうれば
他化天《たけてん》（天界の一つの名称）の大魔王《だいまおう》
釈迦牟尼仏《しゃかむにぶつ》のみまえにて
まもらんとこそちかいしか

天神地祇《てんじんちぎ》はことごとく
善鬼神《ぜんきじん》（正しき心境の霊魂）となづけたり
これらの善神《ぜんじん》みなともに
念仏《ねんぶつ》のひとをまもるなり

願力不思議《がんりきふしぎ》の信心《しんじん》は
大菩提心《だいぼだいしん》（サトリの心）なりければ
天地《てんち》にみてる悪鬼神《あっきじん》
みなことごとくおそるなり

南無阿弥陀仏をとなうれば
観音勢至《かんのんせいし》（阿弥陀仏の右脇の仏でちえをあらわす菩薩）はもろともに
恒沙塵数《ごうしゃじんじゅ》（ガンジス河のスナの数。無限数）の菩薩《ぼさつ》と

かげのごとく身《み》にそえり
無礙光仏《むげこうぶつ》のひかりには
無数《むしゅ》の阿弥陀《あみだ》ましまして
化仏《けぶつ》（カリに姿をあらわされた仏様）おのおのことごとく
真実信心《しんじつしんじん》をまもるなり
南無阿弥陀仏をとなうれば
十方無量《じっぽうむりょう》の諸仏《しょぶつ》は
百重千重囲繞《ひゃくじゅうせんじゅういにょう》（とりかこむ）して
よろこびまもりたまうなり
已上現世利益《いじょうげんぜりやく》
以上弥陀和讃一百八首《いじょうみだわさんいっぴゃくはっしゅ》
釈親鸞作《しゃくしんらんさく》

とあるのであります。なにゆえ親鸞教《しんらんきょう》を祖述《そじゅつ》する本願寺《ほんがんじ》にして、親鸞は現世利益《げんぜりやく》を説《と》いたから吾々《われわれ》も現世利益を説いても好《よ》いと云う生長の家の教《おし》えを「異安心《いあんじん》」として排斥《はいせき》し、生長の家を信《しん》ずれば地獄《じごく》に墜《お》ちると言われるのか不思議《ふしぎ》に思うのであります。――その誤《あやま》れる排斥のゆえに、折角《せっかく》、現世利益をも得《え》られる筈《はず》の浄土教《じょうどきょう》が現世利益と遊離《ゆうり》（はなれてフラフラする）してしまって現《げん》代《だい》に適《てき》せずなりつつあるのを残念《ざんねん》に思うのであります。惟《おも》うに、それは真宗《しんしゅう》は「報身《ほうじん》（過去の行いのむくいとして得た身）の阿弥陀《あみだ》」を礼拝《らいはい》するのであるが、生長の家は「報身《ほうじん》の阿弥陀仏《あみだぶつ》」をも礼拝するが、「法《ほっ》身《しん》（宇宙にみつる真理の体）の阿弥陀仏」を本尊《ほんぞん》とする事によって、法身《ほっしん》は宇宙《うちゅう》に満《み》つる第一原理《げんり》なるがゆえに万教《ばんきょう》帰《き》一的《いってき》に説くから、「万教《ばんきょう》が一《いっ》の真理《しんり》に帰《き》するならば、何宗でも救《すく》われるのであって、必《かなら》ずしも本願寺に依《よ》る必要はない」と思うものが出て来て本願寺に礼拝《らいはい》に来るものがなくなる惧《おそ》れがあり、そうなると、僧侶《そうりょ》の生活に差支《さしつか》えるから、万教帰一のような偏《かたよ》らない無色透明《むしょくとうめい》の宗教は説いて貰《もら》いたくないと云う宗派根性《しゅうはこんじょう》に帰因《きいん》する排斥かとも思われるのであります。

　私は親鸞聖人《しんらんしょうにん》が生長の家と同じく法身仏《ほっしんぶつ》をお説きになったことを親鸞聖人の著述《ちょじゅつ》の中に証拠《しょうこ》を求《もと》めて、『親鸞の本心《ほんしん》』（編註・日本教文社発行）の中で縷々《るる》述《の》べて来たのでありますが、（此《こ》の書は是非《ぜひ》、真宗の門徒諸賢《もんとしょけん》に読んで頂《いただ》きたい）親鸞聖人の和讃《わさん》を繙《ひもと》いていますと、其処《そこ》にもハッキリ、親鸞の教えは法身仏《ほっしんぶつ》が本当の本尊《ほんぞん》であって報身仏《ほうじんぶつ》は安養浄土《あんようじょうど》に映《うつ》った法身仏の「影《かげ》」であると云うことを聖人《しょうにん》御自身書いていられるのであります。即《すなわ》ち「諸経《しょきょう》の意《こころ》によりて弥陀和讃《みだわさん》」と題する御作《おんさく》の冒頭《ぼうとう》には、

「無明《むみょう》の大夜《だいや》をあわれみて

法身《ほっしん》の光輪《こうりん》きわもなく
無礙光仏《むげこうぶつ》としめしてぞ
安養界《あんようかい》（極楽浄土の別名）に影現《ようげん》する」
と、法身《ほっしん》の際涯《きわ》もなき光輪《こうりん》が元《もと》になって、それが安養界《あんようかい》に影《かげ》として現《あらわ》れたのを無礙光仏《むげこうぶつ》と称《しょう》するのだと書かれているのであります。
また「讃阿弥陀仏偈和讃《さんあみだぶつげわさん》」にも聖人は、
「弥陀成仏《みだじょうぶつ》このかたは
いまに十劫《じっこう》をへたまえり
法身の光輪きわもなく
世の盲冥《もうみょう》（くらやみ）をてらすなり」
と書いていられるのであって、「報身《ほうじん》の光輪《こうりん》きわもなく世の盲冥《もうみょう》をてらすなり」とはお書きになっていないのであります。報身《ほうじん》の無礙光《むげこう》は、法身《ほっしん》の阿弥陀仏《あみだぶつ》の光《ひかり》の「影現《ようげん》」に過《す》ぎないのであります。

## 何故《なぜ》、南無阿弥陀仏《なむあみだぶつ》と称名《しょうみょう》すれば極楽往生《ごくらくおうじょう》及《およ》び現世利益《げんぜりやく》が得《え》られるかの理論的根拠《りろんてきこんきょ》

斯《こ》うして親鸞聖人《しんらんしょうにん》が現世利益《げんぜりやく》をお説《と》きになったと云《い》うことはわかるにしても、真《しん》に阿弥陀《あみだ》に帰命《きみょう》（いのちがモトにかえる。仰せのままに無我になって従う）したら現世利益が得《え》られるかどうかと云うことは、聖人在世《ざいせ》の時代《じだい》ならいざ知らず、科学的論理的頭脳《かがくてきろんりてきずのう》の発達《はったつ》した現代人《げんだいじん》に、何故《なぜ》「南無阿弥陀仏《なむあみだぶつ》」を称《とな》えたら極楽往生及《ごくらくおうじょうおよ》び現世利益が得られるかの論理的説明《せつめい》を周到《しゅうとう》に与《あた》えることが出来なかったら、そんな事は迷信《めいしん》だと思うに過《す》ぎないのであります。親鸞聖人が斯《こ》う言われたから、法然上人《ほうねんしょうにん》が斯《こ》う言われたから、善導大師《ぜんどうだいし》が斯《こ》う書かれたから……更《さら》に、遡《さかのぼ》って『大無量寿経《だいむりょうじゅきょう》』に釈迦牟尼《しゃかむに》如来《にょらい》が斯《こ》う説かれたと書いてあると云う風《ふう》にその根本《こんぽん》に遡《さかのぼ》って行《ゆ》きましても、『大無量寿経』そのものの創作《そうさく》が釈尊滅後《しゃくそんめつご》（なくなられてから後）数百年後であって、「釈迦は大乗仏教《だいじょうぶっきょう》を説かず」と云う説《せつ》が歴史的《れきしてき》に根拠《こんきょ》があると言われている現代には、たとい「西方極楽《さいほうごくらく》を釈尊が説いた」と云うように『大無量寿経』に書いてありましても、それはただの宗教文学者《しゅうきょうぶんがくしゃ》の創作に過ぎないと云うことになるのであります。又《また》、仮《か》りに「大乗非仏説《だいじょうひぶっせつ》」論《ろん》は間違《まちが》いであるとして、実際《じっさい》に釈尊が『大無量寿経』をお説きになったのを弟子《でし》が聴聞《ちょうもん》（説教をきくこと）して、それを語《かた》り伝《つた》え聞き伝

えて、ついに『大無量寿経』が結集《けつじゅう》されたのであるにしても、釈尊がお説きになったことは全部間違いのない事実《じじつ》とは言えないのであって、釈尊所説《しょせつ》の天文学《てんもんがく》や物理学《ぶつりがく》は現代の科学的知《ち》識《しき》から観《み》て間違っている点もあるのであるから阿弥陀仏《あみだぶつ》や極楽《ごくらく》の話は方便説法《ほうべんせっぽう》に過ぎないかも知れないし、また方便でないにしても釈尊の創作した神話《しんわ》に過ぎないかも知れない、と云う疑《うたが》いがおこり、現代の科学的論理的知識人にはどうしても信じ得ない部分があるのであります。だから親鸞聖人が幾《いく》ら「現世利益和讃《げんぜりやくわさん》」をお書きになったにしても、現代人にそれが受け容《い》れられる為《ため》には、何故「南無阿弥陀仏」と称《とな》えたら現世利益が得られるか、また何故死後極楽に往生《おうじょう》し得《う》るかの論理的説明がなければならないのであります。その論理的根拠《こんきょ》として生長《せいちょう》の家《いえ》は次《つぎ》の如《ごと》く説明する事が出来るのであります。

## 宗教《しゅうきょう》は原爆《げんばく》の被害《ひがい》も実際《じっさい》に防《ふせ》ぐことが出来る

「阿弥陀《あみだ》」とは尽十方《じんじっぽう》に満《み》つる「無量《むりょう》の智慧《ちえ》」であり、「無量の生命《せいめい》」であり「大生命《だいせいめい》」であり、「宇宙《うちゅう》の本体《ほんたい》」であり、一切《いっさい》のものはこの「宇宙の本体」を根元《こんげん》としてあらわれて来るものであるから、これに「南無《なむ》」即《すなわ》ち帰投《きとう》（身心を投げかけて一体にかえる）し、帰依《きえ》（身心を依〈ヨ〉りかからせて一体となる）し、帰命《きみょう》すると云《い》う意味が「南無阿弥陀仏《なむあみだぶつ》」と云う称名念仏《しょうみょうねんぶつ》の意味であるから、この意味を自覚《じかく》しながら「南無阿弥陀仏」と称《とな》えるとき、言葉の暗示力《あんじりょく》によって自己《じこ》の潜在意識《せんざいいしき》の底《そこ》に「宇宙の本源《ほんげん》」との一体感《いったいかん》が深《ふか》まり、「宇宙の無量の智慧《ちえ》と、寿《じゅ》と、供給《きょうきゅう》」と一体感が深まり、其処《そこ》から「無限の智慧」と「無限の寿」と「無限の供給」とを汲《く》み出して来ることが出来るから、肉体《にくたい》の滅《めつ》・不滅《ふめつ》（なくなると、なくならぬと）に拘《かかわ》らず利益《りやく》を得《え》、現世利益《げんぜりやく》も共《とも》に成就《じょうじゅ》するのであります。それを単《たん》に説《と》くばかりでなく、それを現世利益を得《う》る上にも実証《じっしょう》しているのが生長《せいちょう》の家《いえ》でありますから、浄土《じょうど》真宗《しんしゅう》の教《おし》えに、その論理的根拠《ろんりてきこんきょ》と実証とを与《あた》えたことになっているのであります。柳田謙十《やなぎだけんじゅう》郎氏《ろうし》が強調《きょうちょう》せられた如《ごと》き、ビキニの「死の灰《はい》」が現実《げんじつ》に今・即刻《そっこく》吾々《われわれ》の身辺《しんぺん》にかかって来つつあるのを宗教家《しゅうきょうか》は無視《むし》して魂《たましい》の救《すく》いのみを説くのは愛《あい》の道にかなわない――と云う厳《きび》しい批判《ひはん》も、実際《じっさい》、宗教によって原爆《げんばく》の悲惨《ひさん》も今直《す》ぐ防《ふせ》ぐことが出来ると云うことが出来れば問題《もんだい》はなく片附《かたづ》くのであります。これは机上《きじょう》の空論《くうろん》ではなく、長崎《ながさき》の原爆の際《さい》、天辰静雄君《あまたつしずおくん》や甲斐《かい》信佳《のぶよし》青年が、原爆直下《ちょっか》に曝《さら》されながら何らの被害《ひがい》をも受けなかった実証があげられている以上《いじょう》、これらの人たちと同一心境《どういつしんきょう》になり、同一信仰に到達《とうたつ》し得たとき、それは何人《なんぴと》にも可能《かのう》の現世利益として人類《じんるい》の前に提示《ていじ》せられているのであります。吾々《われわれ》はこの真理《しんり》と信仰とを知らせんがために全世界的運動を起《おこ》しつつあり、英文《えいぶん》『生長の家』も発行《はっこう》せられ、それが一波《いっぱ》は万《ばん》波《ぱ》を生《う》んで英米《えいべい》は勿論《もちろん》ブラジルにもペルーにも東・西独逸《ドイツ》にも、スウェーデンにも、飜訳紹《ほんやくしょう》介《かい》されつつあるのであります。無論《むろん》、柳田謙十郎氏の説かれる如《ごと》く社会運動としてまた国際的《こくさいてき》提唱《ていしょう》として原水爆《げんすいばく》使用禁止《しようきんし》運動を起すことも必要でありますが、使用禁止が成就《じょうじゅ》しない迄《まで》に若《も》しそれが使用せられても、その災害《さいがい》をのがれる実証ずみの護符《ごふ》（おまもりふだ）的《てき》な役目《やくめ》をする信仰も必要であります。そして原水爆の使用を禁止せしめることは、単《たん》に集団的請願《しゅうだんてきせいがん》（こいねがう。たのみこむ）運動に止《とど》まっているだけでは無効《むこう》であります。その請願を受け容《い》れてくれる当局者《とうきょくしゃ》の心境の変化《へんか》を来《きた》さなければ何の効果《こうか》も挙《あ》げ得《え》ないのは、アメリカの二度目の水爆実験《じっけん》が日本の抗議《こうぎ》にかかわらず、停止《ていし》せしめられないで、再《ふた》び太平洋《たいへいよう》を放射能《ほうしゃのう》で汚濁《おだく》（よごしにごす）し、原住民《げんじゅうみん》の無辜《むこ》（罪のないこと）の死は無論《むろん》のこと、日本人の動物蛋白源《たんぱくげん》たる魚類《ぎょるい》を食膳《しょくぜん》に供《きょう》し得ざらしめたことのある事実《じじつ》であります。アメリカにすればソ連《れん》を牽制《けんせい》する（おさえる）上から多少の犠牲《ぎせい》を忍《しの》んででも水爆実験を行わねばならなかったのであろうけれども、若《も》しソ連政府《せいふ》の首脳者《しゅのうしゃ》（あたまになっている人）の心境が生長の家の説く大調和《だいちょうわ》の心境となり、米ソの対立《たいりつ》を根本的《こんぽんてき》に取除《とりのぞ》くことが出来たならば原水爆の実験も不要《ふよう》となり、人類を惨禍《さんか》（むごたらしいことの起るわざわい）から救い得る筈《はず》であります。これら異人種《いじんしゅ》を含《ふく》む政府当局の首脳者の心境をかえる運動は社会運動及《およ》び国際政治的に呼《よ》びかけることも同時に必要ではありますが、その運動の本質《ほんしつ》として背後《はいご》に横《よこ》たわるところの信念《しんねん》——「人類は一つ、人間は皆《みな》同じ神の子」であると云う人種《じんしゅ》と宗派《しゅうは》とに拘泥《こうでい》（こだわりひっかかる）しないところの万教帰一的《ばんきょうきいってき》な無宗派《むしゅうは》の宗教運動を必要とするのであります。それが即《すなわ》ち生長の家の人類光明化《じんるいこうみょうか》運動であります。

# 第四章　人生の正しい考え方

## 幸福生活《こうふくせいかつ》の基礎工事《きそこうじ》

人間が幸福《こうふく》になる最初《さいしょ》の根本的《こんぽんてき》な基礎工事《きそこうじ》は正しい見方《みかた》をすることです。釈尊《しゃくそん》はこれを正見《しょうけん》と謂《い》いました。シュミット（独逸の光明思想家。その名著『生活の技術』の日本語訳が日本教文社から出ている）は言っている。「正しい見方をすると は、成功《せいこう》に対するあらゆる疑惑《ぎわく》、未来《みらい》に対するあらゆる心配《しんぱい》、物と人と廻《めぐ》り合《あわ》せに対するあらゆる恐怖《きょうふ》を、あなたの内的本質《ないてきほんしつ》（内がわにある本来の性質）に属《ぞく》しないものとして振《ふ》り落《おと》し、人生を現実《げんじつ》にあるがままに――あなたの幸福のために賦与《ふよ》せられているものとして――見ることを謂《い》うのであります。……本当のあなたは、いかなる障害《しょうがい》よりも強いのです。あなたはそれを認《みと》め、大胆《だいたん》に敢行《かんこう》して、それを実証《じっしょう》しさえすればよいのです。」この「あなたの内的本質」と謂《い》い、「本当のあなた」と云うのが、宇宙大生命《うちゅうだいせいめい》なのです。宗教家《しゅうきょうか》はある時はこれを神と呼《よ》びます。或《あ》る時はこれを仏性《ぶっしょう》と言います。宇宙大生命が貴方《あなた》に於《お》いて其《そ》の絶大《ぜつだい》なる力を表現《ひょうげん》せんとしつつあるのです。

## 生活の三百六十度転回《てんかい》

この「正しい見方《みかた》」をすることをイエスは「新たに生《うま》れる」と謂《い》いました。「汝《なんじ》ら新たに生れずば神の国を見ること能《あた》わず」と。この「新たに生れる」ことこそ、新しい人生観《じんせいかん》、新しい世界観《せかいかん》によって生活を新出発《しんしゅっぱつ》させることなのです。これを生長《せいちょう》の家《いえ》では、「観《かん》の回転《かいてん》」とも、「生活の三百六十度転回《てんかい》」とも言っています。百八十度回転では、人生から逆方向《ぎゃくほうこう》をむいてしまって当《あた》り前《まえ》に人生を享《う》け楽《たの》しむことは出来ないのです。所謂《いわゆ》る「小聖《しょうせい》（小さな聖人。〈偉大な聖者でないこと〉）は山に隠《かく》る」と云う境地《きょうち》であって、人生から逃避《とうひ》（人生をさけてのがれる）してしまうことになるのです。これは「人生を十字架《じゅうじか》に釘《つ》けた」のです。一度人生を十字架に釘《つ》けた後《のち》に復活《ふっかつ》がなければならないのです。もう百八十度回転して、三百六十度転回となったとき、人生を当り前に生きる、人生を逃避しない、しかしもう人生を物質《ぶっしつ》の国と観《み》ないで神の国と観《み》るのです。これをシュミットは「新生活」と呼《よ》んでいます。

## あなたは人生に対して微笑《ほほえ》みかけねばなりません

「人生があなたに対してどんな顔《かお》つきをして見せるかは問題《もんだい》でありません。逆《ぎゃく》にあなたが、人生に対してどのような顔つきをして見せるかが問題なのです」と此《こ》のシュミットは言っている。此《こ》の物の考え方は光明《こうみょう》思想《しそう》に共通《きょうつう》のものであり、同時《どうじ》に、世界を唯心所現《ゆいしんしょげん》と見る仏教《ぶっきょう》にも共通するものです。「汝《なんじ》ら、おのがはかる秤《はかり》にて汝らもはかられん」と言ったキリスト教《きょう》とも共通のものです。吾々《われわれ》の光明思想の運動は一宗一派《いっしゅういっぱ》のものではなく、仏教にもキリスト教にも共通のものであることがわかるのです。黒住教祖《くろずみきょうそ》は「立ち向《むか》う人の心は鏡《かがみ》なり、おのが姿《すがた》を映《うつ》してや見《み》ん」と言われた。相手の情態《じょうたい》は自分の心のどこかにひそんでいる姿が相手に映ってあらわれているのだと知れば腹《はら》が立たなくなる。「人生を遇《ぐう》するに不機嫌《ふきげん》な腹立たしい気持《きもち》をもってすれば、間《ま》もなく更《さら》に一段《だん》と腹立たしい思いをする理由《りゆう》が生《しょう》ずる」とシュミットは言っています。

## 争《あらそ》いでは無限《むげん》供給《きょうきゅう》は得《え》られぬ

「此処《ここ》に無限《むげん》供給《きょうきゅう》があるのです。あなたがそれを取るのは自由《じゆう》なのです。」こう神様は貴方《あなた》に対して呼《よ》びかけていられるのです。「貧《まず》しい」と云うのは、人間の「実相《じっそう》」（実のスガタ。本質。〈人間には肉眼に見える現象のスガタと本質として変らない実のスガタがある〉）が貧しいのではなく、既《すで》にある「無限供給」をあなたが敢《あえ》てとらない状態《じょうたい》を貧しいと言うのです。「敢《あえ》て取る」と云うのはストライキをして賃上闘争《ちんあげとうそう》をして取れと云うことではありません。争《あらそ》うて取ったようなものは、無限供給ではありません。取ったと思ったその瞬《しゅん》間《かん》から、それは減《へ》って行《ゆ》きつつあるのです。だから、このような賃上闘争は、毎年定期的《ていきてき》にやらないと生活費《せいかつひ》が足《た》りなくなるのです。本当の無限供給と云うものは、永久《えいきゅう》に足りなくならず、必要《ひつよう》に応《おう》じて出て来るものでなければなりません。では、そう云う無限供給はどうしたら出て来るでしょうか。

## 富《とみ》を得《え》んがためには、先《ま》ず人々の好意《こうい》を得よ

あなたは心の力と言葉の力を知らねばなりません。あなたが心に思い言葉に言いあらわしたものが、形の世界に出て来るのであります。あなたが人から好意《こうい》を持たれようと思ったならば、貴方《あなた》は人の悪口《わるくち》や、悪評《あくひょう》や、蔭口《かげぐち》をしてはなりません。富《とみ》の源泉《げんせん》は人々の「好意」と云《い》う心的要素《しんてきようそ》が集《あつま》って具象化《ぐしょうか》したものであるからです。人から好意を持たれる人は永遠《えいえん》に貧《まず》しいと云うことはありません。たとえ一時《いちじ》貧しいように見えましても、人々の好意は、あなたの生

活に必要《ひつよう》なものを持ってくるでしょう。人間の心は、放送受信《ほうそうじゅしん》の設備《せつび》のようなものでありまして、あなたが誰《たれ》かに対して好意を持ちその人を信頼《しんらい》し賞《ほ》めていれば、その人はあなたに好意を持ち、信頼し、あなたによい地位《ちい》を与《あた》えたいと思うようになるものです。

## 先《ま》ず心に欲《ほっ》する物を期待《きたい》し、人々に深切《しんせつ》を実行《じっこう》せよ

心に思うことは宇宙《うちゅう》の潜在意識《せんざいいしき》に印象《いんしょう》され、その印象された通りの相《すがた》を、宇宙の潜在意識は、形の世界に創化《そうか》（見えざるものから見えるものを造り出す）し出そうと云うハタラキをもっているのでありますから、先《ま》ずあなたは、あなたの希望《きぼう》している事柄《ことがら》を、熱心《ねっしん》に、強烈《きょうれつ》に既《すで》にそれが実現《じつげん》している有様《ありさま》を心に描《えが》いて、必《かなら》ず「それ」が出て来ると期待《きたい》することが必要《ひつよう》であります。先《ま》ず「人々が自分に好意《こうい》を持っている事」「自分も亦《また》人々に好意をもっていること」それを強く心に念《ねん》ずるのです。しかし其《そ》の「念」がカラ念仏《ねんぶつ》では何にもなりません。あなたが人々に「好意を持っている」と念ずるならば、その「好意」を行為《こうい》の上で実際《じっさい》に行うことが必要です。人々に深切《しんせつ》を実《じっ》行《こう》するのです。

## 希望《きぼう》は実現《じつげん》の母《はは》である

「心に描《えが》くだけで物が実現《じつげん》する」と甘《あま》いことを考えてはならない。種《たね》を実際《じっさい》に蒔《ま》かないでいて祈《いの》ってばかりいて収穫《しゅうかく》がないのは当然《とうぜん》のことです。心に大《だい》なる収穫を予想《よそう》して、それを実現するために、喜《よろこ》びをもってそれに要《よう》する大《だい》なる努力《どりょく》を惜《お》しまない者のみが本当に大収穫を得《う》るのであります。人は「必《かなら》ず成功《せいこう》する」とか「必ず勝利《しょうり》する」とか云《い》う希望《きぼう》が前途《ぜんと》に輝《かがや》いている時にのみ、その最大《さいだい》の力を発揮《はっき》することが出来るのです。ランニングの競走《きょうそう》にしても、もう負けるにきまっていると思ったときには全力をつくして走らなくなるのであります。それと同じく自分の店でもつぶれるにきまっていると思うときには懸命《けんめい》の努力はしなくなります。従《したが》って、此《こ》の店(又《また》は会社、団体《だんたい》)は必ず栄《さか》えると各員《かくいん》に希望を持たせる時、最大能率《のうりつ》が発揮されるのです。

## 「繁昌《はんじょう》」には「明《あか》るい希望《きぼう》」の肥料《ひりょう》が要《い》る

「不景気《ふけいき》だ、不景気だ。此頃《このごろ》とみに売上《うりあげ》が減《へ》った、今にこの店は閉鎖《へいさ》しなければならない」など口癖《くちぐせ》に言ったり、始終《しじゅう》思いつめていて、その商店《しょうてん》が繁昌した例《れい》は未《いま》だ嘗《かつ》てないのです。話をするときには、その会社の、団体《だんたい》の、栄《さか》える話をなさいませ。そして決《けっ》してやがて来る不景気や、衰頽《すいたい》（おとろえよわる）の話をしてはなりません。暗黒《あんこく》を見、不幸《ふこう》を予想《よそう》し、衰頽を語るものに栄えたためしはありません。「事業《じぎょう》の繁昌《はんじょう》」と云《い》う植物《しょくぶつ》に必要《ひつよう》な肥料《ひりょう》は鼓舞《こぶ》（たいこをたたいてはげます）激励《げきれい》と明《あか》るい希望《きぼう》とであります。吾々《われわれ》は始終思いつめているところのものを自分の身辺《しんぺん》に招《よ》び寄《よ》せ、自分自身がその思いつめているものになるのです。成功《せいこう》と勝利《しょうり》とを思いつめている者には成功と勝利が招《まね》き寄せられ、失敗《しっぱい》と敗北《はいぼく》とを思いつめている者には失敗と敗北とが引き寄せられるのです。

## こうして劣等感《れっとうかん》を克服《こくふく》しましょう

あなたの劣等感《れっとうかん》を克服《こくふく》（うちかちおさえる）しなさい。あなたは劣等でなくなります。人間はみな神の子ですから本当に劣等な者などは宇宙《うちゅう》の何処《どこ》にも存在《そんざい》しません。劣等は唯《ただ》あなたの心の内《うち》にだけあるのです。若《も》し何等《なんら》かの劣等感があなたにありますならば、一切《いっさい》の弱点《じゃくてん》、欠点《けってん》、限界《げんかい》、不《ふ》調和等《ちょうわとう》……自分の心に、かかる劣等の思いを、極力《きょくりょく》、心のうちで否定《ひてい》なさい。朝起きた瞬《しゅん》間《かん》、将《まさ》に眠《ねむ》りに落ちようとする瞬間、また仕事《しごと》と仕事の合間《あいま》の休憩《きゅうけい》時間などに、「私は神の子であるから一切の点においてすべての人に優《すぐ》れている。私は無限《むげん》の能力《のうりょく》を有《も》ち、無限の智慧《ちえ》を持ち、無限の愛《あい》を持ち、行《ゆ》く処《ところ》可《か》ならざるなき本性《ほんせい》があるのである。その本性が毎日一層《いっそう》明《あきら》かに現象界《げんしょうかい》にもあらわれて来つつあるのである」と繰返《くりかえ》し思念《しねん》する(心を一つの事にあつめて念ずる)が好《よ》いのであります。

## 供給量《きょうきゅうりょう》と「与《あた》えた分量《ぶんりょう》」とは比例《ひれい》する

神は決《けっ》して、多くの人間を供給《きょうきゅう》不足《ぶそく》の不毛《ふもう》(作物ができない)の地に生《う》み給《たま》うた筈《はず》はないのである。吾々《われわれ》に供給が若《も》し不足するならば、吾々が決して進んで取らない結果《けっか》であるのである。進んで取るとは、実《じつ》はみずからを進んで与《あた》えることにほかならないのである。たとえば石炭《せきたん》が地下に無尽蔵《むじんぞう》に与えられているにしても、それを採取《さいしゅ》し得《う》るのは、自分が先《ま》ず「掘《ほ》る」と云う労力《ろうりょく》を与えたところに於いてだけである。自分が労力を注《そそ》がないところからは一片《いっぺん》の石炭も掘り出すことは出来ないのである。「先《ま》ず与《あた》えよ。与えられん」が根本的法則《こんぽんてきほうそく》であるのである。と云って埋蔵量《まいぞうりょう》のない炭鉱《たんこう》をいつまでも採掘《さいくつ》しようと思って労力を注いでいるのも実に愚《おろ》かな事である。埋蔵量の少《すく》ないことが判《わか》ったらすぐ其処《そこ》から労力を転《てん》じ得《う》る明敏《めいびん》さが必要《ひつよう》である。

## 小さい問題《もんだい》をクヨクヨ思うな

或《あ》る人は実《じつ》に詰《つま》らない小さな問題《もんだい》にひっかかっている。小さな問題に引っかけられ引摺《ひきず》り廻《まわ》されているがゆえに、大きな問題を処理《しょり》する時間《じかん》もなければ智慧《ちえ》も湧《わ》いて来ないのである。小さい問題にひっかかって憂鬱《ゆううつ》になる（心がウットウシクなる。気がおもくなる）者は、石をポケットに入れて水の中へ跳《と》び込《こ》むようなものである。一つ一つの石は小さくとも、それをポケットに入れているために、行動の自由を失《うしな》って沈《しず》んでしまうことになるのである。「詰《つま》らない問題」に引っかかりそうになったら、「そんな詰らない問題は無《な》い」と思え。そして気分《きぶん》を転《てん》じて明《あか》るい問題を考えよ。これは問題から逃避《とうひ》せよと云う意味ではないのであって、心に明るい窓《まど》をひらくことによって、暗《くら》く見えていたところのものを充分検討《じゅうぶんけんとう》する光《ひかり》を得《え》んがためである。

## 組織《そしき》を完全《かんぜん》ならしめること

組織《そしき》と云《い》うものは大切《たいせつ》である。人間の生理的作用《せいりてきさよう》がこんなにも自然《しぜん》に行われ得《う》るのは、組織が実《じつ》によく完備《かんび》しているからである。組織が完備しさえすれば、労力少《ろうりょくすくな》くして最大《さいだい》の効果《こうか》を挙《あ》げ得るのである。どんな混乱《こんらん》もその事務《じむ》に起《おこ》らず、どんな浪費《ろうひ》もその仕事《しごと》に起らず、何事《なにごと》もスラスラと進展《しんてん》して行《ゆ》くためには、仕事や事務が自然に運《はこ》ぶような組織が要《い》るのである。組織が完全に出来上《あが》った場合には人間は急所《きゅうしょ》急所を管理《かんり》（支配し、とりしまる）すればあとは完全《かんぜん》に何事も運ぶようになるものである。組織が出来ない場合には個人個人の力がバラバラに運ばれるのであるが、組織が出来れば、完全なチーム・ワーク（たがいにレンラクした動作）が自然に出来、能力《のうりょく》を無駄《むだ》に浪費することなくして一貫的《いっかんてき》な事務遂行《じむすいこう》が出来るのである。

## 組織《そしき》を整《ととの》えればこんな利益《りえき》がある

組織《そしき》が完備《かんび》すれば、仕事《しごと》の順序《じゅんじょ》が秩序整然《ちつじょせいぜん》として行われるので、手当《てあた》りバッタリ乱雑《らんざつ》な仕事をして、仕事の順序がチグハグになることがない。人間が悠々《ゆうゆう》（おちついているさま）と仕事をしながら能率《のうりつ》があがる。心を滅多矢鱈《めったやたら》の方面《ほうめん》に散乱《さんらん》せしめることがないから、心が落著《おちつ》いて良《よ》い考えが浮《うか》んで来る。何が今必要《ひつよう》で、何が今不要《ふよう》なのかが一目瞭然《いちもくりょうぜん》として来る。経費《けいひ》が少《すくな》くて済《す》み能率《のうりつ》が増加《ぞうか》するのである。組織が完備しておれば、特別《とくべつ》すぐれた天才《てんさい》でなくても充分完全《じゅうぶんかんぜん》に仕事をすることが出来るのである。組織の力は仕事を単純化《たんじゅんか》し、欠点《けってん》や、停滞《ていたい》した箇所《かしょ》を直《ただち》に発見《はっけん》することが出来るのである。組織によって仕事をするとき、不要の混乱を避《さ》けることが出来るから神経《しんけい》を労《ろう》することなく人間を快活明朗《かいかつめいろう》にすることが出来る。

## 仕事《しごと》をしても労《つか》れないためには

「神から力を与《あた》えられて仕事《しごと》をしている」と云《い》う自覚《じかく》を得《う》ることは、仕事《しごと》の能率《のうりつ》を増進《ぞうしん》する上に非常《ひじょう》な力となる。困難《こんなん》な仕事が来た場合に、「この仕事は神がこれを為《な》さしめ給《たま》うのである」と信《しん》じて、その通り心の中で念《ねん》じながら仕事をするならば、心が大盤石《だいばんじゃく》（大きな平たい岩）の上に坐《すわ》っているように落著《おちつ》いて来て、心の働《はたら》きが明晰《めいせき》となり、どこからともなく力が湧《わ》いて来て、いくら働いても労《つか》れないと云うことはあり得《う》るのである。工場《こうじょう》に宗教《しゅうきょう》を入れるのは、或《あ》る一《いっ》定《てい》宗教を強制《きょうせい》するのは「信仰《しんこう》の自由《じゆう》」を破壊《はかい》するものとしてよくないけれども、吾々《われわれ》のように一《いっ》宗一派《しゅういっぱ》ではなく、あらゆる宗教の共通的真理《きょうつうてきしんり》を説《と》いて、個人《こじん》の生命《せいめい》が、一層大《いっそうだい》なる大生命《だいせいめい》と一《いっ》体《たい》となって仕事をすると云う自覚を得《え》しむることは工員《こういん》を労《つか》れせしめない為《ため》にも必要《ひつよう》である。

## 栄《さか》える会社と衰《おとろ》える会社との相異《そうい》

従業員《じゅうぎょういん》の心を明《あか》るくするように指導《しどう》することは仕事《しごと》の能率《のうりつ》をあげる上にも、仕事の品質《ひんしつ》をよくする上にも効果《こうか》があるのである。だから叱責《しっせき》や鞭打《むちう》ちによって仕事の能率をあげようと思っても反対効果《はんたいこうか》になるばかりである。「此《こ》の会社が将《まさ》につぶれようとしているから、従業員よ、大《おお》いに精力《せいりょく》を注《そそ》いで仕事をせよ」と云うような指導の仕方《しかた》は、従業員に希望《きぼう》を持たせないことになり、暗《くら》い気持《きもち》に追《お》いやって、熱心《ねっしん》に仕事をしようにも出来ない気持にならせるのである。これに反《はん》して「此《こ》の会社は今や大発展《だいはってん》の機運《きうん》にあるから、諸君《しょくん》も大《おお》いに精励《せいれい》して貰《もら》いたい、近いうちに、その精励に報《むく》いることが出来るから喜《よろこ》んで貰《もら》いたい」と云う風《ふう》に将来《しょうらい》の希望を持たせるように激励《げきれい》するならば、本当に希望をもって働《はたら》いて能率をあげ、実際《じっさい》、その精励《せいれい》に報《むく》いる時が来るのである。

## 労働《ろうどう》は苦役《くえき》ではありません

仕事《しごと》をしている最中《さいちゅう》に、「この会社はつぶれやしないか」と心配《しんぱい》したり、「会社が解散《かいさん》になったら家族《かぞく》をどうしようか」と考えたり、「今のうちに転業《てんぎょう》して置《お》かなければ、後《あと》にどうなるか判《わか》らない」と考えたりしていて、好《よ》き仕事が出来たり、仕事の能率《のうりつ》があがったりする筈《はず》はないのである。仕事をする者は心を明朗《めいろう》にする義務《ぎむ》と権利《けんり》とがあるのである。神は決《けっ》して労働《ろうどう》を苦役《くえき》として作り給《たま》うたのではないから、労働することはそのままに喜《よろこ》びとなるのが当然《とうぜん》であるのである。労働が苦役に感じられて来るのは、その労働を金銭《きんせん》にて売るからである。売られたる肉体《にくたい》は奴隷《どれい》の肉体であるからその労働が苦《くる》しく感じられて来るのは無理《むり》もないのである。いくら高賃金《こうちんぎん》にセリ売りして見ても売られたる生命《せいめい》は奴隷の生命である。

## 労働《ろうどう》を労役《ろうえき》とせず、聖業《せいぎょう》とせよ

労働《ろうどう》を苦役《くえき》と感じないためには、「賃金《ちんぎん》のために働《はたら》く」即《すなわ》ち「肉体《にくたい》を切り売りする」と云う考えから脱《ぬ》け出さなければなりません。労働を以《もっ》て、「神が自分に人類《じんるい》なる神の子に奉仕《ほうし》するために与《あた》えたまうた聖使命《せいしめい》である」と観《かん》じて仕事《しごと》をすることにするならば、その仕事は神聖《しんせい》行事《ぎょうじ》となって、自分の肉体《にくたい》や生命《せいめい》を切り売りする奴隷《どれい》の苦役ではなくなるのである。だから練《れん》成費《せいひ》を支払《しはら》って献労《けんろう》する作業《さぎょう》などに於《お》いては、賃金を貰《もら》うどころか、逆《ぎゃく》に働《はたら》く人から金《かね》を払《はら》いながら、生命はその奴隷状態《じょうたい》を脱《だっ》するがゆえに、却《かえ》って生命は躍動《やくどう》し、いくら働いても苦労《くろう》に感ぜず、寧《むし》ろ病気《びょうき》が治《なお》るような不可思議《ふかしぎ》な結果《けっか》を得《う》るのである。売られたる生命は生《い》き甲斐《がい》が感じられないが、売られない生命は活潑《かっぱつ》に生動《せいどう》する。

## 産業《さんぎょう》の三つの要素《ようそ》

どんな経営者《けいえいしゃ》も、自分ひとりでは産業《さんぎょう》は成立《なりた》たないのである。重役《じゅうやく》や局長《きょくちょう》、課長《かちょう》ばかりでは仕事《しごと》は出来ない。どんな有能《ゆうのう》の士《し》も、労務者《ろうむしゃ》と協力《きょうりょく》してのみ産業は成立つのである。と言って、労務者ばかりでも産業は成立たない。資本《しほん》と経営《けいえい》と労働《ろうどう》とこの三つの要素《ようそ》が互《たがい》に内部《ないぶ》連関《れんかん》(内部のつながり)してはじめて産業と云うものは成立つのである。だから労務者のみの利益《りえき》を思って賃上闘争《ちんあげとうそう》に終始《しゅうし》してもその会社はつぶれるし、資本家側《しほんかがわ》の利益ばかりをおもって過当《かとう》の配当《はいとう》金《きん》を支払《しはら》っても産業は成立たない。資本金としての株金《かぶきん》が集《あつま》っており、あとは労務だけでよいと思って労働者だけ集っても、経営の合理化《ごうりか》、原料《げんりょう》の仕入《しいれ》、製品《せいひん》の売捌《うりさばき》の方法《ほうほう》、時期等《じきとう》について専門的知能《せんもんてきちのう》（知識と能力）のある経営者がなければ是《こ》れ又《また》産業は成立たないのである。

## 寛容《かんよう》と度量《どりょう》と愛《あい》と

多くの成功者《せいこうしゃ》はワンマンであると云《い》うことである。ワンマンはナポレオンが躓《つまず》いたように、ヒットラーが躓いたように、東条英機《とうじょうひでき》がつまずいたように、ついに躓くときが来るのである。ワンマンの手のとどく程度《ていど》の狭《せま》い範囲《はんい》の仕事《しごと》である限《かぎ》りはワンマンで成功《せいこう》することが出来る。併《しか》し仕事の範囲がもっと拡《ひろ》がって来るに従《したが》い、どんな立派《りっぱ》な才能《さいのう》をもつ者でもその仕事の発展《はってん》につれて充分《じゅうぶん》その観察《かんさつ》が行《ゆ》きとどかず管理《かんり》が行きとどかない時が来るのである。その時ワンマン体制《たいせい》（組織と制度。システム）は崩《くず》れてしまうのである。ワンマンが此《こ》の時にも尚《なお》成功するのは、彼が全然利己主義《ぜんぜんりこしゅぎ》でなく、協力《きょうりょく》する各員《かくいん》を完全《かんぜん》に自由《じゆう》にしてその才能を自由に発揮《はっき》せしめると共《とも》に、自分の中に彼らを融《と》け込《こ》ませて一体《いったい》になって、働《はたら》き得《う》るような密接《みっせつ》な協力体系《きょうりょくたいけい》（力をあわすそしき）を形成《けいせい》し得《う》る寛容《かんよう》（心をひろく包容力の多いこと）と度量《どりょう》（心の胸のひろさ）と愛《あい》とを有《も》つ時のみである。

## 部下《ぶか》の状態《じょうたい》は首脳者《しゅのうしゃ》の心の影《かげ》である

或《あ》る団体《だんたい》のリーダーが、成功《せいこう》を収《おさ》めるためには、部下《ぶか》のメンバーに深切《しんせつ》であり、寛大《かんだい》であり、包容力《ほうようりょく》があり、メンバーの幸福《こうふく》のためを常《つね》に思っていてくれる感じがメンバーに行《ゆ》きわたる事が必要《ひつよう》であり、常に苦虫《にがむし》をかみつぶしたような顔をせず、愉快《ゆかい》に部下を賞讃《しょうさん》し激励《げきれい》し感《かん》謝《しゃ》するような人とならなければならないのである。大体《だいたい》、その首脳者《しゅのうしゃ》の心的状態《しんてきじょうたい》は部下の心的状態にすぐ反映《はんえい》し、声のコダマする如《ごと》く反響《はんきょう》してくるものであるから、首脳者は自分の利《り》益《えき》ばかりを思い、部下の生活状態を顧慮《こりょ》する愛念《あいねん》を欠《か》くときは部下もまた首脳者に対する愛《あい》情《じょう》を欠き、自分の利益ばかりを擁護《ようご》(かかえるようにしてまもる)して、会社工場等《こうじょうとう》に於《お》いてはストとか職場抛棄《しょくばほうき》(なげうちすてる)などを行い、首脳者の利益を無視《むし》するに到《いた》るのであります。

## 団体《だんたい》の空気とメンバーの気質《きしつ》

或《あ》る会社には或る会社の気風《きふう》があり、その会社に入社すると、いずれもその会社人と云うタイプになってしまうのである。従《したが》って、各種《かくしゅ》の会社の人たちを集めて談話会《だんわかい》でも開《ひら》いて見ると、その態度《たいど》、動作《どうさ》、会話《かいわ》の状態等《じょうたいとう》で、直《ただち》にこの人はA社の社員《しゃいん》、この人はB社の社員と云う風《ふう》に、そのつとめている会社を言い当てることが出来るくらいのものである。それは何故《なぜ》であるかと言うと、その会社の首脳者《しゅのうしゃ》の精神雰囲気《せいしんふんいき》と云うものを従業員《じゅうぎょういん》は直《す》ぐ反映《はんえい》して、それと類似《るいじ》の雰囲気を持つようになるからである。ある団体《だんたい》に入《はい》って行《ゆ》くと其処《そこ》には妙《みょう》に固《かた》くるしい官僚的《かんりょうてき》な空気が立ち罩《こ》めているし、ある団体に入って行くと其処《そこ》には明朗《めいろう》な寛大《かんだい》なすべてを包容《ほうよう》するような雰囲気が立ち罩《こ》めている。そしてその団体はそれ自身の運命《うんめい》を持つのである。

## 上役《うわやく》と部下《ぶか》との調和《ちょうわ》が必要《ひつよう》である

其処《そこ》に使われる人は上役《うわやく》の気質《きしつ》をいつのまにか反映《はんえい》するものである。小さなことに引っかかって、不決断《ふけつだん》に何事《なにごと》もはこばないような上役の下に使われている者は、其《そ》の通りの気質を受けて偉大《いだい》になることは出来ない。躊躇逡巡《ちゅうちょしゅんじゅん》（ためらってグズグズしている）、因循《いんじゅん》（よりしたがって、ためらいがちのこと）姑息《こそく》（一寸のがれに、まにあわせでごまかすこと）のつまらない侏儒《こびと》になってしまうものである。人間が成功《せいこう》すると、しないとは物質的状態《ぶっしつてきじょうたい》のみの問題《もんだい》ではないのである。残酷《ざんこく》に部下《ぶか》をコキ使う上役の前には、多くの有能《ゆうのう》な雇用者《こようしゃ》がその能力《のうりょく》を失《うしな》ってしまい、何事をなすにも恐《おそ》れをなし、臆病《おくびょう》に引っ込んでしまって、好《よ》い考えが思い浮《うか》んでも、それを申達《しんたつ》する（申し上げる）ことをしなくなる。魂《たましい》をサザエのように固《かた》く鎖《と》じて、有能も智慧《ちえ》もハタラキも其処《そこ》には影《かげ》をひそめてしまう。そして、誰《たれ》も部下の者が一体《いったい》になって働《はたら》いてくれないことになる。

## 足掛《あしか》けの社員《しゃいん》を持つ会社

或《あ》る会社の社員《しゃいん》は、其処《そこ》につとめている事は、その会社の為《ため》に働《はたら》いているのではなく、其処《そこ》を踏《ふ》み台として、もっと好《よ》い運命《うんめい》が来ることを待《ま》っているのである。その会社に通《かよ》いながら夜《や》間大学《かんだいがく》にも通わして貰《もら》っているが、それを卒業《そつぎょう》すると、もっと有利《ゆうり》な別《べつ》の会社へ行《ゆ》こうと思って運動《うんどう》しているのである。今つとめている会社は唯《ただ》の足掛《あしか》けであるのである。このような社員を雇《やと》っている会社は気の毒《どく》なものであって、会社の前途《ぜんと》の運命を育てるために協力《きょうりょく》してくれるのではないのである。栄《さか》える会社は、その会社の栄枯《えいこ》（さかえると、かれると、）盛衰《せいすい》が、社員自分自身の栄枯盛衰と一体《いったい》である自覚《じかく》をもって奮励《ふんれい》（勇気をふるって、はげむ）努力《どりょく》している社員を有《も》つことが必要《ひつよう》なのである。すべての社員が利己的《りこてき》で、会社の盛衰よりも自分の利害関係《りがいかんけい》のみを考えているような場合はその会社の前途の運命は知れている。

## 従業員《じゅうぎょういん》の楽《たの》しい会社

色々《いろいろ》の会社がある。必《かなら》ずしもその会社が大会社になるような見込《みこみ》のない会社でも、その会社の仕事《しごと》をすることが愉快《ゆかい》で、自分自身が伸《の》び伸《の》びとして生《い》き甲斐《がい》を感ずるような気がするために止《や》めたくない会社もある。そんな会社の社長又《また》は上役《うわやく》が社員《しゃいん》に対して深切《しんせつ》で、社員の幸福《こうふく》のことを常《つね》に思ってくれ、社員に自発的努力《じはってきどりょく》の余裕《よゆう》を与《あた》えてくれ、自己創造《じこそうぞう》のよろこびを与えてくれるならば、その会社は如何《いか》に小さくとも、其処《そこ》で生活することが楽《たの》しいから止《や》めたくなくなる訳《わけ》である。そういう会社はやがて却《かえ》って大きく伸びて来る可能性《かのうせい》があるのである。社長を無視《むし》してはならないが、社長ワンマンの独裁《どくさい》でもよくないし、社長の意図《いと》に融《と》け込《こ》みながら社員各々《おのおの》が自己の創意《そうい》で腕《うで》を揮《ふる》うような体制《たいせい》が必要《ひつよう》である。

## 従業員《じゅうぎょういん》に活気《かっき》があって会社は隆《さか》んになる

経営者《けいえいしゃ》は社員又《しゃいんまた》は工員《こういん》から出来るだけの能率《のうりつ》を搾《しぼ》り出そうなどと考えてはならないのである。搾《しぼ》ろうとすれば反動的《はんどうてき》に搾られまいとすることになる。経営者は先《ま》ず社員又は工員に「悦《よろこ》び」を与《あた》えることをこそ図《はか》るべきである。ここにも「奪《うば》うものは奪われ、与えるものは与えられる」の厳重《げんじゅう》な法則《ほうそく》が働《はたら》くのである。アメリカの某《ぼう》会社は十四年間無配当《むはいとう》で続《つづ》いていたが、経営者が、今まで社員から搾《しぼ》ろうとのみ考えていた欠陥《けっかん》を改《あらた》めて、社員を悦《よろこ》ばそうと決意《けつい》し、昼食《ちゅうしょく》のためにわざわざ料理人《りょうりにん》を雇《やと》い、コーヒーを沸《わ》かし、ボートを購入《こうにゅう》したり、音楽バンドを組織《そしき》したり、その会社の社員であると、凡《あら》ゆる人生の快適《かいてき》さが得《え》られるように工夫《くふう》したとき、その年始《はじ》めてその会社は十五年振《ぶり》で二割《わり》配当をなし得たと云うことである。

## 事業《じぎょう》は無形《むけい》の資本《しほん》である

深切《しんせつ》と、賞讃《しょうさん》と、和顔愛語《わがんあいご》と鼓舞激励《こぶげきれい》とが事業《じぎょう》にとって必要《ひつよう》な無形《むけい》の資本《しほん》であることを知らない人が多いのは誠《まこと》に残念《ざんねん》なことである。経営者《けいえいしゃ》に愛情《あいじょう》を感じ、運命《うんめい》を倶《とも》にしたいと云う熱《ねっ》願《がん》を起《おこ》し、働《はたら》くことが楽《たの》しみだと云うような感じが働く人に起らない限《かぎ》り、その事業は栄《さか》えるものではないのである。社員《しゃいん》が怠《なま》けやしないかと監視《かんし》（みはりする）している限りは、その監視の目が行《ゆ》き届《とど》かなくなったとき怠《なま》けているのは当然《とうぜん》なことです。深切《しんせつ》は深切をもって迎《むか》えられ、愛情は愛情をもって報《むく》いられます。監視は搾取《さくしゅ》（しぼりとり）の一形式《けいしき》でありますから、従業員《じゅうぎょういん》も出来るだけ怠惰《たいだ》によって「休暇《きゅうか》」の時間を搾取しようと致します。監視などによらず従業員が自己《じこ》の悦《よろこ》びで自発的《じはってき》に仕事《しごと》をしてくれるのでなければ事業《じぎょう》は栄《さか》えません。

## 絶《た》えず叱《しか》っている上役《うわやく》と従業員《じゅうぎょういん》

吾々《われわれ》は心が楽《たの》しい時に、平和《へいわ》なときに、最《もっと》も完全《かんぜん》な仕事《しごと》が出来るのである。若《も》し心に何か不《ふ》愉快《ゆかい》なことが蟠《わだかま》っているならば、仕事の品質《ひんしつ》も仕事の能率《のうりつ》も低下《ていか》してしまい勝《がち》である。その不愉快な問題に心が引っかかっている限《かぎ》り、仕事そのものに純粋無雑《じゅんすいむざつ》（まじりけがなく、ひとすじである）に精神《せいしん》を統《とう》一《いっ》させる訳《わけ》には行かないから、仕事の品質をよくすることは出来ないのは当然《とうぜん》である。絶《た》えず、上役《うわやく》から叱《しか》られている従業員《じゅうぎょういん》は、心が腐《くさ》ってしまって、仕事をするのが馬鹿《ばか》らしくなり、張合《はりあい》がなく、ただ矢鱈《やたら》に煙草《タバコ》を吹《ふ》かして、ページをめくるばかりを繰返《くりかえ》していなければならなくなる。従《したが》って益々《ますます》能率はあがらず、たまにした仕事は失敗し更《さら》にまた上役から叱《しか》られて、更にまた心が腐《くさ》る。従業員の心が腐れば、類《るい》は類《るい》を招《よ》ぶと云う心の法則《ほうそく》によって、その会社は繁昌《はんじょう》しなくなる。

## 愛《あい》は鞭《むち》よりも論理《ろんり》よりも強し

蕾《つぼみ》をふくらませて美《うつく》しき花を開《ひら》かせるのは、深切《しんせつ》な施肥《せひ》（肥料をほどこす）と、暖《あたた》かい太陽《たいよう》のくちづけである。従業員《じゅうぎょういん》は精神分析的《せいしんぶんせきてき》に観《み》るならば、「子」であり、経営者《けいえいしゃ》は「親」の立場に立つのである。「子」は「親」の愛情《あいじょう》を求《もと》めるのである。（従業員が社長や部長を「おやじ」と親《した》しみの意味をもって呼《よ》ぶ場合があるのはそのためである。）親が子を愛《あい》しないで、子を信頼《しんらい》しないでいて、子を尊敬《そんけい》しないでいて、「お前を養《やしな》ってやったのは俺《おれ》だから、俺に孝行《こうこう》せよ」と言っても、その子は親に孝行できにくいのと同じように、経営者が、従業員に対して愛を持たず、深切心《しんせつしん》を起《おこ》さず、その幸福《こうふく》のことを考えてやらず、ただ、「お前達《まえたち》には給料《きゅうりょう》をやって養ってあるのだから、充分忠実《じゅうぶんちゅうじつ》に仕事《しごと》をするのはお前達の義務《ぎむ》である」などと言っても、その語《ことば》は合理的《ごうりてき》であろうとも従業員を忠実に働《はたら》かす動力《どうりょく》とはならない。

## 経営者《けいえいしゃ》は従業員《じゅうぎょういん》に対して「親」の愛《あい》を持つこと

「給料《きゅうりょう》を支払《しはら》って、働《はたら》く仕事《しごと》を与《あた》えてやり、生活を保障《ほしょう》してやっているのだから、従業員《じゅうぎょういん》は仕事をする義務《ぎむ》があり、良《よ》き仕事をしてくれる」と経営者《けいえいしゃ》が漫然《まんぜん》(ボンヤリと。注意をはらわぬさま)と多寡《たか》を括《くく》って(成り行きまかせにして)、少しの愛情《あいじょう》も与《あた》えなかったならば、その冷淡《れいたん》さに対して、従業員も冷淡をもって報《むく》いることは当然《とうぜん》である。即《すなわ》ち仕事に冷淡さを示《しめ》し、忠実《ちゅうじつ》に働かなくなり、愛情をもって働かなくなる。「世界は自分の心を映《うつ》す鏡《かがみ》である」と云うことは真理《しんり》である。従業員が仕事に愛情をもたず、深切《しんせつ》に仕事をしないのは、経営者が従業員に愛情をもたず、深切に従業員の幸福《こうふく》を思ってやらないからである。学校教師《きょうし》が児童《じどう》の家庭訪問《かていほうもん》をするように、深切な経営者は、従業員の家庭の状態《じょうたい》を知ってやり、色々《いろいろ》の困難《こんなん》や悩《なや》みの相談《そうだん》にも深切にのってやるようにする時、従業員は真《しん》に経営者の「子」の如《ごと》くなる。

## 与《あた》えた通りの批難《ひなん》（批評し攻撃する）が与え返される

常《つね》に従業員《じゅうぎょういん》の欠点《けってん》を見つけて、こきおろし、皮肉《ひにく》な嫌味《いやみ》を浴《あ》びせかける経営者《けいえいしゃ》は、従業員から最善《さいぜん》のサービスを期待《きたい》することは出来ないのである。常《つね》に事務所《じむしょ》や工場《こうじょう》に陰気《いんき》な黒雲《くろくも》を捲《ま》き起《おこ》し、雷《かみなり》を落《おと》すことを常習《じょうしゅう》としているならば、その事務所や工場は災害中《さいがいちゅう》の状態《じょうたい》となってしまい、落著《おちつ》いて良《よ》い仕事《しごと》をする事は出来ないのである。欠点を見て叱《しか》りつければ、それ以後《いご》その従業員がその欠点を直すかと思えば、大抵《たいてい》はその反対《はんたい》なのである。経営者が従業員の欠点を指摘《してき》すれば、従業員は経営者の私生活などの欠点を探《さが》し出し、その私生活が贅沢《ぜいたく》であるのに、吾々《われわれ》はこんなに、みじめな少《すく》い給料《きゅうりょう》で働《はたら》かせられているなどと言い出すのである。彼らは斯《こ》うして自分の欠点を合理化《ごうりか》するためのアリバイを作るのである。

## 逆宣伝《ぎゃくせんでん》をする広告《こうこく》の盲点《もうてん》

多くの広告費《こうこくひ》や宣伝費《せんでんひ》が支払《しはら》われて、その会社や団体《だんたい》のすぐれていることが誇張的《こちょうてき》に伝《つた》えられるにも拘《かかわ》らず、その受附《うけつけ》にいる社員《しゃいん》や、電話係《でんわがかり》である社員の、たった一言一行《いちげんいっこう》によって、その反対宣伝《はんたい》が行われていることがあるものである。その団体のメンバーは、その団体が如何《いか》なる性格《せいかく》の団体であるかと云《い》うことを示《しめ》す、高さ五尺《しゃく》何寸《ずん》、幅《はば》一尺何寸の広告塔《とう》である。しかもそれは常《つね》に移動《いどう》していて話してくれる広告塔であるのである。一寸《いっすん》（編註・約三センチ）四方《しほう》の面積《めんせき》の新聞《しんぶん》広告に数万円を支払いながら、この偉大《いだい》なる広告塔である団体のメンバーが、常に間違《まちが》った広告をして歩いているのをほっておいても好《よ》いものだろうか。特《とく》に、宗教《しゅうきょう》団体に於いては信者《しんじゃ》の一挙手一投足《いっきょしゅいっとうそく》は、その宗教が如何《いか》なるものかを示《しめ》す実物《じつぶつ》の模範《もはん》である。それは本当にその宗教の役員《やくいん》でなくとも「何々教《なになにきょう》の信者が斯《こ》うした」と言うだけで逆《ぎゃく》宣伝になることがある。

## 富《とみ》と繁栄《はんえい》との原理《げんり》

最《もっと》も人類《じんるい》に献《ささ》ぐること多き者が最も多くを得《う》るのである。みずから貧《まず》しきものは自分がどれだけ人類に献《ささ》げて来たかを省《かえり》みて、自分の富の少《すく》なさは、自分の献げ方の少かったことの反映《はんえい》であることを知れ。人類は今もなお奪《うば》うことによって、他を侵略《しんりゃく》することによって、他を苦《くる》しめることによって自分が富《と》み且《か》つ幸福《こうふく》になり得るとの迷妄《めいもう》の中に生きているのである。そこで国際的《こくさいてき》には戦争《せんそう》が起《おこ》り、国内的《こくないてき》には労働争議《ろうどうそうぎ》が起り、人類の享受《きょうじゅ》(うける)し得《う》べき富が、人類を苦しめる武器《ぶき》となりつつある。

## みずからを正視《せいし》せよ

他の人の悪《あく》を批難《ひなん》し攻撃《こうげき》する前に、自己《じこ》の現状《げんじょう》を正直《しょうじき》に正視《せいし》せよ。他の「悪」をみとめている間は、他の「悪」が自分の心の中に入《はい》って来て自分の心の中を汚《よご》しつつあるのである。そして自分は一歩も前進《ぜんしん》することは出来ない。省《かえり》みて自己の足《た》らざるを知る者は、其処《そこ》に非《ひ》を転《てん》じて前進し得《う》る契機《けいき》を得るのである。自己の足らざるを知らされたとき「有《あ》りがとうございます」と感謝《かんしゃ》せよ。過去《かこ》の足らざるを知ったとき、自己はそれを知る智慧《ちえ》を得たのである、向《こう》上《じょう》したのである、歎《なげ》く勿《なか》れ。

## 向上《こうじょう》と進歩《しんぽ》とは現状《げんじょう》の不満足《ふまんぞく》を知るにある

自己《じこ》の足《た》らざるを知ったとき、「自分は駄目《だめ》だ」と悲観《ひかん》してはならない。悲観や失望《しつぼう》や落胆《らくたん》は、自己の向上《こうじょう》と前進《ぜんしん》とを阻《はば》むものである。牛や馬は自己の足らざるを知ることが出来ないから人間のように進歩《しんぽ》しなかったのである。科学者《かがくしゃ》が常《つね》に進歩するのは、「自分はまだまだ宇宙《うちゅう》の神秘《しんぴ》の極《ごく》小一部分しか知らない」と自己の足らざるを知って研究《けんきゅう》をつづけるからである。吾々《われわれ》の道徳性《どうとくせい》も、芸術《げいじゅつ》創作《そうさく》の力も、先《ま》ず自己の足らざるを知り、且《か》つ自己の内に無限《むげん》の可能性《かのうせい》を知ったとき進歩するのだ。

## 自分の汚《よご》れに対して鋭敏《えいびん》でなければならぬ

「人間神の子」の自覚《じかく》とは、「自分は神の子であるから、自分のすることに絶対悪《ぜったいあく》はない」とみずからの欠点《けってん》を反省《はんせい》することなく非《ひ》を押《お》し通すことではないのである。「神の子」たる者は、「神の子」に相応《ふさ》わしくない行為《こうい》や思いには非常《ひじょう》に敏感《びんかん》（感じがするどい）であって、そのようなことには鋭《するど》い反応《はんのう》を示《しめ》して遠ざかるのである。「人間神の子」の自覚は、雪隠虫《せっちんむし》が便所《べんじょ》の中を泳《およ》いでいながら、少しもその不潔《ふけつ》を知らないような無自覚《むじかく》ではないのである。拭《ふ》き清《きよ》められた漆器《しっき》の上は少しの埃《ほこり》でも目立つであろう。

## 「今」が時《とき》である

中年又《ちゅうねんまた》は老年《ろうねん》の人々は時々《ときどき》考える。自分が若《も》しもう一度青年時代《せいねんじだい》を通過《つうか》し得《う》るならば、もっと一所懸命勉強《いっしょけんめいべんきょう》するであろうし、もっと本真剣《ほんしんけん》に正しく清《きよ》く生きて見たいものである、と。しかし彼らの多くは何故《なぜ》、今始《はじ》めないのであるか。常《つね》に時《とき》は「今」である。今度の正月《しょうがつ》が来たら新しい生活を送って見ようと決意《けつい》した人のうちで、本当に正月が来て「新しい生活」を始め得《え》た人が幾人《いくにん》あるであろうか。今気がついたら、「今」善《よ》き生活を始めるべきである。一つ聴《き》いたら「今」一つ実行《じっこう》すべきだ。

## 「今」と「自己《じこ》」とをハッキリ生きよ

「今」が時であるのに、何故《なぜ》あなたは役《やく》にも立たぬ新聞《しんぶん》の三面記事《さんめんきじ》の、自動車強盗《じどうしゃごうとう》や少女強姦《ごうかん》や汚職《おしょく》や離婚沙汰《りこんざた》や、下《くだ》らない出来事《できごと》ばかりを読んで、其《そ》の尊《とうと》い「今」の時間を汚《けが》しているのですか。何故《なぜ》あなたは雑誌《ざっし》のニュー・スタイルの紹介《しょうかい》などに気をとられて流行《りゅうこう》の渦巻《うずまき》に捲《ま》き込《こ》まれて、自分というものを失《うしな》いつつあるのですか。もっと「今」と云うもの、「自己」と云うものを再認識《さいにんしき》（ふたたび心でみとめる）しなさい。外界《げかい》の悪《あく》にまき込まれず、自分の本当の個性《こせい》を生かすのこそ本当の民主主義的《みんしゅしゅぎてき》生活ではありませんか。

## 無駄《むだ》な生活を省《はぶ》く一方法《ほうほう》

無駄《むだ》なことに一生涯《いっしょうがい》をつぶすものは、幾《いく》ら長生《ながいき》しても短命《たんめい》で死んだのと同じことである。肉体《にくたい》は短命で死んでも、その人の業績《ぎょうせき》が多勢《おおぜい》の人の生命《いのち》を生かすならば、その人の生命《いのち》は多勢の人々の生命《いのち》となって生きているから本当は長寿《ながいき》である。あなたの日常《にちじょう》生活の一週間の行事《ぎょうじ》をこまかく紙の上に、「表《ひょう》」にして書いて御覧《ごらん》なさい。そして「是《これ》は無駄《むだ》なことではないか」「是《これ》は生命《いのち》を生かすことであるか」「是《これ》は人の為《ため》になることであるか」と一々反省《いちいちはんせい》して見て無駄を悉《ことごと》く省《はぶ》きましょう。人を憎《にく》むこと、争《あらそ》うこと、腹《はら》を立てること、悲《かな》しむこと、碌《ろく》でもない世間話《せけんばなし》に時間をつぶすこと、そんな無駄をやめましょう。

## 衰微《すいび》の原因《げんいん》は繁栄《はんえい》の最中《さいちゅう》にある

「羅馬《ローマ》は一日にして成《な》らず」と云《い》う諺《ことわざ》がある。されど又《また》「羅馬《ローマ》は一日にして滅《ほろ》びず」でもある。物事《ものごと》の成就《じょうじゅ》するのも破壊《はかい》するのも共《とも》に内《うち》に蓄積《ちくせき》されたる「心」の原因如何《げんいんいかん》にある。貴方《あなた》の物事が順潮《じゅんちょう》（舟の行こうとする方向に順に動くシオのながれ）に運《はこ》ばなくなったならば、それはその順潮でない時に順潮でなくなったのではない。順潮である時に心傲《こころおご》りて高慢《こうまん》な気持《きもち》を抱《いだ》き、為《な》すべき事をなさず、与《あた》うべきを与えず、尊大《そんだい》に構《かま》え、憐《あわれ》みを懐《いだ》かず、物事に感謝《かんしゃ》せず、ただ心を自己《じこ》の快楽《かいらく》のみに集中して、養《やしな》うべき正気《しょうき》を失《うしな》ったからである。

## 次《つぎ》のような心を改《あらた》めよ

尊大《そんだい》、倨傲《きょごう》（たかぶり）、無責任《むせきにん》、無慈悲《むじひ》、貪欲《とんよく》（よくばり）、吝嗇《りんしょく》（しわんぼけちんぼ）、不平《ふへい》、無感謝《むかんしゃ》、利己主義《りこしゅぎ》、過《か》度《ど》の肉体的享楽《にくたいてききょうらく》などはいずれも神とは正反対《せいはんたい》の心の波長《はちょう》であるから、顧《かえり》みてそのような心と行為《こうい》を慎《つつし》むがよいのである。神は吾々《われわれ》の一切《いっさい》の幸福《こうふく》の本源《ほんげん》であるから、神と波長の合わぬような心や行いをしていてそれで神に祝福《しゅくふく》（相手が幸福になるための言葉をかけたり、祈りをしたりすること）されるなどと甘《あま》い事を考えてはならない。若《も》し貴方《あなた》の心の内《うち》に不安《ふあん》や恐怖《きょうふ》があるならば、それは貴方の潜在意識《せんざいいしき》が自分の想《おも》いや行いの内に何か神の心と一致《いっち》せぬ事があると知るからである。

## 自己弁解《じこべんかい》する者は強者《きょうしゃ》ではない

アリバイ（罪がないと云う弁解になる場所）を作り、言訳《いいわけ》をし、こんな事情《じじょう》だから已《や》むを得《え》ず斯《こ》うしなければならなかったのです――などと自己弁解《じこべんかい》する心を捨《す》てよ。自己弁解する心がある限《かぎ》り、責任《せきにん》を「事情」と云う外物《そとのもの》に帰《き》して、自分自身を改《あらた》めようとしないから、そのような人は進歩《しんぽ》する事がないのである。自己の過《あやま》ちを素直《すなお》に認《みと》め得《う》るには勇気《ゆうき》が要《い》る。その勇気ある者こそ本当に強者《きょうしゃ》である。強者のみ進歩するのである。自己の過《あやま》ちを素直に認める時人は謙遜《けんそん》になる。謙遜《へりくだり》は強者即《すなわ》ち神の子の特性《とくせい》である所以《ゆえん》である。イエスも「幸福《さいわい》なるかな、心の貧《まず》しき者、天国《てんごく》はその人のものなり」と教えている。心の貧しき者は謙《へりくだ》れる者である。

## 自分の本質《ほんしつ》を生かすこと

自分を空《むなし》うしたとき神があらわれる。肉体我《にくたいが》を空《むなし》うしたとき神我《しんが》があらわれる。神我とは、自己《じこ》に宿《やど》る神であり、それが、「本当の自分」である。イエスが「生命《いのち》（肉体我）を捐《す》つる者は生命《いのち》（本当の自分）を得《う》」と教えたのは此《こ》の意味である。一度「死に切る」ことなしに「本当の自分」はあらわれない。「本当の自分」が「本当の人間」である。そのほかに「自分」はないのである。肉体人間には色々《いろいろ》の面《めん》がある。その面の中には肉体的欲望《よくぼう》もある。しかし面《めん》は人間の内部《ないぶ》の本質《ほんしつ》ではない。

## 持越苦労《もちこしくろう》をしてはならない

過《す》ぎた事を歎《なげ》くな。それは過ぎ去った夢《ゆめ》でしかないのである。現象界《げんしょうかい》の出来事《できごと》は、すべて嘗《かつ》て懐《いだ》いた感情《かんじょう》や想念《そうねん》が影《かげ》を映《うつ》して消えて行《ゆ》きつつあるのであるから、その性質《せいしつ》は夢と同じようなものである。夢は心に描《えが》いたものが形にあらわれて消えて行きつつあるのである。夢の中で、人から侮辱《ぶじょく》されたからとて、目を覚《さ》ましてからそれを悔《く》やんだり憤慨《ふんがい》する必要《ひつよう》はないのである。夢の中で貧《まず》しかったとて悲《かな》しむには当《あた》らない。心で現《あらわ》していた夢は、又別《またべつ》の心を持てば別の相《すがた》にあらわれる。

## 業《ごう》を超《こ》えて実相《じっそう》を見よ

悪《あく》を実在《じつざい》すると観《かん》じてはならない。悪はそれを実在と観じて敵視《てきし》する時、それは大きく伸《の》び上《あが》って視《み》えて来るのである。如何《いか》に相手が悪に見えようとも、それは実在ではない、彼自身ではない、それは彼の業《ごう》（過去の心のハタラキや身のオコナイの惰力〈だりょく〉）のさせる業《わざ》であると信《しん》じて、その業《ごう》を貫《つらぬ》いて其《そ》の奥《おく》にある実相《じっそう》の完全《かんぜん》さを見詰《みつ》めるようにする時、敵《てき》と見える者は味方《みかた》と変《へん》じ、悪と見える者は善《ぜん》に変ずるのである。この「心で見詰《みつ》める行事《ぎょうじ》」を「観《かん》」と称《い》う。相手を敵から味方に変じ、悪から善に変じ得《う》るか否《いな》かは観の強さに因《よ》る。「観」の力を強くするには神想観《しんそうかん》して精神集中《せいしんしゅうちゅう》の実修《じっしゅう》を度々《たびたび》やるがよい。心の力も繰返《くりかえ》し練習することによって増加《ぞうか》する。

## 神様を水先案内《みずさきあんない》に

経験《けいけん》ある聡明《そうめい》な水先案内《みずさきあんない》（舟の進路を案内する役の人）に従《したが》って航海《こうかい》すれば安全《あんぜん》であるのに、水先案内を失《うしな》って、経験のない水夫《すいふ》が勝手《かって》な航海《こうかい》をつづければいつ暗礁《あんしょう》（水の下にかくれていて外から見えない岩）に乗り上げるかわからないことになるのである。その暗礁に一部乗り上げた相《すがた》が、腹立《はらだ》ちとか、焦立《いらだ》ちとか、恐怖《きょうふ》とか、憎《にく》しみとか、嫉妬《しっと》とか、憂鬱《ゆううつ》とか云《い》う風《ふう》になって現《あらわ》れる。若《も》しこのような状態《じょうたい》があらわれたら、神様と云う水先案内を速《すみや》かに連《つ》れて来て、早くその導《みちび》きを受けなければならぬ。神の方へ心を振向《ふりむ》けて「神は導《みちび》き給《たま》う」と繰返《くりかえ》し念《ねん》ぜよ。

## 家畜《かちく》の健康状態《けんこうじょうたい》は飼主《かいぬし》の心の反映《はんえい》です

動物は、野獣《やじゅう》として自然《しぜん》な生活を自由《じゆう》に送っている時には病気《びょうき》にならないものであるが、家《か》畜《ちく》として人間の精神波動《せいしんはどう》の影響《えいきょう》の下《もと》に置《お》くと時折《ときおり》病気になる。尤《もっと》も飼主《かいぬし》の心の状態《じょうたい》に従《したが》って、病気になる場合とならない場合とがあるのである。豚《ぶた》コレラが流行《りゅうこう》している時でも飼主の心が健全《けんぜん》であればその家の豚は病気にならない。親豚《おやぶた》の産《う》んだ仔豚《こぶた》もみんな病気にかからないで健康《けんこう》に育つのである。馬の病気に聖経《せいきょう》『甘露《かんろ》の法雨《ほうう》』を読んできかせて、馬の病気が治《なお》ったような実例《じつれい》もある。家畜の健否《けんぴ》は飼主の心の影《かげ》である。

## 完全《かんぜん》に循環《じゅんかん》させよう、出し惜《お》しみしてはならない

完全《かんぜん》なる循環《じゅんかん》こそ、経済界及《けいざいかいおよ》び、肉体《にくたい》の健全《けんぜん》に是非必要《ぜひひつよう》な条件《じょうけん》である。出《で》ると入《はい》るとが完全に循環する者は健康《けんこう》である。消化器《しょうかき》に於《お》いても、呼吸器《こきゅうき》に於いても、血液循環系統《けつえきじゅんかんけいとう》に於いて

も、完全に循環する時その人は健康である。人間が炭酸瓦斯《たんさんガス》を呼出《はきだ》せば植物がそれを吸収《きゅうしゅう》して含水炭素《がんすいたんそ》をつくり、酸素《さんそ》を呼出《はきだ》しその酸素をまた人間が吸入《きゅうにゅう》して炭酸瓦斯《たんさんガス》にして植物に送る――完全な循環である。循環の不良《ふりょう》を「結滞《けったい》」（むすぼれと、とどこおり）とか「秘結《ひけつ》」（通便がとまること）とか言う。秘結や結滞は人間の老衰《ろうすい》の因《もと》である。出し惜《お》しみをしては、その時は豊《ゆた》かになったようでも、あとで実《みの》りがない。蒔《ま》かぬ種《たね》は生《は》えぬのである。

## 感情《かんじょう》は常《つね》に明《あか》るく、滞《とどこお》らせてはならない

多くの病気《びょうき》は便秘《べんぴ》や血流《けつりゅう》の結滞《けったい》から起《おこ》る。しかし便秘や血流の結滞は、感情《かんじょう》の結《むす》ぼれと滞《とどこお》りとから起る。感情の結ぼれは神経系統《しんけいけいとう》の働《はたら》きを梗塞《こうそく》（ふさがって通じない）し、心臓《しんぞう》の働きを抑制《よくせい》（おさえとどめる）し、血流と内臓《ないぞう》の働きを不活潑《ふかっぱつ》ならしめる。血管《けっかん》を硬化《こうか》し、ホルモンの分泌《ぶんぴつ》を不調和《ふちょうわ》ならしめ、淋巴管《りんぱかん》の流れを不完全《ふかんぜん》にして毒素《どくそ》と老廃物《ろうはいぶつ》の排泄《はいせつ》を不能《ふのう》ならしめ、ついに病気をひき起すことになるのである。感情は常《つね》に明《あか》るく心懸《こころが》け、感謝《かんしゃ》と悦《よろこ》びと深切《しんせつ》と奉仕《ほうし》とに明《あ》け暮《く》れていると心の滞《とどこお》りもなく健康《けんこう》となる。

## 大小・軽重《けいちょう》及《およ》び時の順序《じゅんじょ》をわきまえよ

蠅《はえ》を叩《たた》くに百封《ポンド》の鉄鎚《てっつい》をもってしてはならない。小事《しょうじ》を解決《かいけつ》するのに、あまり大袈裟《おおげさ》に神《しん》経《けい》を労《ろう》してはならない。世の中の大抵《たいてい》の不幸《ふこう》と見える出来事《できごと》は、真相《しんそう》が解《わか》って見れば蠅が一寸《ちょっと》頭にとまったほどの事に過《す》ぎないのである。それを叩くに鉄鎚をもってするから自分の頭を鉄鎚でぶち割《わ》ることになるのである。事物《じぶつ》は大小を弁《わきま》えると共《とも》に、順序《じゅんじょ》を弁えなければならない。まだ熟《じゅく》しない間《あいだ》に蜜柑《みかん》を捥《も》ぎとるな。船がまだ港《みなと》に著《つ》いていないのに船に乗ろうとしてはならない。

## 与《あた》えられた事物《じぶつ》を先《ま》ず完全《かんぜん》に遂行《すいこう》せよ

真理《しんり》に志《こころざ》し、霊的勝利《れいてきしょうり》（たましいの勝利）に到達《とうたつ》する道は、高蹈的《こうとうてき》な（普通の生活から高く越えた）遠い所や、架空的《かくうてき》な夢《ゆめ》の中にあるのではないのである。道は邇《ちか》きにありだ。先《ま》ず自分の仕事《しごと》を一所懸命《いっしょけんめい》にやる——と云う当《あた》り前の事が真理に到達する捷径《ちかみち》であるのである。他《た》の人を羨《うらや》んではならない。他の人には他の人の仕事があり、割当《わりあて》がある。他《ひと》の割当を欲《ほ》しがったり、それを侵《おか》してはならない。自分に与《あた》えられているものを本当に完全《かんぜん》に受取《うけと》って遂行《すいこう》するならば、更《さら》にまた一層《いっそう》多く自分自身に対する割当が来るのである。

## 干渉《かんしょう》は可《い》かぬが助力《じょりょく》は好《よ》い

他《た》の人の意志《いし》に干渉《かんしょう》してはならない。人は各々《おのおの》神から割当《わりあ》てられた不可侵《ふかしん》の権利《けんり》をもっている。すべての人々は各々自主独立性《じしゅどくりつせい》を有《も》っている、それを尊重《そんちょう》しなければならない。家庭《かてい》の中でイザコザが起《おこ》るのは大抵愛著《たいていあいじゃく》がからまって、互《たがい》の生活に干渉し合うからである。自分の仕事《しごと》を完全《かんぜん》に遂行《すいこう》しないでいて他《ひと》の事が気にかかるのは可《い》けない。併《しか》し、決《けっ》して人を助けてやって悪《わる》いと云うのではない。干渉と助力《じょりょく》とは異《ことな》る。干渉は相手を曲《ま》げようとするが、助力は相手自身の方向《ほうこう》に助けるのである。

## 先《ま》ず心に「神との一体感《いったいかん》」を確立《かくりつ》せよ

事件《じけん》を解決《かいけつ》するには、事件の性質《せいしつ》を充分理解《じゅうぶんりかい》することが必要《ひつよう》である。恐怖心《きょうふしん》は事件の性質が充分理解出来ず、如何《いか》に成《な》り行《ゆ》くかの見当《けんとう》がとれない為《ため》の不安定感《ふあんていかん》から起《おこ》るのである。不安恐怖の儘《まま》で事件の解決に臨《のぞ》むならば精神《せいしん》の平衡《へいこう》を得《え》ない為《ため》に、その処置《しょち》を誤《あやま》り恐怖した通りの不《ふ》結果《けっか》が其処《そこ》に現《あらわ》れて来るのである。こんな時は神想観《しんそうかん》を充分《じゅうぶん》して神の愛《あい》がこの事件を護《まも》っており、神の智慧《ちえ》が完全に自分を導《みちび》き給《たま》うがゆえに、この問題は無事落著《ぶじらくちゃく》するのであると繰返《くりかえ》し思念《しねん》して心を落著《おちつ》けよ。

## 常《つね》に自己《じこ》の健康《けんこう》を念《ねん》ぜよ

病気《びょうき》の時ほど「自分は既《すで》に健康《けんこう》である」と念《ねん》ずる必要《ひつよう》がある。現《げん》に病気があるのに「健康である」と念ずるのは自己欺瞞《じこぎまん》（自分をあざむく）であり、自分に嘘《うそ》をつくものであると考えて躊躇《ちゅうちょ》する人があるかも知れないが、これは嘘でも自己欺瞞でもない。病気と云《い》う現象《げんしょう》は、心に不快《ふかい》なことを想《おも》いつづけた結果《けっか》、肉体《にくたい》の生理作用《せいりさよう》に変調《へんちょう》（調子がヘンになる）を来《きた》したのであるから、病気と云う不快なものを心に見詰《みつ》めている限《かぎ》りは中々治《なかなかなお》らない。だから人間の肉体を想《おも》わず、健全《けんぜん》なる生命《せいめい》のみを想《おも》うようにするのである。

## 心を省《かえり》みて肉体《にくたい》を健全《けんぜん》ならしめよ

事物《じぶつ》が現象界《げんしょうかい》に出現《しゅつげん》するためには、その青写真《あおじゃしん》のようなものが心の世界に出来上《あが》って、その青写真の通りの姿《すがた》に物質《ぶっしつ》が置《お》き並《なら》べられて何事《なにごと》でも出来上るのである。それは事業《じぎょう》や建築物《けんちくぶつ》のみではなく、人間の肉体《にくたい》でも、先《ま》ず心の中に出来上った下絵《したえ》（想念《そうねん》）の通りに食物《しょくもつ》から摂取《せっしゅ》した養分《ようぶん》が排列《はいれつ》されて出来上るのである。心に塊《かたまり》を生《しょう》じたときに肉体が塊の出来る病気に罹《かか》る。心が硬化《こうか》したときには肉体や血管《けっかん》が硬化する。心が固《かた》く結《むす》ばれたら心臓《しんぞう》や血管や腸管《ちょうかん》が結ぼれる。汝《あなた》の心に注意《ちゅうい》せよ。

## この機会《きかい》を逸《いっ》してはならない

若《も》し、あなたが何かの機会《きかい》に此《こ》の本をお読みになり、光明思想《こうみょうしそう》によって、自己改善《じこかいぜん》の希望《きぼう》を起《おこ》されたならば、それは貴方《あなた》の内部《ないぶ》にある神性《しんせい》が目覚《めざ》めて来て、普遍《ふへん》の神性《しんせい》（神）と相契合《あいけいごう》することになったのである。此《こ》の機会を逸《いっ》してはならない。神は口を有《も》ち給《たま》わないから、この本を通して語りたまう。この本を神の言葉を表現《ひょうげん》する媒介《ばいかい》であるとして、一遍《いっぺん》きりで読み捨《す》てる事なく幾回《いくかい》でも納得《なっとく》の行《ゆ》くまで繰返《くりかえ》し読まれよ。考えながら読まれよ。貴方《あなた》の内部の神が真《しん》理《り》を会得《えとく》せしめるであろう。

## 神からインスピレーションを受けるには

神は封建君主《ほうけんくんしゅ》ではないのである。神は貴方《あなた》に宿《やど》って直観又《ちょっかんまた》はインスピレーションによって導《みちび》きたまう。しかしその導きを強制《きょうせい》し給《たま》うことはない。自由意志《じゆういし》によって貴方の取捨《しゅしゃ》（とると、すてる）選《せん》択《たく》（えらぶ、こと）にまかせ給《たま》う。其処《そこ》に或《あ》る人は、幸福《こうふく》に成功《せいこう》し、或る人は不幸《ふこう》に陥《おちい》り不成功《ふせいこう》に終《おわ》るのである。しかし素直《すなお》に神の音信《おとずれ》に心の耳を傾《かたむ》ける者は幸《さいわ》いなるかな。併《しか》しそれまでに先《ま》ず自己《じこ》破壊《はかい》の心を捨《す》てなければならぬ。人を憎《にく》む心は他を破壊《はかい》せんとする心であるが、その心は同時《どうじ》に自己破壊の心である。人を呪《のろ》わば穴《あな》二つ。

## 先《ま》ず人々と和解《わかい》せよ

自己《じこ》破壊《はかい》の念《こころ》がある時、インスピレーションの如《ごと》く自分の心に閃《ひらめ》き来《きた》る想念《そうねん》が実《じつ》は自分を破壊すべく潜在《せんざい》意識《いしき》から浮《う》び上《あが》って来たものであることがある。泣《な》き面《つら》に蜂《はち》の様《よう》に次《つぎ》から次へと不幸《ふこう》や失敗《しっぱい》や困難《こんなん》がやって来るのは何か家族《かぞく》との感情《かんじょう》に縺《もつ》れがあって誰《たれ》かを憎《にく》んでおり、その結果《けっか》自己破壊の感情的衝動《しょうどう》（中からこみあげて来る感情又は本能の動き）が不幸や失敗や困難を引き寄《よ》せつつあるのである。他《ひと》を憎むのは、実は自分の不甲斐《ふがい》なさを憎む憎みが他《た》に転嫁《てんか》（責任又は重荷を他へうつすこと）せられて他を憎んでいるのだから自己破壊の心である。

## 先《ま》ず自己《じこ》の力を縛《しば》る心を捨《す》てましょう

祈《いの》っても其《そ》の祈る事が実現《じつげん》せず、思念《しねん》しても思念した通りに実現しないのは、その人の潜在《せんざい》意識《いしき》の底《そこ》に神の力を有限《ゆうげん》だと観《み》る「限定《げんてい》」の心と、自分自身の力を自分で縛《しば》る「限定」の心があるからである。若《も》し貴方《あなた》が思わず知らず、「この困難《こんなん》を克服《こくふく》するのは神でも難《むつ》かしい」とか「もう機会《きかい》を逸《いっ》した」などと呟《つぶや》くようであるならば、貴方の心の中《うち》にそのような限定感《げんていかん》がある証拠《しょうこ》である。自己《じこ》を自己が限《かぎ》らない限り、何者《なにもの》もあなたを限る事は出来ない。如何《いか》に汝《なんじ》自身を信《しん》ずるかが問題《もんだい》である。

## 祈《いの》りを成就《じょうじゅ》するには

祈《いの》ると云《い》うことは心のピントを神に合わせる一種《いっしゅ》の行事《ぎょうじ》である。その場合、神は全能《ぜんのう》であるから、如何《いか》なる事でも神にピントを合わせたら必《かなら》ず成就《じょうじゅ》しないと云うことはあり得《え》ないという堅信《けんしん》（かたい信仰）を持つことが必要《ひつよう》なのである。神でもこれは難《むつ》かしいと云うような些少《さしょう》の危惧《きぐ》（あやぶみおそれる）の念《ねん》があっても、その祈りの実現の妨《さまた》げとなる。祈った後《のち》には神の智慧《ちえ》が導く通りに行動《こうどう》を開始《かいし》することが必要である。行動の伴《ともな》わない祈りは、実現しないのは、祈るばかりで種子《たね》を蒔《ま》かず耕《たがや》さずにいると同じである。

## 本末《ほんまつ》を顛倒《てんどう》（さかさまにする）してはならない

或《あ》る人は一生涯《いっしょうがい》金儲《かねもう》けのために労苦《ろうく》した。それは刻苦《こっく》の生涯であり、何等《なんら》自分のためにも他人のためにも楽《たの》しさを与《あた》えない生涯であった。彼は唯《ただ》刻苦した後《のち》に死んだ。彼は自分の儲《もう》けた富《とみ》をあ、の、世に持って行く事が出来なかった。残《のこ》った財産《ざいさん》は別《べつ》の人が唯《ただ》自分の享楽《きょうらく》のために費《つか》い果《はた》した。こんな愚《おろ》かな事が随分《ずいぶん》あるのである。自分の乗用車《じょうようしゃ》を丁寧《ていねい》にみがかせて、自分の身体《からだ》は大切《たいせつ》にせず、過食《かしょく》や過労《かろう》や不眠《ふみん》などで苦しめていた。そして彼が死んだけれど彼の乗用車だけは健在《けんざい》であった。

## 成功《せいこう》に要《よう》する色々《いろいろ》の条件《じょうけん》

成功《せいこう》しようと思う者は、人の悪口《わるぐち》を噂話《ゴシップ》に語ってはならない。あまり皮肉《ひにく》に批評的《ひひょうてき》であってはならない。神経過敏《しんけいかびん》で直《す》ぐ怒《おこ》ってはならない。仕事《しごと》を厭《いと》ってはならない。常《つね》に与《あた》えられた仕《し》事以上《ごといじょう》に仕事を遂行《すいこう》しなければならない。賃金《ちんぎん》以上の仕事をするからこそ、次に賃金を上げて貰《もら》う資格《しかく》があるのである。余分《よぶん》の仕事が来たら感謝《かんしゃ》しなければならない。重要《じゅうよう》でない問題《もんだい》に時《じ》間《かん》を潰《つぶ》してはならない。宴会《えんかい》で過食《かしょく》して身体《からだ》を毀《こわ》してはならない。自己《じこ》の精力《せいりょく》を経済的《けいざいてき》に使う様心懸《こころが》けよ。

# 第五章　進歩《しんぽ》の源泉《げんせん》について

## 科学《かがく》は進歩《しんぽ》します

科学《かがく》は段々《だんだん》進歩《しんぽ》してまいりました。以前《いぜん》には科学と云《い》うものは物質方面《ぶっしつほうめん》のことばかりを研《けん》究《きゅう》するものだと思われておりましたが最近《さいきん》では、精神科学《せいしんかがく》と云って、精神が如何《いか》に肉体《にくたい》の健《けん》康《こう》や病気《びょうき》の治療《ちりょう》に役立《やくだ》つか、仕事《しごと》の能率《のうりつ》（できぐあい）を上げるのに役立つかと云うことが研究されるようになりました。最近にもビキニの水爆《すいばく》で慢性《まんせい》の原子病《げんしびょう》になっている患者《かんじゃ》は物質で治療《ちりょう》する道がないので、これは精神的にショック（打撃〈ダゲキ〉。心のいたで）を受けている点が多いのであるから、精神《せいしん》医学《いがく》によって治療しなければならぬと言われていることが新聞《しんぶん》に出ていました。昔《むかし》は病気は物質的原因《げんいん》でのみ起《おこ》ると考えられ、その治療法も物質的方法のみでありましたが、今は精神科学が進歩してまいりまして、病気を根本的《こんぽんてき》に治《なお》すには精神を治さねばならぬと云うことに気がついて来たのです。科学というものは、日進月歩《にっしんげっぽ》する(たえまなく進む)ものでありまして、古いやり方や説明《せつめい》の仕方《しかた》が否定《ひてい》(うちけされる)されて新しい技術《ぎじゅつ》や学説《がくせつ》(学問の上での意見)の発見《はっけん》が出て来るのであります。新しい考え方がなく、当時《とうじ》の常識《じょうしき》(ふつうみんなの考え)ばかりに従《したが》っていまして、新しい技術の発見がなかったら、新しい科学の進歩というものはあり得ないのであります。何しろ昔の常識は、次の時代の常識によって訂正《ていせい》されて行《ゆ》くのであります。昔は、地球《ちきゅう》は平《ひら》たい動かないものであって、太陽《たいよう》が地球の東から出て西に入《はい》って、毎日循環《じゅんかん》(ぐるぐるまわる)していると考えられていたのでありますが、ガリレオ(イタリーの天文学者(西暦一五六四～一六四二年))が出て来て、「地球は平たいものではない。地球の方が動いているのだ、地球は太陽の周囲《まわり》をまわっているところの一つのまあるい天体《てんたい》(月、太陽、星など)だ」と云う天文学説《てんもんがくせつ》(天体の大きさ動き方などの理論)を立てたのです。するとこれは当時の常識から見ると間違《まちが》いである。「地球は平たくて動かないものでなければならない。地は下になければならぬし、天は上になければならぬ。地球が円《まる》かったら、地球の下側《したがわ》にいる人は、頭を下にして足を上にして、あべこべに逆立《さかだ》ちしていることになる。そんな馬鹿《ばか》なことはない。地球が円《まる》いなんて聖書《せいしょ》(キリストの教えを書いた本)には書いてない。これは創世記《そうせいき》(聖書にある世界の始まりの話)と違《ちが》う。だからこれは神を汚《けが》すものである」と云うので宗教裁判《しゅうきょうさいばん》(教えにそむいた人を教会の力でさばくこと)に附《ふ》せられるということになったのであります。ところがガリレオの発明した望遠鏡《ぼうえんきょう》が段々進歩していろいろ遠くにある天体を覗《のぞ》いてみることが出来るようになりますと、どうしても、地球が円《まる》いと云うのが正しいと云うことになりました。これは新しい事実の発見であります。科学というものは新しい事実の発見から進歩して来るのであります。「原子力《げんしりょく》と云うような巨大《きょだい》な力（とても大きい力）は実用《じつよう》にならぬ」と云うのが、日本の昭和《しょうわ》十六年頃《ごろ》の常識《じょうしき》でありましたが、アメリカはその常識を破《やぶ》って、原子爆弾《げんしばくだん》を作って原子力の工業《こうぎょう》化《か》に道をひらいたのであります。常識に反《はん》するものは駄目《だめ》だと云っているようなことでは常《つね》にこんな愚《おろ》かなことを繰返《くりかえ》さなければならぬのであります。

## 眼《め》に見えないからとて無《な》いのではない

大体《だいたい》、吾々《われわれ》の常識《じょうしき》は、肉眼《にくがん》（肉体の眼）で見たのがほんとうであると思い勝《が》ちであります。だから「心」というものは肉眼で見えないから、心の働《はたら》きが病気《びょうき》を治《なお》すなどと云《い》いますと、これは常識に反《はん》するというように批評《ひひょう》されて来たのであります。ところが、その物理学《ぶつりがく》も生物学《せいぶつがく》も、医《い》学《がく》も、その測定機械《そくていきかい》（くわしくはかる機械）がだんだん進歩《しんぽ》して来まして心の動きによって脳髄《のうずい》に起《おこ》る電気的《でんきてき》波動《はどう》（脳波《のうは》・脳の中におこる電波のような動き）を図にまであらわすことが出来るようになりまして、心が肉体の健康《けんこう》を左右《さゆう》する（シハイする）と云うことも、昔《むかし》は眼《め》で見えなかったのが見えるようになって来たのであります。昔はコレラというものは一種《いっしゅ》の瘴気《しょうき》（山や川の悪気）すなわち、何かその土地にある雰囲気《ふんいき》（あたりにただよう気）の悪《わる》いやつに侵《おか》されて起《おこ》るものだと考えられておったのであります。これが昔の常識でありました。ところがコッホ博士《はくし》（ドイツの学者。〈一八四三〜一九一〇年〉）がこれにはバイキンという微小《びしょう》な（非常に小さい）ものがおって、それが人間を侵《おか》すとコレラになると言い出した。これは当時の常識では反対《はんたい》されたのですけれども、顕微鏡《けんびきょう》の発達《はったつ》で、今まで肉眼では見えなかった小さなものが病気を起すということが肯定《こうてい》（正しいとみとめる）されるようになったのであります。

しかし、バイキンは顕微鏡で見えても、心は顕微鏡で見えません。物質《ぶっしつ》は肉眼《にくがん》で見えるもののようですけれども、実《じつ》は物質は肉眼で見えるようなものではないのであります。では物質とはどんなものでしょうか。

### 物質《ぶっしつ》は実《じつ》は観念《かんねん》（こころのすがた）である

物質《ぶっしつ》は、分子《ぶんし》がその大きさの割合《わりあい》で言いますと、星と星との間《あいだ》の距離《きょり》（はなれている長さ）ほど離《はな》れてできています。しかし分子は十五万倍の廓大率《かくだいりつ》（大きくひろげる割合）のある電子顕微鏡《でんしけんびきょう》（一番すぐれた顕微鏡で一九三七年ドイツのフラウゼが作った）でも見えないのです。その見えないものが、星と星との間ほどの距離に離れているのですから、物質そのものは見えないのが本当なのです。その見えない筈《はず》の物質が見えるのは何故《なぜ》でしょうか。これは物質そのものを見ているのではありません。そこに振動《しんどう》しているエネルギー（ちから）

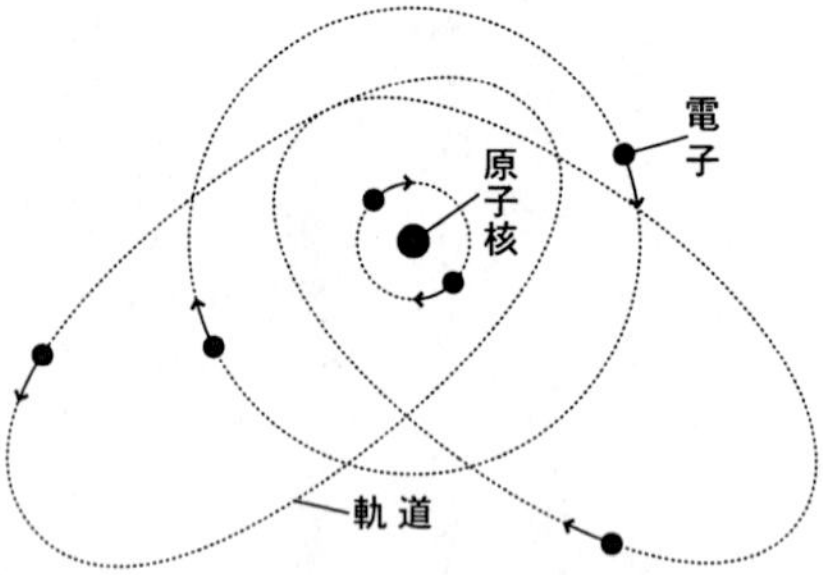


〈原子の模型図〉

を契機《けいき》（きっかけ）として心中《しんちゅう》に描《えが》かれた観念《かんねん》を見ているのです。物質はないのであって、それは観念的存在《かんねんてきそんざい》（心の中にあるもの）です。

分子を更《さら》に分割《ぶんかつ》（小さく分ける）して行《ゆ》きますと原子《げんし》になる、その原子というものはどういうものであるかというと、まん中に原子核《げんしかく》があって、そいつのまわりを電子《でんし》がまわっている。その原子核と電子の間は、電子の直径《ちょっけい》（さしわたしの寸法）の一万倍も離れている。離れている空間《くうかん》（すきま）の方が多いのであって、物質という塊《かたまり》は実《じつ》は無《な》いので、からっぽである。そして、それは唯《ただ》エネルギーが法則《ほうそく》（一定のキソク）によって変形《へんけい》（すがたがかわる）したものであると云うことがだんだん物理学《ぶつりがく》が進歩《しんぽ》してわかって来たのであります。物質はない、そこにあるのはエネルギーが「法則」即《すなわ》ち「知性《ちせい》」（チエある力）によって指導《しどう》せられているのです。ところが、まだ現在《げんざい》の常識《じょうしき》というところの低《ひく》い知識《ちしき》では、まだ物質はあるのだと思っている。常に常識と云うものは、其《そ》の時代の最高《さいこう》の智慧《ちえ》よりも遅《おく》れているのです。

常識では人間と云うものを肉体《にくたい》と云う物質の塊《かたまり》であり、そうして人間の病気《びょうき》を治《なお》すのは、物質を何とかして治すよりほかに道はないのであると考えていた。これ以上《いじょう》のことを言ったら、それは常識に反《はん》すると、世間《せけん》からたいへん批難《ひなん》（ひひょうして、わるく言われる）を受けた。そんな訳《わけ》で精神《せいしん》の働《はたら》きで原子病《げんしびょう》も快方《かいほう》に向《むか》うということをラジオで放送《ほうそう》すると云うと、放送局《ほうそうきょく》が恐《おそ》れをなして、そんなこと放送して頂《いただ》くと、放送局の責任《せきにん》になる。だからちょっと困《こま》るから、頼《たの》むから他《ほか》の放送と取りかえてほしいというようなことになったこともあります。まだ現在の日本の文化《ぶんか》の水準《すいじゅん》（全体の高さのていど）はそういうところなのです。

日本が大東亜戦争《だいとうあせんそう》に負けた原因《げんいん》も科学《かがく》の進歩性《しんぽせい》を知らず、軍閥《ぐんばつ》が常識以上のことは実用《じつよう》にならないと云う迷信《めいしん》にとらわれていたからです。日本の原子力研究《げんしりょくけんきゅう》は相当《そうとう》に進んでいた。当時《とうじ》の日本の原子研究グループ（原子について研究する人々のあつまり）が「原子爆弾《ばくだん》を研究するから研究費《けんきゅうひ》に五億《おく》円出して欲《ほ》しい」と申請《しんせい》（申出る）しましたが、「そんな巨大《きょだい》なエネルギーは実用にはならぬ。そんな夢《ゆめ》みたいな話に五億円も研究費は出せない」と言って研究費をくれなかったので、日本では原子爆弾は出来なかったのです。今までの常識では原子爆弾というようなものは、実用にならぬと考えるのも当然《とうぜん》なのです。その当然を超《こ》え、その常識を超え、原子力でも実用になるんだ、と云う大理想《だいりそう》を描《えが》き、夢《ゆめ》を描いて、その夢に向《むか》って突進《とっしん》していたところのアメリカは、ついに原子爆弾を発見《はっけん》し、更《さら》に原子力を発電《はっでん》その他の平和産業《へいわさんぎょう》（戦争のためでないシゴト）にも使い得《う》るようにしたのです。

吾々《われわれ》は今からでも遅《おそ》くない、常識以上のことも出来るのだと考えて、一つでも其《そ》の実例《じつれい》があるならば、その実例の因《よ》って来る所以《ゆえん》（わけ。りゆう）を研究して文化の発達《はったつ》に貢献《こうけん》（つくす）しなければなりません。

## 文化《ぶんか》の発達《はったつ》は常識《じょうしき》を超《こ》える処《ところ》にある

文化《ぶんか》（精神の産物。（科学、宗教、芸術などをふくむ））と云《い》うものは、今まですべての人が考えつかなかったようなことをやるので、進歩《しんぽ》し得《う》るのです。常識以上《じょうしきいじょう》のこと（世のふつうの考え以上に出ること）を考えつき、常識以上のことをやったら常識に反《はん》すると言っておったら世界との競争《きょうそう》に負けてしまいます。日本には常識の発達《はったつ》した人ばかり集《あつま》っていらっしゃるから世界との競争に立《た》ち遅《おく》れるのです。心で病気《びょうき》が治《なお》ると云うことを日本で発表《はっぴょう》すると、日本の文化人《ぶんかじん》（文化を身につけた人々）はそれを取上《とりあ》げない、私の言うことが常識に反すると反対《はんたい》せられたけれども、その思想《しそう》がアメリカへ行って、精神身体医学《せいしんしんたいいがく》（心とからだを一緒に治す医学）（Psychosomatic Medicine《サイコソマティック メディスン》）と云う名になって日本へ逆輸入《ぎゃくゆにゅう》（外国へ出て行ったものを又自分の国へ入れること）せられて来たら、この頃《ごろ》では日本の各医科大学《かくいかだいがく》でも争《あらそ》ってそれを研究《けんきゅう》し出したのであります。外国で立証《りっしょう》（しょうこだてる）ずみになってから、それを取上げるのでは、日本は、人真似《ひとまね》が上手《じょうず》だと言われるだけのことであります。外国も誰《たれ》も取上げない、当時《とうじ》の常識と異《ことな》るところを敢然《かんぜん》と（しりごみせずにドウドウと）主張《しゅちょう》するのには、勇気《ゆうき》を要《よう》するのです。世間《せけん》の人は気狂《きちが》いと言うかもしれない。例《たと》えばそこに住んでいる人がみんな色盲《しきもう》（赤や青の色が見えない病気）であって、誰《たれ》一人として赤い色を見たことがないところに、たった一人だけ赤い色が見える人がおって、「ああこの人は赤い著物《きもの》を著《き》ている」とか、「太陽《たいよう》は赤い」とか言ったら、「あれは気狂《きちが》いだ。赤い色なんて無《な》いものをあると言うから狂人《きちがい》にちがいない」と言うでしょう。しかし百万人が色盲であって「赤い色」は無い、そんなものがあると言うのは常識に反すると言っても、唯《ただ》一人の「赤い色」を見得《みえ》た者の方がほんとうは正しいのであります。しかし、なかなか盲《めくら》千人の世の中に目《め》あき一人おりますと、盲《めくら》を征伏《せいふく》するのはむつかしいのでありまして、これには先《ま》ず眼《め》の明《あ》いている人たちが、決心《けっしん》を新《あら》たにして、今までの常識を超《こ》えたこともほんとうに出来ると云う皆《みな》さん自身の体験《たいけん》を、大胆《だいたん》に発表《はっぴょう》して頂《いただ》いて新しい世界観、人生観をこの世界に打《う》ち建《た》てることに協力《きょうりょく》して頂《いただ》きたいのであります。物質《ぶっしつ》と見えているものは、実《じつ》は観念的存在《かんねんてきそんざい》であると云うのは、天動説《てんどうせつ》（地球は動かずに太陽が動くという説）が地動説《ちどうせつ》（地球が太陽の周りを廻るという説）になるようなすばらしい発見《はっけん》なんですから、これを全人類《ぜんじんるい》が承認《しょうにん》するようになるには無数《むすう》の実証《じっしょう》（実際のしようこ）を公表《こうひょう》しなければならぬのです。既《すで》に実証はあがっているのですから、それを遠慮《えんりょ》なく発表《はっぴょう》して頂きたいのであります。私が書いたり講演《こうえん》したりするとき例証《れいしょう》（本当だということを例を出してしめす）に使う体験はことごとく何処《どこ》の誰《たれ》がと言って、みんな名前を言っているのもそのためであります。みんな事実《じじつ》について調《しら》べてもらったら実際の事実だとわかるようになっているのであります。

# 第六章　祈《いの》りの根本法則《こんぽんほうそく》に就《つ》いて

## 祈《いの》りは人間自然《しぜん》の感情《かんじょう》である

祈《いの》りは、「神の子」たる人間が自然《しぜん》におぼえた神なる親様《おやさま》に縋《すが》ろうとする感情《かんじょう》である。それは神があるかの理論《りろん》から出発《しゅっぱつ》したのではないのである。男性《だんせい》が女性《じょせい》をおのずから思慕《しぼ》し、女性が男性をおのずから思慕するのも、異性《いせい》が自分に幸福《こうふく》を与《あた》えてくれると云う理論《りろん》からでも、テストを経《へ》たからでもなく、自然な本能的《ほんのうてき》な感情である。人間が神に縋《すが》りたくなるのもこの自然な本能的な感情である。そして男性が女性を慕《した》い、女性が男性を慕っていると、そこに男女の結合《けつごう》を生《しょう》じ、そこから美《うつく》しい詩《し》も、愛《あい》らしい子供《こども》も生《う》まれて来るように、人間が神を慕《した》い、神を讃《たた》え、神に祈っていると、其処《そこ》から色々《いろいろ》の善《よ》きものが生れて来るのである。祈りを迷信《めいしん》だと言うならば恋愛《れんあい》も迷信であるであろう。

## 人間は或《あ》る意味では全部有神論者《ゆうしんろんしゃ》である

無神論者《むしんろんしゃ》も、暴風《ぼうふう》で、自分の乗っている船が難破《なんば》しようとするとき、「神様」と唱《とな》えるか、「南無阿弥陀仏《なむあみだぶつ》」と唱えるか、「観音様《かんのんさま》」と唱えるか、名前は知らないけれども、何か自分よりも偉大《いだい》なものに頼《たよ》りたくならずにおれないのである。唯物論者《ゆいぶつろんしゃ》も自分の理論《りろん》が正しいと思い、理論そのものに奉仕《ほうし》(自分をささげてつかえる)しようと思い、理論そのもののためには生命《せいめい》を賭《と》して戦《たたか》おうと思う。彼らは、自分よりも偉大な「理論」と云うものを信《しん》じ、それを聖《せい》なるものと信じ、そのためには自分の生命《いのち》を捨《す》てようと思うのである。天理教祖《てんりきょうそ》は、「理は神じゃ」と言ったが、唯物論者も、天理教祖と紙一枚《まい》の相異《そうい》に過《す》ぎないのである。人間は、如何《いか》に無神論者に見えても、自分よりも尚一層《なおいっそう》偉大なる者をみとめ其《そ》れに奉仕せずにはいられない。

## 神に対する第一の心掛《こころが》け

「富《と》める者の天国《てんごく》に入《はい》ることの難《かた》きこと、駱駝《らくだ》の針《はり》の孔《あな》を通るが如《ごと》し」と云《い》う聖書《せいしょ》の句《く》がある。これは言葉通りに解《かい》すれば、「金持《かねもち》は天国に入《はい》ることは出来ないから貧乏人《びんぼうにん》にその富《とみ》をわけてやれ」と云う意味に受取《うけと》ることも出来るが、それでは貰《もら》った方の貧乏人が金持になってしまって、天国に入ることが出来なくなるから、貧乏人を却《かえ》って救《すく》ったことにならないのである。では此《こ》の聖句《せいく》の本当の意味はどう云う事であろうか。自分の心のうちに色々《いろいろ》の既成概念《きせいがいねん》（あらかじめ固定した考え方）や、いやらしい欲望《よくぼう》などをもって神に対しても、神と波長《はちょう》が合わないと云うことである。先《ま》ず、自分の心を空《から》っぽにして神に相対《あいたい》さなければならない。「神よ、助《たす》けたまえ」ではなくて、「神よ、御意《みこころ》の如《ごと》くならしめ給《たま》え」でなければならない。

### 神を信《しん》ずるとは神を愛《あい》することである

イエスが祈《いの》りの方法《ほうほう》について弟子《でし》から尋《たず》ねられたとき、イエスは弟子に対《むか》って「先《ま》ず神の国と神の義《ただしき》を求《もと》めよ、その余《よ》のものは汝《なんじ》らに加《くわ》えらるべし」と教えているのである。「先《ま》ず自分の欲《ほっ》するものを求めよ」とは言っていないのである。多くの人たちが祈るのを見ていると、神をもって、自分の我欲《がよく》を満足《まんぞく》さすためのメッセンジャー・ボーイ（走り使いの小僧）にならしめようとしているらしく見えるのである。それは信仰《しんこう》が既《すで》に邪道《じゃどう》に外《はず》れているのである。神を信《しん》ずるとは、自分の利得《りとく》になるために神に媚《こ》びる事ではないのである。神を信ずるとは、神を愛《あい》することである。神を愛するとは、神と一体《いったい》となるために自己《じこ》を捨《す》てると云うことである。利益と引《ひき》換《か》えに愛するのは娼婦《しょうふ》（体を売物にする女）の事である。

### 本当の信仰《しんこう》に利己心《りこしん》を混《まじ》えてはならない

神を自己《じこ》の利益《りえき》のために奉仕《ほうし》せしめようとしている信者《しんじゃ》が如何《いか》に多いことであるか。そして若《も》し神が自分に利益を与《あた》えてくれないと気がついたら神信心《かみしんじん》をやめてしまいそうな信者がどんなに多いことであろうか。「利益にならない神なんて自分に何の用事《ようじ》もない」と彼らは考える。「南無阿弥陀仏《なむあみだぶつ》」と唱《とな》えれば救《すく》われると云《い》う信仰《しんこう》でも、そう唱《とな》えても極楽《ごくらく》と云う結構《けっこう》なところへやって頂《いただ》けないのだったら恐《おそ》らく、阿弥陀仏《あみだぶつ》を信《しん》ずる信者は殆《ほとん》どなくなるだろう。そんな信仰は結局《けっきょく》それは自分の「利益」のための信仰であって、宗教心《しゅうきょうしん》と云うようなものではなく、利己心の変形《へんけい》に過《す》ぎないのである。本当の信仰は、自分の利益については何事《なにごと》をも求めず、唯《ただ》、神の人類救済《じんるいきゅうさい》の仕事《しごと》に「神と一つになって」働《はたら》きたいのでなければならぬ。

## これだけは是非《ぜひ》心得《こころえ》て置《お》きたい事

### 何よりも先《ま》ず大切《たいせつ》なるもの

自分を先《ま》ず空《むな》しくして神の生命《せいめい》と智慧《ちえ》と愛《あい》とが自己《じこ》の内《うち》に流入《りゅうにゅう》するように心掛《こころが》けよ。自己がなくなったとき其処《そこ》に神があらわれる。自己主張《しゅちょう》が民主主義《みんしゅしゅぎ》の原理《げんり》であるかの如《ごと》く考えられている現代《げんだい》に、自分を空《むな》しくすることを説《と》くことは時代逆行《じだいぎゃっこう》のように考えられるかも知れないが、「自己を空《むな》しくする」場合の「自分」は「本当の自分」ではないのである。大抵《たいてい》の人々は、「肉体自我《にくたいじが》」をもって自分自身だと考え勝《が》ちであるが、肉体は「人間そのもの」ではなく人間の道具《どうぐ》に過《す》ぎないのである。「道具の自我」を「本当の自分」の自我と間違《まちが》えて主張するところに人間観《にんげんかん》の混乱《こんらん》があり、その人間観の混乱が、民主主義と云う名で、「本当の自分」とは異《こと》なる「物欲我《ぶつよくが》」（物をほしがるガの心）「肉体我《にくたいが》」を伸《の》さばらせようとするために、奪《うば》い合いや、戦争《せんそう》や、労働争議《ろうどうそうぎ》や、離婚《りこん》などの問題《もんだい》が起《おこ》るのである。民主主義が完全《かんぜん》に行われるためには、先《ま》ず「本当の自分」とは肉体ではなく「霊《れい》なる自分」だとの自覚《じかく》から出発《しゅっぱつ》しなければならぬ。

## 神を健忘症《けんぼうしょう》だと考えてはならない

本当の信仰《しんこう》と云《い》うものは神が人間の利己心《りこしん》に満《み》ちた懇願《こんがん》（一心にねがう）や「泣《な》き附《つ》き」に応《こた》えたまうものだと云う考えを捨《す》てることである。では神信心《かみしんじん》は、吾々《われわれ》の利益《りえき》について何の関係《かんけい》もないものだろうかと云うと、決《けっ》してそうではないのである。神は吾々の「求《もと》むるに先立《さきだち》て必需物《なくてならぬもの》を知りたまう」（イエスの語《ことば》）のである。更《さら》に言い換《か》えれば「頼《たの》まいでもお蔭《かげ》はやってある」（金光教祖《こんこうきょうそ》の語《ことば》）である。神をもっと全智全能的《ぜんちぜんのうてき》な方《かた》であると知らなければならない。吾々が懇願《こんがん》してから、或《あるい》は泣き附いてから、「ああ、今までお前を幸福《こうふく》にしてやるのを忘《わす》れていた」と云うので、今更《いまさら》気がついて吾々に御利益《おかげ》を与《あた》えたまうような健忘症《けんぼうしょう》の方だと考えてはならないのである。神は既《すで》に吾々に無限《むげん》の善《ぜん》と幸福《こうふく》と豊《ゆた》かさとを与えていられるのである。肉眼《にくがん》には見えないが既《すで》に霊《れい》の世界に与えられているものを「実相《じっそう》」と謂《い》う。

## 実相《じっそう》と現象《げんしょう》との関係《かんけい》

実在世界《じつざいせかい》（ほんとにあるせかい）に於《お》いては、神は既《すで》に吾々《われわれ》の生活に、幸福《こうふく》に必要《ひつよう》な、そして、神の子としての尊厳《そんげん》と端麗《たんれい》（ただしい形のうるわしさ）と豊富《ほうふ》さとを維持《いじ》するために必要な一切《いっさい》のものを与《あた》えていられるのである。その本当の相《すがた》を吾々は「実相《じっそう》」と言うのである。吾々が肉眼《にくがん》で見て、色々《いろいろ》不足《ふそく》があるとみとめるのは、仮《かり》の相《すがた》すなわち仮相《かそう》と言うのである。これはただ、そのように現《あらわ》れて見える象《かたち》でしかないから、それを「現象《げんしょう》」と言うのである。「実在世界」の実相がそのまま完全《かんぜん》にあらわれて来ることを、「み心《こころ》の天に成《な》るが如《ごと》く地にも成る」と言うのである。この場合「天」と云うのは実在界又《また》は実相のことである。そして「地」は現象世界のことである。神は吾々が懇願《こんがん》しなければ完全な世界を与《あた》え給《たま》わないのではなく、既《すで》に完全な世界を与えていられるのである。

## 人間は創作《そうさく》の自由《じゆう》を与《あた》えられている

実在界《じつざいかい》に既《すで》に与《あた》えられている完全《かんぜん》さ——それが何故《なぜ》現象界《げんしょうかい》に完全にそのまま映《うつ》って来て、「み心《こころ》の天に成《な》るが如《ごと》く」地上も極楽《ごくらく》世界にならないのであるか。地上の世界は神の創造《そうぞう》ではなくして、人間が「実在の風光《ふうこう》」を「心」と云《い》うカメラで撮影《さつえい》し行動《こうどう》と云う現像作用《げんぞうさよう》で現象せしむる世界である。それは芸術《げいじゅつ》の世界であり、人間の創作《そうさく》の世界である。ここに人間は創造《そうぞう》者《しゃ》として又創作家《またそうさくか》としての表現《ひょうげん》の自由《じゆう》を与《あた》えられているのである。すべてを神が造《つく》って人間に創作の余地《よち》がないならば、神は人間を傀儡《かいらい》(おもちゃの人形)かロボットにしたのであるが、神は既《すで》に完全な世界(実相)を与えながら、その現像映写《えいしゃ》の過程《かてい》に於《お》いて、人間に創作の自由を与えていられるのである。吾々は心のレンズの曇《くも》りを浄《きよ》め実相に焦点《しょうてん》を合わして、現象世界に実相の完全さを映写するようにしなければならない。

## 神想観《しんそうかん》と祈《いの》りと報恩《ほうおん》行《ぎょう》（恩返しにするおこない）

実相完全《じっそうかんぜん》な相《すがた》に心の焦点《しょうてん》を合わすのが神想観《しんそうかん》であり、心を澄《す》み切らせてその完全な実相世界を創造《つく》り給《たま》うた神にひたすら振向《ふりむ》くのが祈《いの》りである。祈りを、物質的《ぶっしつてき》な利益《りやく》を心に描《えが》いてそれを懇願《こんがん》することだと考えている人があるけれども、それでは「心を澄《す》み切らせる」どころか、「心を曇《くも》らせる」ことになるのであり、神にひたすら振向くどころか、物質にひたすら心を振向けていることになるのである。そんなに物質が足《た》らぬとか、健康《けんこう》が足らぬとか思って懇願する必要《ひつよう》はないのである。既《すで》に神は実在《じつざい》の世界に於《お》いて、有《あ》りと有らゆる物を完全に与《あた》え給《たま》うているのであるから、その事実《じじつ》を知り、それに報恩《ほうおん》するつもりで、感謝《かんしゃ》しつつ、できるだけ、「神の子」の兄弟（現実《げんじつ》には「人間」のこと）に深切《しんせつ》をつくすようにすれば好《よ》いのである。

## 潜在意識《せんざいいしき》を浄《きよ》めるには

事物《じぶつ》が思うように順調《じゅんちょう》に行《ゆ》かぬ時には、物質的《ぶっしつてき》な手続《てつづき》に間違《まちが》っているところが無論《むろん》あるのであるが、その物質的な手続をとらせたのは心であるから心に何処《どこ》か間違《まちがい》があるのである。心が或《あ》る手段《しゅだん》や計画《けいかく》を考えつくのは、潜在意識《せんざいいしき》（おもてにでないオクソコの心）の底《そこ》からポッカリと或《あ》る考えが浮《うか》んで来るのであるから、若《も》し悪《わる》い計画が思い浮んで来て不完全《ふかんぜん》な結果《けっか》を招《まね》くようなことになったとしたならば、潜在意識に間違があるのであるから潜在意識の間違を浄《きよ》めるようにしなければならないのである。ではその潜在意識を浄めるには、イエスは「祈《いの》りと断食《だんじき》とによらなければならない」と教えているのである。断食して祈るとは必《かなら》ずしも食物《しょくもつ》を断《た》つのではなく、物質的な欲望《よくぼう》をなくして神のみ心《こころ》の中にまかせ切ることである。

## 祈《いの》りを有効《ゆうこう》ならしめるには

何事《なにごと》でも不結果《ふけっか》が起《おこ》ったときには、神に一致《いっち》しない心があるのであるから、先《ま》ず神に一致する心を起すことが必要《ひつよう》である。神は愛《あい》であるから、神に一致した心を起すには、先ず愛の心を起さなければならないのである。誰《たれ》かを憎《にく》んでいたならば、その憎みを捨《す》て、相手の罪《つみ》を赦《ゆる》し、心に愛《あい》と平和《へいわ》を有《も》たなければならないのである。次《つぎ》の如《ごと》く瞑目《めいもく》して静《しず》かに念《ねん》ずるが好《よ》いのである。「彼（相手の名を念ずる）と私とを神の愛と平和と調和《ちょうわ》と赦《ゆる》しとが取り巻《ま》いている。私は彼を愛し、彼は私を愛し、私は彼を理解《りかい》し、その間《あいだ》に何らの誤解《ごかい》もないのである。愛は憎《にく》まない。愛は欠点《けってん》を見ない。愛は怨《うら》まない。愛は相手の立場を理解して決して無理《むり》な要求《ようきゅう》をしないのである。」

## 自分の心を自己分析《じこぶんせき》すること

祈《いの》りがきかれないのには、夫々《それぞれ》自分の心の中にその原因《げんいん》があるのであるから、公平《こうへい》な気持《きもち》で自分の心を分析《ぶんせき》して見るのが好《よ》いのである。自己弁解《じこべんかい》（自分のケッテンをべんかいすること）をして他に罪《つみ》を着《き》せる心はないか。自己憐憫《じこれんびん》（自分自身をあわれむこと）をして自分を憐《あわ》れな状態《じょうたい》にならしめて置《お》こうと云うような気持が多少とも残《のこ》っていないか。怒《いか》り憎《にく》み嫉妬等《しっとなど》の気持はないか。他を犠牲《ぎせい》にして自分だけ利益《りえき》を得たいと思っているような心はないか。その願《ねが》いは全《まった》く利己主義的《りこしゅぎてき》な追求《ついきゅう》（おいかけもとめる）ではないか――斯《こ》う云《い》う点を充分反省《じゅうぶんはんせい》して見た上で、そう云う神のみ心に反《はん》するような心の間違《まちがい》があるならば、それを撤回《てっかい》する（とりやめる）ことである。どんなに相手が憎むべき行為《こうい》をしていたにしてもイエスは「神よ、彼らを宥《ゆる》したまえ。彼等《かれら》は為《な》す事を知らざるなり」と自分を十字架《じゅうじか》に釘《つ》ける者のために祈っている。

## 「現象《げんしょう》」を信《しん》じてはならない

或《あ》る事物《じぶつ》が実現《じつげん》するために祈《いの》る場合には、あまり其《そ》の事物の実現をいそいで、「まだそれは出て来ない、どうして出て来ないのだろう。神は私の祈りに応《こた》え給《たま》わないのではないか」などと思ってはならないのである。そして現象《げんしょう》には「まだ出て来ない」事実《じじつ》を「出て来ない」と強く心に繰返《くりかえ》し念《ねん》ずるがゆえに、自分自身の「出て来ない」と云う思念《しねん》の力によって、それが却《かえ》って実現しないことにもなるのである。これは「現象」を信じたのであって、「神」を信じたのではないのである。信仰《しんこう》と云《い》うものは「現象」がどのような状態《じょうたい》であろうとも、「神」に は間違《まちがい》がないと云うことを信ずるのでなければならない。現象にそれがまだ出現《しゅつげん》しないのは、種《たね》が蒔《ま》かれているけれども発芽《はつが》しないだけである。

## 宥《ゆる》し得《え》ない相手が出て来た場合

どんなに相手が自分に対して罪《つみ》を犯《おか》していたにしても、それはまことに憤激《ふんげき》（腹を立て心をたかぶらせる）に価《あたい》するにしても、吾々《われわれ》は神の御心《みこころ》をわが心として宥《ゆる》さなければならないのである。「神はあなたを宥《ゆる》したまう。それゆえ私もあなたを宥《ゆる》すのである」こう相手を思い出したとき念《ねん》ずるようにつとめるのである。最初《さいしょ》その人を思い出したとき腹《はら》が立ち、悲《かな》しくなり、いまいましくなったにしても、真剣《しんけん》に相手を宥《ゆる》すべく努力《どりょく》して、機会《きかい》ある毎《ごと》に上記《じょうき》のように念《ねん》ずるようにしているならば、それは念ずる言葉の力によって、ついに相手を真《しん》に宥《ゆる》し得《う》るようになる。宥《ゆる》しがたい相手が貴方《あなた》にあらわれて来ると云うことは、あなたの魂《たましい》がまだ「宥《ゆる》す」と云う点で卒業《そつぎょう》していないから、魂の修行《しゅぎょう》の課程《かてい》として課《か》せられるのであるから、早く卒業するように努《つと》めるがよい。愛《あい》する者を愛するのは誰《たれ》にでもできることで手柄《てがら》にはならない。憎《にく》む相手を愛する努力が修行である。

## 自分自身をも宥《ゆる》さなければならない

他の人を宥《ゆる》すだけではなく、あなたは自分自身をも宥《ゆる》さなければならない。多くの不幸《ふこう》は、神があなたを宥《ゆる》さないで罰《ばつ》する結果《けっか》あらわれて来るのだと思ってはならないのである。神は無《む》限《げん》の愛《あい》であり、常《つね》にあなたを祝福《しゅくふく》していられるのであって、若《も》し現象界《げんしょうかい》にあなたがその祝福の完全《かんぜん》な相《すがた》をあらわし得《え》ない場合には、或《あるい》は幼児《ようじ》がまだ運筆《うんぴつ》の練習《れんしゅう》が足《た》りないから上手《じょうず》に絵が描《か》けないのだと、或《あるい》はカメラの取扱《とりあつか》い方《かた》の練習が足りないから下手《へた》に写真《しゃしん》が写《うつ》ったのだと微笑《ほほえ》みたまうくらいのものであって、決《けっ》して人間の現象界のつまずきに腹《はら》を立てて罰《ばっ》を与《あた》え給《たま》うことはない。自分の是々《これこれ》の行為《こうい》に対して神が罰《ばつ》を当てたまうと信じる場合には、その人自身が自己処罰《じこしょばつ》によって自己を病気《びょうき》にしたり、災難《さいなん》に会わせたりすることがある。

## 現象界《げんしょうかい》の失敗《しっぱい》の時も魂《たましい》は進歩《しんぽ》している

現象界《げんしょうかい》のあらゆる失敗《しっぱい》も、あらゆる成功《せいこう》も、結局《けっきょく》、アマチュア写真家《しゃしんか》が経験《けいけん》を積《つ》みつつあるようなものである。どんなに彼が撮影《さつえい》や現像《げんぞう》に失敗して不完全《ふかんぜん》な形が写真にあらわれて来ようとも、それは写真に写《うつ》すことに失敗したのであって、実物《じつぶつ》の景色《けしき》はもっとハッキリと生々《いきいき》と立体的《りったいてき》に（あつみのあるように）立派《りっぱ》に存在《そんざい》するのである。それと同じく吾々《われわれ》が如何《いか》に現象界で失敗を演《えん》じようとも、実相《じっそう》の世界に於《お》いては吾々は失敗なく完全であるのである。現象界の失敗も成功も、共《とも》にそれは吾々が現象界に如何《いか》にすれば、実相界そのままの完全な相《すがた》をあらわし得《う》るかについての経験《けいけん》を積《つ》むのであり、その経験を通して魂《たましい》の創作力《そうさくりょく》の進歩があるのである。吾々《われわれ》は完全に失敗することはない。失敗したと見えるときにその魂は一歩前進《いっぽぜんしん》しているのである。

## 間断《かんだん》なき祈《いの》りとは

間断《かんだん》なく祈《いの》ると云《い》うことは、間断なく神に懇願《こんがん》することではない。懇願することは「神は人間が頼《たの》み込《こ》まなければ、吾々《われわれ》に祝福《しゅくふく》を与《あた》えないかも知れない」と云う神に対する不信《ふしん》の念《ねん》が何処《どこ》かに潜《ひそ》んでいるのである。「神に対する不信の念」は祈りではないのである。本当に間断なく祈ると云うことは、間断なく神の造《つく》り給《たま》うた実相の世界が既《すで》に完全であると云う信念を常《つね》に失《うしな》わないことである。そしてそれを常に念ずることである。現象《げんしょう》にどんな悪《あく》があらわれていてさえも、実相《じっそう》はそんな不完全《ふかんぜん》なものではない。神は既《すで》に完全な一切《いっさい》の事物《じぶつ》を吾等《われら》に与《あた》え給《たま》うていると云うことを信《しん》じ、念じて、それに対して感謝《かんしゃ》と讃美《さんび》の念を起《おこ》すことである。

## 罪《つみ》と業《ごう》とを解消《かいしょう》するには

過去《かこ》の罪《つみ》と業《ごう》を解消《かいしょう》する道は、自分自身が先《ま》ず人の罪を審判《さば》かなくなることである。「人を審《さば》くことなかれ。その審《さば》きたる尺度《しゃくど》にて汝等《なんじら》も審《さば》かれん」とイエスはその真理《しんり》を述《の》べているのである。自分の心の中にある尺度によって自分の罪《つみ》と業《ごう》とが審《さば》かれることになる。何故《なぜ》なら、宇宙《うちゅう》の心と、自分の心とは一体《いったい》であるから、自分が罪と業とを審《さば》く心をもっている限《かぎ》りは、自分と一体なる宇宙の心が自分を審《さば》くことになるのは当然《とうぜん》である。イエスは常《つね》に「汝《なんじ》の罪《つみ》ゆるされたり、立ちて歩《あゆ》め」と言っていられるのである。罪も業《ごう》も自分の心のうちに把《つか》まれている状《じょう》態《たい》であるから、それを自分の心の内に把《つか》まなくなった時、その罪と業とは消える。心に把《つか》まなくなったとき何をやっても好《よ》いと云う意味ではない。心に把《つか》んだ事のみが実行《じっこう》されるのである。

## 悪《あく》を認《みと》めてはならない

「悪《あく》に抗《こう》すること勿《なか》れ」とイエスは教えているが、悪に抗している限《かぎ》りは、吾々《われわれ》は、その悪の存在《そんざい》を認《みと》め、それに対して抵抗《ていこう》しているのである。併《しか》し「悪の存在を認める」ことは、悪をつねに念《ねん》じていることにほかならない。悪を念じている限りに於《お》いては、悪を祈《いの》っているのと同じである。こうして悪に抵抗する運動《うんどう》が旺《さか》んになるにつれて、その悪は益々旺《ますますさか》んになって来る。「悪に抗せず」とは「悪を認めず」の意味である。そして実相《じっそう》の完全《かんぜん》な有様《ありさま》のみを念じて、その完全さをあらわすように実行《じっこう》しさえすれば、悪は消えて、唯《ただ》、完全さのみが実現《じつげん》することになる。そして悪を見ない、悪を認めない人々が増加《ぞうか》すればする程《ほど》、人類《じんるい》の潜在意識《せんざいいしき》が浄《きよ》まって、人生にそれだけ混乱《こんらん》が減《へ》るのである。

## 否定《ひてい》の祈《いの》りと肯定《こうてい》の祈り

悪《あく》の存在《そんざい》を認《みと》めないこと。悪は下手《へた》に写真《しゃしん》が写《うつ》ったのであって、実際《じっさい》の景色《けしき》はもっと美《うつく》しいのであると信《しん》ずることである。若《も》し悪《わる》いことがあらわれたら、「神様、あなたのお造《つく》りになりました実相《ほんとう》の世界にはこんな悪はないのでございます。悪があると見えているのは、私の心の迷《まよ》いでございます」と一《いっ》ぺん見えているところの悪の現象《げんしょう》を一度ハッキリ否定《ひてい》する祈《いの》りをすることである。この言葉を繰返《くりかえ》し繰返し念《ねん》じて、悪の存在を否定した後《のち》に、肯定《こうてい》の祈りを行《おこな》うのである。即《すなわ》ち「神様、このように完全《かんぜん》な世界を（或《あるい》は身体《からだ》を）御与《おあた》え下さいまして有難《ありがと》うございます。既《すで》に此《こ》の世界（又《また》は此《こ》の私の身体《からだ》）は完全でございます。有難うございます。」と既《すで》に与えられている完全な相《すがた》をハッキリ心のうちに念じ、それに感謝《かんしゃ》するがよいのである。

## 深《ふか》き愛念《あいねん》を起《おこ》すこと

若《も》し祈《いの》りがきかれなかったならば、神がその祈りに応《こた》え給《たま》わないのだと考えてはならないのである。神は「汝《なんじ》の祈るに先立《さきだ》ちてわれ汝に応《こた》えん」と仰《おお》せられているのであって、決《けっ》して吾々《われわれ》の祈りに対して聾《つんぼ》ではいらせられないのである。既《すで》に祈りに先立って祈りには応《こた》えられているけれども、その応《こた》えていられる実相《じっそう》が現象界《げんしょうかい》にあらわれて来る通路《つうろ》となる心のレンズに曇《くも》りがあるか、シャッターがしまっているか、レンズが歪《いびつ》になっているかしているのである。神は愛《あい》であるから、自分が如何《いか》に正しくとも愛の心が欠乏《けつぼう》している場合には、神の「愛念《あいねん》」と、人間の「冷《つめ》たい心」とが同調《どうちょう》しないのであるから、神の世界に既《すで》に与えられている恵《めぐ》みが、現象世界へあらわれて来る妨《さまた》げとなるのである。

## 愛《あい》は調和《ちょうわ》の力である

スター・デーリーは斯《こ》う言っている。「愛《あい》はすべてである。しかしセンチメンタリズム（感傷主義と訳す。小さな事にすぐ涙を流すような感情の過敏性）はそうではない。愛は力である。これに反《はん》してセンチメンタリズムは力の誤用《ごよう》である。それを実際《じっさい》に適用《てきよう》するに方《あた》って、愛は数学《すうがく》の如《ごと》くに精確《せいかく》で科学的《かがくてき》である。若《も》し愛がなければ、此《こ》の宇宙《うちゅう》は成立《なりた》たないし、如何《いか》なる種類《しゅるい》の有機体《ゆうきたい》も存在《そんざい》することが出来ないのである。愛は混沌《こんとん》（ドロンコの意。卵の黄身と白身とをまぜ合わしたように全体一つにドロドロになっているもの）の世界より秩序《ちつじょ》を創造《そうぞう》し、混沌の中に秩序を維持《いじ》する力である。人が愛念《あいねん》を起《おこ》すとき、その人の周囲《しゅうい》には調和《ちょうわ》した状態《じょうたい》が必《かなら》ず出現《しゅつげん》するのである。愛は決《けっ》して破壊《はかい》の力となることは出来ない。自然《しぜん》科学は破壊の力を取扱《とりあつか》うことがあるが、智《ち》慧《え》は愛の力を取扱う。自然界《しぜんかい》の力は無常《むじょう》であるが、愛は永遠《えいえん》である。愛は人生を単純《たんじゅん》（かんたんでスッキリしたこと。複雑の反対）にする。愛より少《すく》い力のみが人生を複雑《ふくざつ》にするのである……」

## 「利益《りえき》」よりも先《ま》ず「神」を求《もと》めよ

吾々《われわれ》は事毎《ことごと》に神の方へ振向《ふりむ》いて神に感謝《かんしゃ》したであろうか。苦痛《くつう》のときに苦痛の現象《げんしょう》のみを見て神を忘《わす》れはしなかったであろうか。困難《こんなん》の来る毎《ごと》に、その困難の現象に執《とら》われて神を呪《のろ》ったことはないであろうか。欠乏《けつぼう》のときに、貧《まず》しさに捉《とら》えられて無限供給《むげんきょうきゅう》の本源《ほんげん》なる「神」に振向く事を忘れはしなかったであろうか。悲《かな》しみの時に、神に振向くことを忘れはしなかったであろうか。吾々は「神」そのものよりも、神からの「利益《りやく》」ばかりを求《もと》めることに汲々《きゅうきゅう》としてはいなかったであろうか。神をいくら呼《よ》んでも答えたまわないのは、あなたが「神」を求めているのではなくて、神からの「贈《おく》り物《もの》」のみを求めているからではないか。恋人《こいびと》でも恋人そのものを求めないで恋人からの贈り物のみを求めていては恋人は去るであろう。

## 神を愛《あい》するとは、生活に愛を実現《じつげん》しなければならぬ

先《ま》ず「神」を求《もと》めよ、その余《よ》のものは一切《いっさい》「神」に伴《ともな》うてやって来るのである。「物」を求めるための道具《どうぐ》や手段《しゅだん》として、信仰《しんこう》や宗教《しゅうきょう》を利用《りよう》してはならないのである。神は道具《どうぐ》でもなければ手段《しゅだん》でもないのである。神は吾《われ》らの親であり、父であり、母であり、愛であるのである。その神から「利益《りえき》」だけを貰《もら》おうとして「神」に対する祈《いの》りを利用するところに、祈りの失敗《しっぱい》があるのである。先ず、神が悦《よろこ》び給《たま》うように生活しているかどうか省《かえり》みよ。神を愛するとは、神が悦び給うように生活することである。愛情《あいじょう》ある手紙や言葉を送ってその歓心《かんしん》を買って、その実際《じっさい》生活は、神のみ心《こころ》にかなわないような生活をしているのでは、神を愛していると言うことは出来ないのである。

## 不幸《ふこう》の原因《げんいん》を神及《およ》び他に帰《き》してはならない

此《こ》の世の中の一切《いっさい》の悪《あく》、不幸《ふこう》、不足《ふそく》、苦悩《くのう》、悲《かな》しみ等《など》は、神が与《あた》え給《たま》うたのではなく、神が既《すで》に与えたまうている恵《めぐ》みを現象界《げんしょうかい》に写し出す過程《かてい》に於《お》いて、レンズの選択《せんたく》の誤《あやま》り、距離《きょり》の測定《そくてい》の誤り、光《ひかり》の明《あか》るさ測定の誤り、行動《こうどう》の敏速《びんそく》を欠《か》いたこと……、など色々《いろいろ》の点に於いて自分の誤《あやま》りに起因《きいん》するのであって、神の誤りによるのではないのである。若《も》し諸君《しょくん》が、何か失敗《しっぱい》したとき、その失敗の原因《げんいん》を神に帰《き》せず、境遇《きょうぐう》に帰せず、他の人の誤りに帰せず、自分のみにその原因を帰するならば、そして、依然《いぜん》として神を信《しん》じ、神の創造《そうぞう》の完全《かんぜん》さを信じ、神に感謝《かんしゃ》し、自己反省《じこはんせい》を完全に行《おこな》って、自己《じこ》に於ける失敗の原因を突《つ》きとめ、それを是正《ぜせい》して行《ゆ》くならば、その人は今、失敗していても、再《ふたた》び起上《たちあが》って成功《せいこう》するだろうし、今悲しんでいても必《かなら》ず慰《なぐさ》められることになるのである。

## 正しい信仰《しんこう》と紙一枚《まい》の相異《そうい》

吾々《われわれ》が病気《びょうき》に罹《かか》った場合に、「神よ、み心《こころ》ならば、吾《われ》を癒《いや》したまえ。若《も》しみ心でなければ癒し給《たま》うなかれ」と云《い》うように、自分自身で健《けん》、不健《ふけん》の選択《せんたく》をしないと云うことは、完全《かんぜん》に神に対して自我《じが》の要求《ようきゅう》を捨《す》てたことになっているのであって、それは一見《いっけん》、非常《ひじょう》に高い信仰《しんこう》のように見えるけれども、この祈《いの》りの中には、神の御心《みこころ》の中には依然《いぜん》として「人間が病気で悩《なや》むこと」が悦《よろこ》ばれる場合もあると思っていることをあらわしているのである。即《すなわ》ち神の御心《みこころ》の中に「病気」その他の「悪《あく》」が依然として存在《そんざい》すると思っていることである。これでは、神を本当に「善《ぜん》」なるものと考えていないのであるから、正しき信仰と言うことは出来ないのである。正しい信仰と云うものは、神の御心《みこころ》の中には「病気」もなく「悪」もないと云う信仰でなければならない。

## 祈《いの》りは実践《じっせん》によって裏附《うらづ》けられなければならない

「人はパンのみにて生《い》くるに非《あら》ず、神の口より出《い》ずる言葉によって生くるのである」とはイエスが四十日四十夜《や》、ヨルダン河《がわ》で沐浴受洗《もくよくじゅせん》(せんれいを受ける)して悟《さと》りをひらいた時の言葉である。これはパンを否定《ひてい》しているのではない。併《しか》しパンのみでは生きないので、根本的《こんぽんてき》には「神の口から出《で》る言葉」によって生きるものであることを宣言《せんげん》せられたのである。神の口よりいずる言葉とはロゴスであり、理念《りねん》であり、愛《あい》であり、智慧《ちえ》である。神が「神の象《かたち》の如《ごと》く人を造《つく》り」と宣言せられた――即《すなわ》ち「人間とは神の具象化《イメージ》である」と宣言せられたとき、人間の本質《ほんしつ》は「神のコトバ」（理念）によって確定《かくてい》したのである。そしてその理念内容《ないよう》には神と同じもの――神愛《しんあい》と叡智《えいち》と不断《ふだん》の実践《じっせん》とが含《ふく》まれているのである。吾々《われわれ》が神愛と叡智とを不断に実践しないで神に祈っても効果《こうか》は少《すく》いのである。

## 神と一体《いったい》になるには

愛《あい》を想《おも》うのではなく、自分が愛そのものにならなければならないのである。唇《くちびる》のサービスで神を讃《ほ》めたたえたり、神に祈《いの》りを献《ささ》げても、その効果《こうか》は少《すく》いのである。「神に」又《また》は「神を」と考えている限《かぎ》りに於《お》いて、その人は「神」と対立《たいりつ》しているのであって、神と一体《いったい》になっているのではない。吾々《われわれ》が「愛」そのものに成《な》り切ったとき、吾々は「愛」そのものであるところの神と一体になることが出来るのである。愛そのものになるには愛を実践《じっせん》するほかはないのである。他の人の重荷《おもに》を軽《かる》からしめるすべての行為《こうい》は愛の実践となるのである。他の人の重荷を軽からしめる何事《なにごと》をもしないでいて、愛を言葉でいくら説《と》いても、それは愛の脱殻《ぬけがら》でしかない。先《ま》ず自分の家庭《かてい》で自分の家族《かぞく》の重荷を軽からしめる実践を行え。

## 心の偏《かたよ》った緊張《きんちょう》を弛《ゆる》めること

すべての肉体的苦痛《にくたいてきくつう》、悩《なや》み、病気《びょうき》の奥《おく》には精神的《せいしんてき》な病的状態《びょうてきじょうたい》がある。その病的状態とは、精神が完全《かんぜん》な平衡《へいこう》、又《また》は平静《へいせい》を失《うしな》っている状態である。換言《かんげん》すれば何処《どこ》かに偏《かたよ》った緊張《きんちょう》（糸がハリキルこと。転じて、神経のハリキルことに用う）又は痙攣《ひきつり》があるのである。この偏《かたよ》った緊張が、祈《いの》りの効果《おかげ》の通路《つうろ》をふさいでいることが往々《おうおう》にしてある。恰度《ちょうど》、ゴムの管《パイプ》を変《へん》に歪《ゆが》めて曲げて置《お》くと、その管《パイプ》の中に水が充分《じゅうぶん》通らないで塡《つま》ってしまうようなものである。ゴムの管《パイプ》を其儘《そのまま》自由《じゆう》に放《ほう》り出してしまえば、ゴム管《かん》は適当《てきとう》に伸《の》びて水が充分通るようになるであろう。それと同じく心の偏《かたよ》った緊張を弛《ゆる》めて「そのまま」の素直《すなお》な状態にしてしまえば、祈りの効果《おかげ》の通過《つうか》する通路が素直に拡《ひろが》って神の恵《めぐ》みを豊《ゆた》かに流《なが》し込《こ》むことが出来るようになる。それには「構《かま》える心」をすべて無《な》くして其儘《そのまま》の心になるがよい。

## 心の緊張《きんちょう》を弛《ゆる》めるには感謝《かんしゃ》の念《ねん》を起《おこ》すこと

心の偏《かたよ》った緊張《きんちょう》を弛《ゆる》めるのは祈《いの》りのただの準備的態度《じゅんびてきたいど》に過《す》ぎない。ただ心の緊張を弛めて「無《む》」の状態《じょうたい》にならしめたら好《よ》いと云《い》うだけではない。心を虚無《きょむ》の状態に置《お》くならば、何かそこを埋《うず》める観念《かんねん》とか、憑霊《ひょうれい》とか云うものが心の中に入《はい》って来るのである。だから「神の創造《そうぞう》したまえる此《こ》の世界には、ただ善《ぜん》のみあって悪《あく》はない」と云うことを根本的《こんぽんてき》に信《しん》じて心の緊張を弛《ゆる》めるのがよいのである。心が緊張を弛めれば肉体《にくたい》も緊張が弛むのである。そして更《さら》に既《すで》に与《あた》え給《たま》うた神の祝福《しゅくふく》に対して感謝《かんしゃ》の念《ねん》を起《おこ》すべきである。感謝の念を起せば心の緊張は更に弛《ゆる》むのである。こうして心の緊張が緩《ゆる》んだとき、そしてそれが神に対する感謝と実相《じっそう》世界の完全《かんぜん》さに心が振向《ふりむ》いたとき、実相世界の完全さが現象界《げんしょうかい》にそのまま投射《とうしゃ》されて実現《じつげん》するのである。

## 心の緊張《きんちょう》を取去《とりさ》るには

若《も》し病患部《びょうかんぶ》が何処《どこ》かにあれば、其処《そこ》に心が引っ掛《かか》って片寄《かたよ》った緊張《きんちょう》をしているために、その部分に、実相《じっそう》の完全《かんぜん》さが映出《えいしゅつ》される通路《つうろ》が鎖《と》ざされているのであるから、その病患部に対する心の緊張を取去《とりさ》ることが必要《ひつよう》である。例《たと》えば肺臓《はいぞう》に病気《びょうき》があるとするならば、その肺臓に呼《よ》びかけて、「肺臓よ、肺臓よ、汝《なんじ》は既《すで》に健全《けんぜん》である。恐《おそ》るる勿《なか》れ、汝の緊張を弛《ゆる》めて神に任《まか》せ切れ、神に没入《ぼつにゅう》せよ、神に全托《ぜんたく》せよ。そのまま神に凭《もた》れ込《こ》むのだ！」こう云《い》う風《ふう》に繰返《くりかえ》し繰返し肺臓に心の中で呼びかけるのである。肺臓を神に委《まか》せ切ったと云う感じが自分に起《おこ》ったとき、自分自身が肺臓を神に委せ切って心の緊張が弛《ゆる》むのである。ただ何も考えないのではない、無限《むげん》の智慧《ちえ》と愛《あい》と生命力《せいめいりょく》とをもつ吾《われ》らを護《まも》りたまう神の膝《ひざ》に凭《もた》れ込むようにするのである。

# 第七章　自己《じこ》に埋蔵《まいぞう》された宝《たから》

## 人間は霊的生命《れいてきせいめい》である

目を瞑《つむ》って、しばし、「自分とは如何《いか》なるものであるか」を自分自身に対《むか》って問《と》え。「自分とは肉体《にくたい》であるか。」その肉体をジッと心をもって見詰《みつ》めよ。肉体は見詰められるものであり、心は見詰めるものである。肉体は受身《うけみ》であって主動性《しゅどうせい》はないのである。肉体は心に従《したが》って動く、「肉体」は道具《どうぐ》であり、従僕《じゅうぼく》である。そして「心」が主人公《しゅじんこう》であることを発見《はっけん》するのである。然《しか》らば「心」とは如何《いか》なるものであるか。「心」は霊性《れいせい》（眼や耳などで感じられない不思議な力）である。肉体はその霊性に支配《しはい》されて動く。人間を肉体だと思ってはならない。人間は霊性である。吾々《われわれ》は肉眼《にくがん》を開《ひら》いて自己《じこ》と其《そ》の周囲《しゅうい》を見るとき、肉眼は心の「投影《とうえい》」を見るための機関《きかん》であるがゆえに自己を物質《ぶっしつ》なる肉体だと観《み》がちである。だから暫《しばら》く眼《め》を瞑《と》じて自己の霊性を観よ。そして霊性が神より来《きた》ることを観《かん》ぜよ。

## 人はすべて天才《てんさい》である、忍耐《にんたい》強く発掘《はっくつ》せよ

人間は物質《ぶっしつ》だと云《い》う観念《かんねん》が薄《うす》れて来るに随《したが》って、人間が霊性《れいせい》だと云う自覚《じかく》が深《ふか》まって来るのである。人間が霊性だと云う自覚が深まって来るに随《したが》ってその人の自由《じゆう》の程度《ていど》が増加《ぞうか》して来るのである。吾々《われわれ》は、時として或《あ》る人には特定《とくてい》の才能《さいのう》が賦与《ふよ》されているのであり、或る人にはその才能が賦与されていないと考える。それは現象的《げんしょうてき》にはそのことは真実(ほんとうのもの)ではあるが、その才能と云うものは意識《いしき》の状態《じょうたい》であって、表面《ひょうめん》の意識の奥《おく》には無尽蔵《むじんぞう》の才能が――神の無限《むげん》力《りょく》と、神の無限の叡智《えいち》とが埋蔵(うずめかくされている)されているのである。その奥に埋蔵されている無限の叡智を掘《ほ》り出すことが出来れば、その掘り出し得た程度に、その人の才能は発揮《はっき》されるのである。「天才《てんさい》とは忍耐《にんたい》なり」と云う諺《ことわざ》があるが、忍耐強く努力《どりょく》して発掘《はっくつ》すれば何人《なんぴと》も天才と成《な》り得《う》るのである。自己を発掘することが大切《たいせつ》である。

## 自己《じこ》の才能《さいのう》を発掘《はっくつ》するには

才能《さいのう》を発掘《はっくつ》するのは鉱山《こうざん》を発掘するのと同じことである。先《ま》ず発見《はっけん》することが必要《ひつよう》である。

才能の場合には見ることは発掘《はっくつ》することになるのである。毎日毎日諸君《しょくん》は自分の内《うち》に埋蔵《まいぞう》されている神の生命《せいめい》を、精神《せいしん》を統一《とういつ》してジッと見詰《みつ》めるが好《よ》いのである。仕事《しごと》に疲《つか》れてきたとき、何となく退屈《たいくつ》になったとき、静《しず》かに目を瞑《と》じて「私は神の子である、無限《むげん》の力が与《あた》えられているのである、私はこの方向《ほうこう》にその無限の力を発掘しようと希《こいねが》うのである。その方向に私の無限の力は毎日一層《いっそう》多く発掘されて来るのである」と云うような言葉を繰返《くりかえ》し念《ねん》じながら、静かに呼吸《こきゅう》を深《ふか》くして精神を統一するならば、この方法は回を重《かさ》ねるに従《したが》って、内在《ないざい》する無限の力が喚《よ》び覚《さま》されて来て、自分の求《もと》むる方向に才能が発揮《はっき》されることになる。此《こ》の思念《しねん》を繰返し行えば必《かなら》ず効果《こうか》がある。

## 真理《しんり》を不純物《ふじゅんぶつ》と混合《こんごう》させてはならない

人間・神の子の真理《しんり》を知った最初《さいしょ》の頃《ころ》は、其《そ》の真理を病気治《びょうきなお》しや、事業《じぎょう》の成功《せいこう》や、貧《まず》しさの克服《こくふく》や、名声《めいせい》や栄誉《えいよ》を受けるための手段《しゅだん》として応用《おうよう》しようとするものである。それは別《べつ》に悪《わる》いことはないのであるが、「人間・神の子」の真理は、単《たん》に物質的《ぶっしつてき》に成功を収《おさ》めるために手段としてそれがつかわれるとき、「人間・神の子」の真理が、物質に執着《しゅうじゃく》する心（随《したが》って物質があると云う心）と混合《こんごう》して不純《ふじゅん》なものとなるのである。そのため其《そ》の人の世界観《せかいかん》、人生観《じんせいかん》が「霊《れい》時的《てき》」と「物的《ぶってき》」との混合したものとなり、その結果《けっか》、それが現象界《げんしょうかい》にもあらわれて来て、時としては素晴《すば》らしい成功に有頂天《うちょうてん》になるかと思うと、又《また》時としては折角《せっかく》、その真理を使って見ても不成功《ふせいこう》に終《おわ》ってしまって、失意《しつい》のドン底《ぞこ》に沈《しず》んでしまって、「何じゃ、真理は何の役《やく》にも立たなかったじゃないか」と思うときが来る。

## 「霊《れい》」と「物《もの》」との二元観《にげんかん》ではいけない

真理《しんり》を使って或《あ》る時は成功《せいこう》し、或る時は不成功《ふせいこう》に終《おわ》るのは、その人の人生観《じんせいかん》が「霊《れい》」から「物質《ぶっしつ》」へ、「物質」から「霊」へと綱渡《つなわた》りをするからである。イエスは「吾《わ》が国は此《こ》の世の国に非《あら》ず」と言って、此《こ》の世的《よてき》なものの一切《いっさい》を否定《ひてい》したのであって、かれは決《けっ》して、霊から物質へと綱渡りしたのではなかった。併《しか》し、といって、霊を求《もと》める者は物質世界で何事《なにごと》も成就《じょうじゅ》しないと言ったのでもなかった。「先《ま》ず神の国と神の義《ただしき》とを求めよ。その余《よ》のものは汝《なんじ》らに加《くわ》えらるべし」と言って、神のうちに、霊のうちに、その余のものの一切が包含《ほうがん》されていることを示《しめ》しているのである。これは対立《たいりつ》せる「霊」と「物」との綱渡《つなわた》りではないのであって「霊」の中に一切がある自覚《じかく》である。ただ「霊」のみを求めよ、その余のものは悉《ことごと》く包含《ほうがん》されると教《おし》えたのである。

## 類型《るいけい》と個性《こせい》と我《が》と

人真似《ひとまね》をしてはならない。人は発達《はったつ》すればするほど個性的《こせいてき》となるのである。生《う》まれたての赤《あか》ん坊《ぼう》は発達した大人《おとな》よりも一層類型的《いっそうるいけいてき》（同じ種類の似た形をしている）であるように、植物が動物よりも一層類型的であるように、かれが類型的であると云うことは、その発達の程度《ていど》がまだ低《ひく》いと云《い》うことを表《あらわ》しているのである。私の描《か》く絵はあなたの絵であってはならないし、あなたの描く絵は、私の絵であってはならないのです。私の個性はあなたの個性であってはならないし、貴方《あなた》の個性は私の個性であってはならない。では、自分が純粋《じゅんすい》に自分であるためには、自分の「我《が》」を何処何処《どこどこ》までも突《つ》き通したら好《よ》いのだろうか——と言うと、決《けっ》してそうではないのである。「我」と云うものは本当のその人の「個性」ではないのである。それは個性の歪《ゆが》みである。その歪みを無《な》くしたとき本当に完全《かんぜん》なる個性が発揮《はっき》されることになる。「我」を捨《す》てて神に随《したが》わせた時本当の個性が発揮される。

### 「我《が》」を放棄《ほうき》して「個性《こせい》」を発揮《はっき》する所以《ゆえん》

「我《が》」と云《い》うものは「肉体《にくたい》」の自分を一個《いっこ》の独立《どくりつ》したものとして主張《しゅちょう》するのであるが、「個《こ》性《せい》」と云うものは、神から賦与《ふよ》された天分《てんぶん》として、彼でなければならない特性《とくせい》であるから神につながって存在《そんざい》するものである。「我《が》」は有限《ゆうげん》の上に立脚《りっきゃく》するけれども、個性は無限《むげん》の上に立脚するものである。「我」を主張して満足《まんぞく》したとき一時的快感《かいかん》は得《え》られるかも知れぬけれども、それは一時的なものであって決《けっ》して永遠《えいえん》の満足が得られるものではないのである。永遠の満足を得ようと思ったならば、無限につながる自分に割《わ》り当てられたる天賦《てんぶ》の個性を発揮するよりほかに道はないのである。其処《そこ》に完全《かんぜん》なる自己放棄《じこほうき》（じぶんをすてること）が却《かえ》って完全に個性を発揮し得《う》る所以《ゆえん》であるのである。愈々益々《いよいよますます》自我《じが》を放棄した時、愈々益々個性が発揮されるのである。

## 永遠者《えいえんしゃ》につながる自分を発見《はっけん》せよ

「永遠者《えいえんしゃ》」（神の別名）又《また》は「無限者《むげんしゃ》」につながる自分、そして同時《どうじ》に個性《こせい》ある自分――これを発見《はっけん》したときにのみ吾々《われわれ》は全体につながりながら全体と調和《ちょうわ》した個性ある生活を営《いとな》み得《う》る自分を発見し、他《た》を犯《おか》さず、しかも他に犯されることなき独立《どくりつ》の、そして全体に貢献《こうけん》する自分を見出《みいだ》すことが出来るのである。かくてのみ他を愛《あい》することが、他を生《い》かすことが同時に自分を生かすことになることを悟《さと》り得《う》るのである。諸君《しょくん》が此《こ》の世界を見渡《みわた》してあまりにも自分自身の幸福《こうふく》ばかりを、自分の家族《かぞく》の幸福ばかりを求《もと》めている人々の多いのに驚《おどろ》くであろうと思う。政治家《せいじか》は自分の利益《りえき》や面子《メンツ》（かお〈人にたいしてかおをたてる〉）や、自党《じとう》の利益やその勢力範囲《せいりょくはんい》の拡大《かくだい》や、そんなことのみを考えている者が多く、国家《こっか》そのもののために、国民《こくみん》全体の幸福のために考えている者は少《すく》ないのである。そしてその結果は、自己の利益も得《え》られず、国民全体の幸福も得られないのである。

## 物質《ぶっしつ》に執著《しゅうじゃく》してはならない

吾々《われわれ》は海水の中を泳ぐ魚《うお》のように、周囲《しゅうい》の人々の精神波動《せいしんはどう》の中を泳ぐ生物《せいぶつ》である。吾々は周囲の精神波動から自分を守《まも》るために時々精神統一《ときどきせいしんとういつ》して、「我《わ》れ神の子であって決《けっ》して周囲の擾《じょう》乱《らん》（かきみだされたさま）の波長《はちょう》には感応《かんのう》しない」と強く念《ねん》ずることが必要《ひつよう》である。余《あま》り物質《ぶっしつ》に執著《しゅうじゃく》する心は低級《ていきゅう》の念波《ねんぱ》を引寄《ひきよ》せる。物質から得《え》られる幸福感《こうふくかん》は其《そ》の値段《ねだん》ではなく、それに対する心によって定《さだ》まるのである。人生は経験《けいけん》を積《つ》むためであると同時《どうじ》に、神から与《あた》えられた事物《じぶつ》を楽《たの》しみ受ける権利《けんり》も与えられているのである。吾々が天文学《てんもんがく》の知識《ちしき》を得ようとすれば望遠鏡《ぼうえんきょう》が必要であるように吾々が人生の経験を得《う》るためには物質と云う道具《どうぐ》が必要なのである。だから物質に執著してはならないが、また物質を軽蔑《けいべつ》してもならないのである。寧《むし》ろ物質を「神の恵《めぐ》み」の具象化《ぐしょうか》したものと観《み》て、それを拝《はい》し敬《けい》し合掌《がっしょう》して使うとき、本当にそのものの価値《かち》を享受《きょうじゅ》することができるのである。

## 周囲《しゅうい》に調和《ちょうわ》することの魂《たましい》の練習《れんしゅう》

現在《げんざい》アメリカで有名《ゆうめい》になっている霊媒《れいばい》にリチャード・ゼナー（Richard Zenor ）（此の人の著『天と地とを結ぶ電話』は谷口清超氏の訳で日本教文社から出ている）と云う人がある。無数《むすう》の指導霊《しどうれい》が憑《かか》って来て教《おし》えをするのであるが、その中に七千年前エジプト人として生《うま》れて、その地方の宗教的及《しゅうきょうてきおよ》び心霊的《しんれいてき》指導者《しどうしゃ》であったと云うアガシャ（Agasha）の霊が来て伝《つた》える霊言《れいげん》は、非常《ひじょう》に生長《せいちょう》の家《いえ》の説《と》いている処《ところ》と似《に》ているので、それを次《つぎ》に順次《じゅんじ》「智慧《ちえ》の言葉」風《ふう》に要約《ようやく》（要点をつづめる）抜粋《ばっすい》して諸君《しょくん》の参考《さんこう》にしようと思う――

〝恐《おそ》れてはならない。何故《なぜ》なら、恐怖心《きょうふしん》はその最《もっと》も恐れているものを生み出すからである。常《つね》に快活《かいかつ》で愉快《ゆかい》であれ。汝《あなた》の生活の毎日を美《うつく》しき有様《ありさま》で生きるように努力《どりょく》せよ。すなわち、汝《あなた》の周囲《しゅうい》にある事物《じぶつ》を何事《なにごと》にてもあれ、楽《たの》しく享《う》けて生活するようにせよ、自分には迚《とて》も楽しく享《う》ける事が出来ないと思えるような事に対しても、汝《あなた》自身の意識《いしき》の中で調和《ちょうわ》せよ。〟

〝神は汝《あなた》を悉《ことごと》く見とおしてい給《たま》うのである。神は汝《あなた》の内《うち》に宿《やど》る「神なる自我《じが》」を見給《みたま》うのだ。汝《あなた》が「真《しん》の自分自身」を発見《はっけん》したとき、汝《あなた》は普遍的原則《ふへんてきげんそく》なる神を見出《みいだ》したのである〟 〝汝《あなた》が此処《ここ》にあるは、汝《あなた》の善《よ》き業《カルマ》を享《う》け楽しまんがためであり、汝《あなた》の魂《たましい》が汝《あなた》の魂の領域内《りょういきない》に持ち来《きた》ったすべての事物からして教訓《きょうくん》を学びとらんがためである。汝《あなた》の神の国は汝《あなた》の意識のとどく範囲内《はんいない》に入り来《きた》った全《すべ》てのものである。〃

〃地上には色々《いろいろ》の混迷《こんめい》が充ち満《み》ちている。しかしその中から吾々《われわれ》は自分自身の心掛《こころが》けに従《したが》って、学びとり、且《か》つ自己《じこ》の生長を遂《と》げることは自由《じゆう》である。汝《あなた》は汝《あなた》の心の王国《おうこく》の支配者《しはいしゃ》であり、汝《あなた》の許《ゆる》しなしには汝《あなた》の心の王国に何者《なにもの》も侵入《しんにゅう》することは出来ない。〃

〃悪《あく》と闘争《とうそう》との中に捲《ま》き込《こ》まれてはならない。寧《むし》ろ自己の内に、そして周囲の内に、働《はたら》いている因果《いんが》の法則《ほうそく》について瞑想《めいそう》せよ。調和の心にて悪を遠ざけよ。〃

〃吾々《われわれ》の魂《たましい》が進歩《しんぽ》して来るにつれて、吾々の魂はみずからを照《て》らす光《ひかり》となり、他の人々を導《みちび》く智慧《ちえ》となるのである。自己の内に宿る光を常に自覚《じかく》して、その光を実現《じつげん》する体験《たいけん》をもち得《う》る特権《とっけん》を忘《わす》れてはならない。〃

〃吾々自身の内に宿る神の国を吾々はもとめなければならない。吾々を此世的《このよてき》な低《ひく》い意識《いしき》の中に引きつけて置《お》くような行為《こうい》と想念《そうねん》とは如何《いか》なるものであるかを充分認識《じゅうぶんにんしき》しなければならない。吾々の向上《こうじょう》を引留《ひきと》めようとする事物を知って、それを克服《こくふく》(うちかち)(征服する)して、真《しん》の「自己」を実現し得《う》る光を輝《かがや》かすようにしなければならない。〟

〝「静《しず》かであれ、而《そ》して吾《わ》れ汝《なんじ》と倶《とも》にあり」と囁《ささや》きかけるのは汝《あなた》の「神なる部分」である。汝《あなた》は実在《じつざい》の一部分であり、それは汝《あなた》の内に宿る宇宙《うちゅう》意識《いしき》の一表現《ひょうげん》として「完全《かんぜん》なる」ものであるのである。〟

〝心に準備《じゅんび》が出来たときに、神が――あなたの内部《ないぶ》にいます神があらわれるのである。神があらわれて来たとき、あなたは人を助《たす》けるように実行《じっこう》が出来るのである。〟

〝世界の混乱《こんらん》のさ中《なか》にあっても「我《われ》は道なり、我は光《ひかり》なり」と称《しょう》する「内部のあなた自身」をわすれてはならない。「内部のあなた自身」とは「神なる自我《じが》」のことである。霊《れい》のために毎日を生きよ。人々の内部に宿る「神の国」を喚《よ》び出《いだ》すために高邁《こうまい》(世の常を越えて高くすぐれたこと)なる想念《そうねん》を放送《ほうそう》せよ。而《しか》して「光の先達《せんだつ》」なる高級霊《こうきゅうれい》より送られる祝福《しゅくふく》の光を汝《あなた》自身に吸引《きゅういん》せよ。〟

〝「我《われ》は道なり、我は光《ひかり》なり」と聖書《せいしょ》にあるその「我」とは汝《あなた》自身である。汝《あなた》自身の真《しん》の自我なる「神性《しんせい》の火花《ひばな》」である。〟

〝神は何人《なんぴと》にも彼自身が努力《どりょく》して贖《あがな》わない賜物《たまもの》を与《あた》えようとはしないのである。努力なくして、値《あた》いを払《はら》わずして得《う》ることは出来ない。〟

〝吾々《われわれ》は或《あ》る教《おし》えを学びとり、人生の法則《ほうそく》に自分自身を調和《ちょうわ》せしめるように自分を調整《ちょうせい》する（ととのえる）ことを学ぶためには或《あ》る状態《じょうたい》を通過《つうか》しなければならないのである。吾々がその各々《おのおの》の体験を通過するのは、神の生命《せいめい》が個性的表現《こせいてきひょうげん》を遂《と》げんがためである。しかし真《しん》の生命はこの地上の生命ではない。それは未《いま》だ来《きた》らないのである。〟

〝人生は時々刻々《じじこくこく》が新しき機会《きかい》である。されば吾《われ》らに与《あた》えられた機会を空《むな》しくしない程度《ていど》に従《したが》って、その人の生活は美《うつく》しき生活となる。〟

〝地上に生《せい》を享《う》けたと云うことは、吾々《われわれ》に恵《めぐ》まれた特権《とっけん》である。吾々はただ一回地上に生を享けただけで完全《かんぜん》なものと成《な》り得《う》るとは予期《よき》しない。吾々が予期するのは、日々の生活体験に於《お》いて、再《ふたた》び無駄《むだ》な経験を繰返《くりかえ》さないように学ぶと云うことである。〟

〝すべての人間はそれ相応《そうおう》の十字架《じゅうじか》を背負《せお》わねばならない（人類の苦しみの一端を背負わねばならない。〈イエスがハリツケになるための十字架をかついだ故事による〉）。しかし、あなたの魂《たましい》が一層《いっそう》多く学び一層多く進歩《しんぽ》して、宇宙《うちゅう》の光《ひかり》の中に、あなたの意識《いしき》が拡《かく》

大《だい》し、無限者《むげんしゃ》の意識《いしき》と調和《ちょうわ》するようになり得た程度《ていど》に随《したが》って、その十字架は軽《かる》くなるのである。〃

〃如何《いか》に吾等《われら》が悲痛《ひつう》な叫《さけ》び声をあげても、ただそれだけでは自分を救《たす》けることは出来ない。吾々の呟《つぶや》きが多くなり、反抗《はんこう》が昂《たか》まれば昂まるほど、吾々は苦難《くなん》の中を押《お》し進まなければならないのである。吾々自身の魂が静《しず》かになり、平和《へいわ》なものになりさえすれば、即座《そくざ》に問題《もんだい》は解決《かいけつ》するのである。〃

〃若《も》し吾々《われわれ》が現在《げんざい》の環境《かんきょう》についていつまでも不平《ふへい》を言いつづけるならば、吾々は霊的《れいてき》に退転《たいてん》するばかりであり、吾々が学ばなければならない体験《たいけん》の意義《いぎ》が納得《なっとく》されるまで、次《つぎ》から次へと新しく同様《どうよう》の環境があらわれて来るのである。〃

〃如何《いか》なる体験も吾々の魂を強くし、悟《さと》りを深《ふか》くするために必要なものであることを知らなければならない。〃

〃すべての体験に対して、それが魂《たましい》に教訓《きょうくん》を与《あた》えてくれるものであるとしてこれに感謝《かんしゃ》し、これを歓迎《かんげい》しなければならない。「如何《いか》にその課業《かぎょう》がむつかしくとも、私はそれを学びとり、それによって魂を生長させるのだ」と自分の魂に対《むか》って言え。また「私は宇宙の一部分である。私は宇宙生命なる神から見たまうならば完全《かんぜん》なるものである。神が私に私の魂が勉強し、人生の目的《もくてき》を学ばしめる機会《きかい》を与えたまいしことに感謝します。私は私の許《もと》に来《きた》る一切《いっさい》のものを祝福《しゅくふく》する。私は毎日毎日を完全に生きるのである。我《われ》は道である。我は光《ひかり》である。吾《われ》はその内性《ないせい》に於《お》いて完全である。吾《わ》が内には完全なる大生命《だいせいめい》の表現《ひょうげん》なる神の国が宿《やど》っているのである。」〃

〃あなたの流す涙《なみだ》の一滴《いってき》一滴は、若《も》しあなたがその意義《いぎ》を悟《さと》るならば、美しき智慧《ちえ》の真珠《しんじゅ》となるのである。〃

〃あなた自身の魂が、あなたの業《ごう》の如何《いかん》と悟りの程度《ていど》に従《したが》って、あなたに課《か》する試煉《しれん》としての適当な環境を与えて汝《あなた》を鍛《きた》えるのである。〃

〃吾々《われわれ》は魂《たましい》の悟《さと》りを成就《じょうじゅ》せんがために此《こ》の世に生《せい》を享《う》けたのである。色々《いろいろ》の試煉《しれん》をあてがって悟りの力を増大しようと試《こころ》みているのは吾々自身の魂である。〃

〃物質的《ぶっしつてき》な艱難《かんなん》のうちには、あまりにも苛辣《からつ》（ひどくつらい）であると考えられるものもあるけれども、それはいずれも目的《もくてき》があって其人《そのひと》に与《あた》えられたものである。〟

〝吾々《われわれ》の魂《たましい》の発達《はったつ》を妨《さまた》げる傾向《けいこう》のある幽体《ゆうたい》（感情の座として、霊体のなかにある魂の体であり善き感情も悪しき感情もそれに印象されている）を浄化《じょうか》せんがために、苛辣《からつ》なテストを受けることが屢々《しばしば》ある。〟

〝同じ過《あやま》ちを度々《たびたび》繰返《くりかえ》す結果《けっか》は、その人の後光《オーラ》に更《さら》に一層克服《いっそうこくふく》しがたきマイナスの幽体《ゆうたい》を構築《こうちく》するに至《いた》るものである。〟

〝物質《ぶっしつ》生活の重荷《おもに》が却《かえ》って霊的宇宙《れいてきうちゅう》の真理《しんり》を学ばしめる契機《けいき》となる。それは受け方にある。〟

〝此世《このよ》に生《せい》を享《う》けて、与《あた》えられるものは、すべて自分にとって獲得《かくとく》である。〟

〝人生の轍《わだち》が回転《かいてん》するにつれて、悟《さと》りを得《え》ずに進めば進むほど、吾《われ》らの人生は泥濘《でいねい》の中を難行《なんこう》する。されど、体験の意義《いぎ》を悟《さと》るとき、吾らに課《か》せられた人生の諸問題《しょもんだい》は歓《よろこ》ばしきものとなり、楽しき体験となるのである。〟

〝私は法則《ほうそく》を作るために来たのではない。法則が何を意味するかを教えに来たのである。〟

〝光を伝《つた》える為《ため》に来た霊界《れいかい》の指導者《しどうしや》は、人間に審判《さばき》を下《くだ》す為に来たのではない。何故《なぜ》なら人間の魂《たましい》自身が自己の魂の目覚《めざ》めの程度に従《したが》って自分自身の運命《うんめい》を決定《けってい》するからである。〟

〝わたしはすべての人々と結《むす》ばれている。宇宙のいのちと一つなるものである。私は何人《なんぴと》をも審《さば》かない。各人《かくじん》は各人自《みずか》らを審判《しんぱん》し各人自らの先生である。〟

〝吾々《われわれ》が神を理解《りかい》せんと欲《ほっ》することは神の御意志《ごいし》である。〟

〝罪《つみ》とは理解《りかい》の欠乏《けつぼう》の一種《いっしゅ》であり、それは自分自身及《およ》び兄弟たちを傷《きず》つける。吾々の罪によって——即《すなわ》ち悟りの欠乏によって、吾々は結局《けっきょく》は払《はら》わなければならない負債《ふさい》を蓄積《ちくせき》するに過《す》ぎない。吾々の読む書物《しょもつ》のすべては天に於ける神の国の世嗣者《よつぎしや》たるに相応《ふさわ》しきものでなければならない。〟

〝神は夫々《それぞれ》の人に最《もっと》も適当《てきとう》なる訓《おし》えを学ばしめんがために地上に生《せい》を享《う》けしめたのである。吾《われ》ら自身は吾ら自身の最善《さいぜん》の教師《きょうし》である。〟

〝智慧《ちえ》は吾々の内《うち》に隠《かく》されているのではない。それは内部《ないぶ》にあるのである。魂《たましい》の扉《とびら》を開《ひら》けば

おのずから出て来るのである。〃

〃魂を目覚《めざ》めしめよ。すべては最も祝福《しゅくふく》されたる形で顕示《けんじ》される。〃

〃ただ魂が目覚めた時にのみ神の叡智《えいち》によって与《あた》えられた事物を理解《りかい》し得《う》る。〃

〃吾々《われわれ》の生活の外部《がいぶ》的《てき》表現《ひょうげん》が「真《しん》の自我《じが》」と全《まった》く等《ひと》しく完全《かんぜん》とならんが為《ため》には、魂が真理の光で照《て》り輝《かがや》かなければならない。併《しか》し真理の光は内部から来なければならない。〃

〃吾々が宇宙の無礙光《むげこう》に触《ふ》れて完全なる状態となり得《う》るのは、単《たん》に欣求《ごんぐ》する（よろこんでねがいもとめる）事及《およ》び祈《いの》る事によってではなく、努力《どりょく》する事、学ぶ事、生活する事によってである。〃

〃実相《じっそう》に於《お》いては、真実《しんじつ》なる物は既《すで》に汝《あなた》に与《あた》えられているのである。汝《あなた》の現在《げんざい》のいとなみは、内部の智慧《ちえ》が解放《かいほう》されて出て来る為《ため》に扉《とびら》を開く為である。生《うま》れ更《かわ》りの幾世代《いくせだい》にも亙《わた》って、吾々は内部の智慧が却《かえ》って鎖《とざ》されるような行いをして来たのである。今、吾々は魂が完全に自身を支配《しはい》し得るよう魂を目覚めしめようと試《こころ》みつつあるのである。〃

〃人間はすべて結局《けっきょく》は生命の法則《ほうそく》と此《こ》の世に生《せい》を享《う》けた理由とを理解し得るようになる。〃

〝体験《たいけん》のサイクルが互《たがい》に同様《どうよう》な者たちが繰返《くりかえ》し、此世《このよ》の同級生《どうきゅうせい》として生《うま》れて来《き》、互の切磋《せっさ》（玉を切りみがくこと。たましいをみがくこと）琢磨《たくま》（玉をすりみがくこと。〈前と同じ〉）によって終《つい》に真理を知るのである。〟

〝吾々《われわれ》の説《と》くところは、一切《いっさい》に調和《ちょうわ》して、自然法爾《じねんほうに》に生きると云う儀礼《ぎれい》のほかには何ら特別《とくべつ》の規則《きそく》はないのである。〟

〝吾々の魂の進化のためには、唯《ただ》、宗教的儀礼《しゅうきょうてきぎれい》を度々行《たびたびおこな》ったり、度々生《うま》れ更《かわ》りを繰返しさえすれば好《よ》いと考えれば法則にもとる。魂の進歩は学びとらねばならないし、努力して贏《か》ち得《え》なければならないのである。〟

〝神は一つの個《こ》ではなく、全《すべ》ての個である。〟

〝神は地上の、そして霊界の凡《あら》ゆる形態《けいたい》の生命を通して神御自身を顕現《けんげん》したまいつつあるのである。〟

〝善《ぜん》に対して勇敢《ゆうかん》なる者は強者《きょうしゃ》である。如何《いか》なるテストにも謙遜《けんそん》に耐《た》え、何ら反抗《はんこう》せず心へりくだりて平和《へいわ》なるものは強者である。〟

〝吾々《われわれ》の魂《たましい》は徐々《じょじょ》に大生命の本源《ほんげん》に還元《かんげん》（もとにかえる）し、そこからまた個性化《こせいか》してあらわれるのであって、この力が宇宙の創造力《そうぞうりょく》となるのである。〟

〝汝《あなた》は神が定《さだ》めた通りに個性化して出現《しゅつげん》しつつあるが、光の柱《はしら》と吾々が呼《よ》ぶ神々（高級霊の意）に交《まじ》って自己にふさわしい霊的位置《れいてきいち》を占《し》むべく大生命の中心に近づきつつあるのである。〟

〝吾々が物質の世界に生《う》まれて来るのは、粗雑《そざつ》なる物質の低《ひく》い周波数《しゅうはすう》を身に装《よそお》って、謂《い》わば「墜《つい》落《らく》（上から落ちる）せる天使《てんし》」となることである。その目的は、何時《いつ》の日にか其処《そこ》へ帰るべき天国《てんごく》の意義《いぎ》の自覚を、個性的に体験せんが為《ため》である。〟

〝吾々は実相に於いては全《すべ》て完全である。吾々はその完全さを「顕《けん》」（あらわれ）の世界に持ち来《きた》すべく展開《てんかい》（くりひろげること）の過程《かてい》（みちゆき）に努力を重《かさ》ねているだけである。吾々は皆、神の子達《たち》である。吾々は吾々自身の完全さを表現するのに平等《びょうどう》の機会《きかい》を与えられているのである。〟

〝地獄《じごく》に永遠《えいえん》に堕《お》ちる魂《たましい》はない。また彼自身の悟《さと》りの不足《ふそく》によるに非《あら》ざれば一時的にも地獄に堕《お》ちると云うことはない。〟

〃汝《あなた》は永遠の世界へ行くための準備《じゅんび》をしているのではない。永遠の世界に今、住んでいるのである。汝《あなた》は霊《れい》となるための準備をしているのではない。汝《あなた》は今、霊なのである。〃

〃永遠とは未来《みらい》のことではない。今もそして常《つね》に永遠を生きているのである。〃

〃霊が霊であるのと同じような確実《かくじつ》さで、汝《あなた》は霊である。ただ霊界の霊と汝《あなた》とが異《こと》なるのは、肉体と云う鞘《さや》を着《き》ているだけである。その肉体と云う宮《みや》こそ、魂が一層高き自覚への向上心《こうじょうしん》を先《ま》ず起《おこ》す「場《ば》」である。〃

〃汝《あなた》は肉体の鞘《さや》を着ているけれども今も、これからも常に霊である。私は霊界にいる霊であり、汝《あなた》は地上にいる霊である。異《こと》なる周波数《しゅうはすう》（振動の周期的な波の数）の世界に、そして異なる意識の層に於いて顕現《けんげん》しているだけの相違《そうい》である。〃

〃あなたが此《こ》の地上を去るとき、物質的に蓄積《ちくせき》したものは地球に取り残《のこ》して置かなければならないのであって、一物《いちもつ》と雖《いえど》も携《たずさ》えて行《ゆ》くことは出来ない。併《しか》し、あなたが体験によって学んだところの凡《すべ》ては携えて行くことが出来るのである。〃

〝この地上の生《せい》を畢《おわ》るとき携《たずさ》えて行くことの出来るものは霊的に獲得《かくとく》したところのもののみである。その他の一切は地上に残されて、塵《ちり》となり、錆《さび》となり、灰《はい》となるのである。〟

〝霊的生活は真実の生活である。物質生活は虚妄《こもう》の（うその、むなしい）生活である。あなたは死の過程《かてい》を通して物質と云う迷妄《めいもう》を捨て去るまでは真《しん》に生活を始めたのではない。死は災厄《さいやく》ではない。それは漸進《ぜんしん》（だんだんすすむ）である。〟

〝出生《しゅっせい》は、死よりも一層神秘《しんぴ》（不思議。常識で理解できないもの）である。死は容易《ようい》である。併《しか》し出生は遙《はる》かに困難《こんなん》であり、複雑《ふくざつ》である。〟

〝あなたの内に小宇宙《しょううちゅう》がある。あなたは大宇宙《だいうちゅう》にある一切《いっさい》のものを、小宇宙として表現しているのである。〟

〝原子《げんし》一個一個の内部にも一世界《せかい》がある。〟

〝記憶《きおく》せよ、この世界の生《うま》れざりし以前《いぜん》に、既《すで》に汝《あなた》が存在したことを。そして此《こ》の世界が存在しなくなった後《のち》にも、依然《いぜん》として汝《あなた》は存在すると云うことを。〟

〝あなたの肉体のみがあなたを代表《だいひょう》するのではない。肉体はあなたの一つの表現体としてあなたが用《もち》うる乗物《のりもの》である。肉体はあなたではない。〟

〝肉体はあなたの表現のための乗物であるから、それを大切《たいせつ》に保護《ほご》し、大切に使わなければならない。〟

〝あなたは汝《あなた》自身と倶《とも》に生活しているのである。そして汝《あなた》自身の合計総額《ごうけいそうがく》こそ、現在あるところのあなたであり、あなたが汝《あなた》自身あるべく表現しているところのものである。今日《こんにち》のあなたは、過去《かこ》のあなたの生活に於《お》いてあった所のものの総計《そうけい》である。〟

〝あなた及《およ》びあなたの肉体が、宇宙と調子《ちょうし》を合わせて完全な作用《はたらき》をなし得《う》るように、あなたの内部に静《しず》けさと平和《へいわ》とを確立《かくりつ》せよ。あなたの心が静謐《せいひつ》となるとき、身辺《しんぺん》に高級霊《こうきゅうれい》の光《ひかり》を引きつけ得るのである。そして、これらの光はあなたにとって、積極的《せっきょくてき》な、愉快《ゆかい》な、生《い》ける現実《げんじつ》的《てき》な人格《じんかく》となってあなたを導《みちび》くのである。〟

〝あなた自身を表現しつつあるところの乗物《のりもの》（肉体）は、凡《あら》ゆる機会《きかい》を速《すみや》かにつかみ得《う》るよう、出来るだけ世話《せわ》をして完全な状態に保《たも》ち、その乗物を通して表現《ひょうげん》することの出来る「高き力」の完全なる通路《つうろ》たらしめねばならぬ。〟

〝幾回《いくかい》も前世《ぜんせ》を繰返《くりかえ》した合計総額《ごうけいそうがく》が、今日《こんにち》あなたがある状態《じょうたい》である。〟

〝運命《うんめい》の力と云うものは吾々《われわれ》の外界《がいかい》にあるのではない。吾々は吾々の業《ごう》として持続《じぞく》している潜《せん》在想念《ざいそうねん》によってそれぞれの経験《けいけん》を引き寄《よ》せ、自分自身の運命とするのである。〟

## 現実界《げんじつかい》は想念及《そうねんおよ》び霊界《れいかい》の波動《はどう》の具象化《ぐしょうか》である

〝世の中には類《るい》をもって集《あつま》ると云《い》う牽引《けんいん》の法則《ほうそく》と、犯《おか》したことは償《つぐな》わなくてはならないと云う償いの法則とがある。これによって吾々《われわれ》は夫々《それぞれ》の状態《じょうたい》を自分自身に引き寄せるのであって、これを吾《われ》らは業《ごう》とか運命《うんめい》とか言うのである。そしてこれが吾々の魂《たましい》を試煉《しれん》する艱難《かんなん》（なやみ。こんなん）に出《で》遭《あ》わねばならぬ理由《りゆう》である。〟

〝現在《げんざい》、吾々の想念《そうねん》によって創造《つく》られつつあるものと、今日《こんにち》「霊の領域《りょういき》」に存在《そんざい》する波動《はどう》とを根拠《こんきょ》として、今より数千年後の未来《みらい》に何が起《おこ》るかと云うことを予知《よち》することも出来る。〟

〝憎《にく》しみ、恐怖《きょうふ》、反対観念《はんたいかんねん》、焦躁感《しょうそうかん》、敵対感情《てきたいかんじょう》、過度《かど》の神経過敏《しんけいかびん》などは霊界《れいかい》からの報道《ほうどう》を得《う》

ることを妨《さまた》げ、人格《じんかく》を改善《かいぜん》する道を閉《とざ》すものである。〃

〃常《つね》にすべての物の内《うち》にある善《ぜん》を、あなた自身の内にある善を、あなたの仲間《なかま》の人たちの内にある善を見出《みいだ》すべく試《こころ》みよ。〃

〃すべての体験《たいけん》は魂《たましい》の内に記録《きろく》せられる。吾々自身の魂が、吾々の悟《さと》りの程度《ていど》にしたがって、悟りを増進《ぞうしん》せしめるために、自己の上に試煉《しれん》と見えるものを課《か》するのである。汝《あなた》が地上に生《せい》を享《う》けたのは、単《たん》に肉体を維持《いじ》せしめる為《ため》でなく、魂に完全なる悟りを得させんが為《ため》である。しかし肉体は魂が完全な表現をする為に造られた祝福《しゅくふく》すべき乗物《のりもの》である。〃

〃生命の法則《ほうそく》・原理《げんり》を学ぶことは重要《じゅうよう》である。併《しか》し、その法則・原理について学んだところのものを日常《にちじょう》生活に応用《おうよう》することは一層《いっそう》重要である。何故《なぜ》なら斯《か》く応用することによって、汝《あなた》の学んだところのものを確実《かくじつ》に知ることが出来るからである。〃

〃イエスは教《おし》えの生きた模範《もはん》となろうと試《こころ》みたのである。彼は汝《なんじ》ら互《たがい》に相愛《あいあい》せよと教えたが彼はまた人間は多くの間違《まちがい》をするものであるから、間違《まちが》った者を責《せ》めてはならない。彼らに新たに善《ぜん》に進むべき機会《きかい》を与えよと教えたのである。〃

〝地上に兄弟の愛を持つことの出来る唯一《ゆいいつ》の道は、人生の目的《もくてき》を知り、魂《たましい》が地上を去る時吾《われ》らは何処《どこ》に行《ゆ》くかを知って、汝《あなた》のハートに兄弟の愛を持つことである。〟

〝平和《へいわ》が打《う》ち建《た》てられるに先立《さきだ》って、吾《われ》らは浄化《じょうか》の過程《かてい》を経過《けいか》しなければならない。〟

〝あなたの現在《げんざい》の世界周期《せかいしゅうき》（地上の生活は或る期間を経て一周期が終り、新たなる周期が来るとき、地上生活の状態が一変するので、その期間を云う）においては、あなたは、一九六五年に出発《しゅっぱつ》する新しき世界周期に備《そな》えるために浄化の過程を経《へ》つつあるのだ。〟

〝世界が今経過《けいか》しつつある大《だい》なる危機《きき》は浄化の過程であって、白色高級霊《ホワイト・スピリット》の来《きた》らんがための準備である。この高級霊の普遍的《ふへんてき》（一宗一派《いっしゅういっぱ》に偏《かたよ》らぬ）宗教《しゅうきょう》が、やがて人類《じんるい》全体に普及《ふきゅう》する時が来るのである。〟

〝来《きた》るべき魂《たましい》の悟《さと》りの時代《じだい》に於《お》いては、各人《かくじん》は自己《じこ》の教養《きょうよう》と願望《がんぼう》のままに生活する。魂の進歩の程度に相応《そうおう》した範疇《はんちゅう》（分類された部層）に於いて各人はそれぞれ人生の目的を理解し、地上生活を去る時何処《いずこ》へ行《ゆ》くかを知る。〟

〝あなた達《たち》の多くは地上に平和が打ち建てられる一九六五年後まで生き拵《なが》らえないであろう。

（このアガシャの予言は霊界に於ける波動の現状判断から来たのであって高級霊は常に宇宙の波動を浄め、地上の悲惨を緩和しつつあるので、予言された事件はおくれたり、多少修正してあらわれる）併《しか》し、あなたは霊界からそれを見、協力《きょうりょく》することが出来る。現在は世界未曾有《みぞう》の艱難《かんなん》の時期《じき》を経過しつつあるのである。幾《いく》百万の人達が其《そ》の艱難を経験する。あなたの人生を毎日怠《おこた》らず、充分《じゅうぶん》に正常《せいじょう》に生き切ると共《とも》に、自己に宿《やど》る神を知ることです。汝《あなた》の内なる神我《キリスト》があなたを悟りの光に応じて艱難から汝《あなた》を守って下さるでしょう。〟

〝吾々の哲学《てつがく》は、未来に対する恐怖心《きょうふしん》を取除《とりのぞ》くのに役立つのである。身辺《しんぺん》にどんな混乱状態《こんらんじょうたい》が起《おこ》っても、吾々はその混乱状態から逃《に》げ出そうとはしないが、霊的に自分自身を浄《きよ》めて、霊界の高層にある善《ぜん》の貯蔵庫《ちょぞうこ》から吾らに送られて来る所の大《おお》いなる力の通路《つうろ》となって自分自身を強化《きょうか》するからである。かようにして吾々は自分自身を衛《まも》るのであって、何物《なにもの》も吾々を破壊《はかい》することは出来ないのである。〟

# 第八章　自由《じゆう》と解放《かいほう》を得《う》るための智慧《ちえ》

## 何物《なにもの》をも摑《つか》んではならない

何物《なにもの》でも自分がつかんだならば、その摑《つか》んだものに自分は縛《しば》られることになるのである。金《かね》を心につかんだならば、金に自分は縛られて自由《じゆう》を失《うしな》う。そして金を失うことが恐《おそろ》しいのである。名誉《めいよ》を心につかんだならば、名誉に自分は縛《しば》られて自由を失う。そして名誉を失うことが恐しいのである。肉体《にくたい》を心につかんだならば、肉体に自分は縛られて自由を失う。肉体を失うことが恐しくなる。すべて恐怖は何物かを摑《つか》んでいる時に起《おこ》るものである。大臣《だいじん》が王様《おうさま》を恐《おそ》れるのは、地位《ちい》を摑んでいるからである。地位も名誉も財産《ざいさん》も摑んでいなければ、何物をも恐れないで、王様にでも自由に苦言《くげん》(にがいことば。いさめることば)を呈《てい》することが出来るのである。自由を得《う》る道は摑まないことにある。

## 現象界《げんしょうかい》は夢幻《ゆめまぼろし》のようなものです

何物《なにもの》をもつかまなくなるためには、「物」と云《い》うものは本来《ほんらい》ないこと、現象界《げんしょうかい》は夢幻《ゆめまぼろし》のようなものであって本来ないことを心の奥底《おくそこ》から知らなければならないのである。それを本当に知れば、無《な》いものを摑《つか》むバカバカしさを実行《じっこう》する必要《ひつよう》はないので、何物をも摑まなくなる。従《したが》ってまた恐怖《きょうふ》する必要がなくなるのである。般若心経《はんにゃしんぎょう》に、「色即是空《しきそくぜくう》・空即是色《くうそくぜしき》」と書いてあって、「色《しき》」（即《すなわ》ち物質《ぶっしつ》）は是《こ》れ「空《くう》」である。「空《くう》」即《そのまま》に、是《これ》が「色《しき》」（物質界《ぶっしつかい》）とあらわれているのである。こう云う意味の真理が書いてあって、その次《つぎ》には、その「空《くう》」である「物質」をあると思っている顛倒夢想《てんどうむそう》（逆《さかさ》まの夢《ゆめ》のような儚《はかな》い想《おも》い）を捨《す》ててしまえば恐怖なしと書いてあるのである。

## 金剛不壊《こんごうふえ》の自分を発見《はっけん》するには

肉体《にくたい》も無《な》い、物質界《ぶっしつかい》もない、すべて夢《ゆめ》である——と考えると、何だか頼《たよ》りなくて生活することが出来なくなる。努力《どりょく》の為甲斐《しがい》もないことになると言う人がある。しかし、やがて滅《ほろ》ぶべき此《こ》の肉体を自分だと考えている限《かぎ》りに於《お》いて、その人は結局《けっきょく》死刑囚《しけいしゅう》である。此《こ》の「死すべき者」たる肉体は、ただの「本当の自分」の影《かげ》であって、それは「本当にある」のではないと知ったときに、はじめて其《そ》の奥《おく》にある「死する事なき金剛不壊《こんごうふえ》（金剛石のようにかたくてくだけないこと）の霊《れい》なる自分」を自覚《じかく》することが出来るのである。肉眼《にくがん》で視《み》えるものは壊《くだ》けるのである。その「壊けるもの」は自分ではないのであって、その「壊けるもの」は実在《じつざい》でない――と否定《ひてい》し去った後《のち》に、はじめて壊《くだ》けない自分を発見《はっけん》し得《う》るのである。「壊けない自分」は肉眼的には無形《むけい》である。

## 奴隷《どれい》になってはならない

如何《いか》に地位《ちい》が高くとも、如何《いか》に知的《ちてき》にすぐれていようとも、如何に財産《ざいさん》があろうとも、自分の心が何者《なにもの》かに縛《しば》られるならば、世俗《せぞく》（世の中の俗人）のことにわずらわされ、誰《たれ》かを恐《おそ》れるようならば奴隷《どれい》であるのである。事務員《じむいん》は課長《かちょう》を恐れ、課長は部長《ぶちょう》を恐れ、部長は社長《しゃちょう》を恐れ、社長は税務官庁《ぜいむかんちょう》を恐れるようなことでは、どれもこれも相継《あいつ》いで奴隷《どれい》である。王と雖《いえど》も死を恐れるようではやはり奴隷である。もっと人間は自尊心《じそんしん》を持たなければならない。人間は「神の子」であって、神の創造《そうぞう》し給《たま》いしすべての善《よ》きものの世嗣《よつぎ》であるのである。世界の富《とみ》は、「ここから此処《ここ》まで自分のものだ」と区切《くぎ》ることをしないでも、若《も》し真《しん》に「神の世嗣《よつぎ》」としての自覚があれば、必要《ひつよう》に応《おう》じて出て来るのである。

## 世俗《せぞく》の眼《め》をもって見てはならない

吾々《われわれ》は世俗《せぞく》の眼《め》をもって人間を見てはならないのである。世俗の眼は「外見《がいけん》」を見る。朽《く》ち果《は》てるべき「外《そと》の形」を見て、人を軽蔑《けいべつ》したり、尊敬《そんけい》したりするのである。世俗の眼は一種《いっしゅ》の虚栄《きょえい》(外見をかざる心。みえ)の目でものを見る。外見が自分よりも優《すぐ》れていると尊敬したり、反抗《はんこう》したりするが、劣《おと》っていると見ると軽蔑したり、同情《どうじょう》したりするのである。しかし「外見」は、その人それ自身ではないのである。その内部《ないぶ》にある「霊《れい》なる人間」「神の子なる人間」こそ其《そ》の人の本物《ほんもの》である。すべての人間を「世俗の眼《め》」をもって見ないで、一度「肉眼に見える外見」を無《な》いと截《た》ち断《き》って其《そ》の奥《おく》にある「神の子なる人間」を見るとき、一切《いっさい》の人間は互《たがい》に拝《おが》み合えるようになり、其処《そこ》に本当の平和《へいわ》が来るのである。

## 神は自己《じこ》の内《うち》に宿《やど》り給《たま》う

神様がして下さる、屹度《きっとよ》善い事を与《あた》えて下さると、他動的《たどうてき》に何か善い事が来ることを信《しん》ずるのを正しい信仰《しんこう》のように思っている人がありますが、神は自己《じこ》の内《うち》に宿《やど》り給《たま》うのでありますから、「神様がして下さる」と云うことは、自己の内に宿る神を自覚《じかく》せしめ、それを働《はたら》かしめることなのであります。あなたが最《もっと》も善《よ》い結果《けっか》を得《え》ようと思われますならば、自分自身の生活態《たい》度《ど》を変更《へんこう》することから始めなければなりません。外《そと》から課《か》する戒律《かいりつ》（これをしてはならないと云うしめいまし）がないと云うことは、みずからの内に「戒律」の本体《ほんたい》があるからなのです。みずからの内にある「戒律の本体」こそ「自己に宿る神」なのであります。ずるく他力《たりき》を望《のぞ》むことは、自己の心を変化《へんか》せずにおって外から幸福《こうふく》が得られると思う間違《まちがい》であります。

## 三人の女中《じょちゅう》の寓話《ぐうわ》

或《あ》る処《ところ》に女中《じょちゅう》がありました。第一の女中は主人《しゅじん》が何か言いつけてくれるであろうと思って待《ま》っていましたが主人は何も言い附《つ》けませんでした。「この女中は自発的《じはってき》に働《はたら》く意志《いし》がないから駄目《だめ》だ」と言われて馘《くび》になりました。第二の女中は何でも自分の気のつくことを主人に相談《そうだん》せずにズンズンやって行《ゆ》きました。積極的《せっきょくてき》ではありましたが主人の欲《ほっ》しない事も平気《へいき》でやりました。「こんな我儘《わがまま》な女中は駄目だ」とその女中は解雇《かいこ》（やとうことをやめる）されました。第三の女中は一つの仕事《しごと》が終《おわ》ると、みずから進んで「この次《つぎ》は何を致《いた》しましょう」と主人に訊《き》き、その仕事を与《あた》えられると、「これを如何《いか》に致《いた》しましょう」とやり方まで訊《き》いて主人の気に入るように致しました。主人は大変喜《たいへんよろこ》んでその女中を後嗣息子《あとつぎむすこ》の嫁《よめ》にしました。「主人」と云うのは「神」

の喩《たとえ》であります。第一の女中は神は自己《じこ》の内《うち》にあることを知らぬ人の喩《たとえ》、第二の女中は「我《が》」を神の意志《いし》と間違《まちが》えた譬《たとえ》です。

## 「我《が》の心」と「神の心」とを一致《いっち》させるには

神のみ心を常《つね》にきいて其《そ》の通り実行《じっこう》する者は幸《さいわ》いなるかな。我《が》の力で何をやろうと思っても、我《が》だけの力では有限《ゆうげん》の力であって無限《むげん》の力を発揮《はっき》することが出来ないのである。そこで毎朝神想観及《しんそうかんおよ》び祈《いの》りを行《おこな》って自己《じこ》の内《うち》に宿《やど》る神のみ心を呼《よ》び出すことによって、我《が》の心を、僕《しもべ》の如《ごと》く、神のみ心に従《したが》わせて、神我一体《しんがいったい》の境地《きょうち》になって仕事《しごと》をする事が必要《ひつよう》なのである。毎朝起きたとき、「神よ、今日《きょう》一日を神様のみ心《こころ》によって導《みちび》きたまえ、私の行いが、神様のみ栄えとなるように、そして人類《じんるい》に何かの善《よ》き事をもたらすことが出来ますように、神の智慧《ちえ》をもって導きたまえ」と祈ってから、暫《しばら》く受身《うけみ》の心持《こころもち》で神の智慧《ちえ》が流れ入る期待《きたい》をもって静《しず》かに呼吸《こきゅう》しながら数分間を経《へ》てからその神想観を終《おわ》るが好《よ》いのである。

## 肉体《にくたい》を如何《いか》に世話《せわ》するか

自分の体《からだ》が病気《びょうき》であっても、「自分」そのものが病気であると考えてはならないのである。

体は「自分の体」であって「自分」そのものではないのである。それ故《ゆえ》、自分自身は、もっと健康《けんこう》なもっと丈夫《じょうぶ》なものであることを信《しん》じて、自分の体の苦痛《くつう》や不自由《ふじゆう》を黙殺《もくさつ》して、それを働《はたら》かせておれば快《よ》くなることが多いのである。即《すなわ》ち、現在《げんざい》の肉体の状態《じょうたい》に迎合《げいごう》してはならないのである。肉体は「自分の」奴僕《ぬぼく》であるから、肉体のなまけるのに委《まか》せてはならない。もっとも奴隷《どれい》でも本当は傷《きず》ついているときには、世話《せわ》してやらなければならないが、薬《くすり》をのませたりすることは「外《そと》」からの世話であるが、「心」に明《あか》るい心をもって「われ神の子なり完全《かんぜん》なり」と念《ねん》ずることは「内《うち》」からの世話である。栄養分《えいようぶん》は心で念ずる位置《いち》に運《はこ》ばれるからである。

## 先《ま》ず「神」に和解《わかい》せよ

「天地一切《てんちいっさい》のものに和解《わかい》」すると云《い》うことは先《ま》ず「神」に和解することをもって第一とするのである。「神」が吾々《われわれ》を罰《ばっ》したり、不幸《ふこう》を造《つく》ったり、病気《びょうき》に罹《かか》らせたりするものだと云う考えを捨《す》てることが、「神に和解する」ことになるのである。そして、神をただ善《ぜん》にして愛《あい》なる完《かん》全《ぜん》なる存在《そんざい》であられることを信《しん》ずることである。次《つぎ》には、神より出《い》でたる物は、その外見《がいけん》が如何《いか》に見えようとも、その奥《おく》にある実相《ほんもの》は「善《よ》きもの」であると信ずることである。病気の治療《ちりょう》にでも、薬剤《やくざい》の治療法《ちりょうほう》のみが「善きものだ」と唯《ただ》一つのみにしがみ附《つ》いてはならない。神は無限《むげん》であるからその表現《ひょうげん》である救済法《きゅうさいほう》も無限である。その人の病状《びょうじょう》によりその人の体質《たいしつ》及《およ》び心質《しんしつ》により、相手に応《おう》ずる治療法を必要《ひつよう》とする。或《あ》る治療法に獅嚙《しが》みついては生命《せいめい》は自由《じゆう》を得《え》ない。

## 物質《ぶっしつ》も生きている

物質《ぶっしつ》の分子《ぶんし》にすら知性《ちせい》があって、（本当は「知性」が本質《ほんしつ》であって「物質と見える形」はその影《かげ》に過《す》ぎないのだが）互《たがい》に親和《しんわ》して結《むす》びついたり、互に嫌《きら》い合ってどうしても結びつかなかったり、また触媒《しょくばい》と云《い》う媒酌人《ばいしゃくにん》みたいなものが来ると、今迄《いままで》どうしても野合《やごう》しなかった分子同士《どうし》が結婚《けっこん》（化合《かごう》）したりするのである。そうすれば人間には一層複雑《いっそうふくざつ》なる個性《こせい》や好《す》き嫌《きら》いがあって、或《あ》る薬剤《やくざい》に対しては非常《ひじょう》に過敏《かびん》であるが、或る薬剤に対しては鈍感《どんかん》な人もある。アルコールと云う普通《ふつう》の飲料《いんりょう》でさえも、盃一杯《さかずきいっぱい》で真赤《まっか》に酔《よ》う人もあれば一升位《いっしょうぐらい》飲んでも平気《へいき》な人もある。如何《いか》なる体質《たいしつ》に如何なる薬剤を用《もち》うるかと云うことは、物質的観察《ぶっしつてきかんさつ》だけではわからぬのである。胎児《たいじ》さえも母親と血液型《けっえきがた》が異《ことな》ることがあるのである。

## 医療《いりょう》は自然良能《しぜんりょうのう》をたすける

自然療法《しぜんりょうほう》と云《い》うものがある。「自然は急速《きゅうそく》を厭《いと》う」のであって、その効果《こうか》は恰《あたか》も植物《しょくぶつ》の芽《め》が徐々《じょじょ》に伸《の》びるように自然にゆっくりと治《なお》るのである。トゲがささったらそのトゲの周囲《しゅうい》が化膿《かのう》して、自然の異物排除《いぶつはいじょ》のはたらきによってトゲの周囲の皮膚《ひふ》や肉が崩《くず》れ落ちてそのトゲを排泄《はいせつ》する。それには多分《たぶん》の時間《じかん》がかかるのである。それでも治る。しかしトゲはそれをトゲ抜《ぬ》き用《よう》の小さな器械《きかい》で挿《はさ》んで抜《ぬ》く物質療法《ぶっしつりょうほう》では雑作《ぞうさ》もなく抜けて、周囲の組織《そしき》を傷《きず》つけないで治ってしまうのである。このように上手《じょうず》な其《そ》の症状《しょうじょう》に適《てき》した医療《いりょう》は、自然の為《し》ようと為《し》ている事を、もっと早く簡単《かんたん》にして自然良能《りょうのう》をたすけるのである。しかし其《そ》の症状に適しない医療はトゲを一時一層《いっそう》押《お》し込《こ》んで見えなくし、却《かえ》って、そのトゲの抜けるのを妨《さまた》げるのである。

## 霊的喫煙《れいてききつえん》を覚《おぼ》えましょう

ヒマラヤの瑜伽《ヨーガ》の行者《ぎょうじゃ》スワミ・シヴァナンダ（シヴァナンダのヨガの行法の詳細は谷口清超氏訳『彼岸に到る道』〈日本教文社発行〉にあり。参照）は「霊的喫煙《れいてききつえん》」と云《い》う語をもって一種《いっしゅ》の神想観《しんそうかん》を勧《すす》めています。息《いき》を吸《す》うときに「私は神人《ブラーフマン》である、久遠《くおん》の生命《いのち》である」と念《ねん》じ、息を呼《は》くときに「私は朽《く》ち果《は》つべき肉体《にくたい》ではない」と念ずるのです。

この霊的喫煙の楽《たの》しさがわかって来ますと、物質的《ぶっしってき》喫煙なんて馬鹿《ばか》馬鹿しい事は嫌《いや》になって来るのです。私は偶然《ぐうぜん》、或《あ》る修行者《しゅぎょうしゃ》の集《あつま》っている会へふと予告《よこく》もなしに顔を出しますと、濛々《もうもう》として煙草《たばこ》の煙《けむり》が渦《うず》を巻《ま》いているどころか、部屋一《いっ》ぱいに其《そ》の煙が立て籠《こも》っていて誰《だれ》の顔だかハッキリ見えない事があったのであります。「生長《せいちょう》の家《いえ》には戒律《かいりつ》はない」と言われていることを誤解《ごかい》していられるのです。自《みずか》ら善《よ》くなる努力《どりょく》の欠乏《けつぼう》している処《ところ》に向上《こうじょう》はないのです。外《そと》からの戒律を造《つく》らないのは外から縛《しば》らない為《ため》で、自粛《じしゅく》する事は勿論必要《もちろんひつよう》です。

## 彼の病気《びょうき》は自分の心の中にある

神想観《しんそうかん》による病気治療法《びょうきちりょうほう》は相手の病気を癒《いや》すと云う考え方では可《い》けないのである。こう云う考え方は「病気」を「既《すで》にあり」としてみとめる考え方であるから「心の力」で「病気」の存《そん》在《ざい》を支《ささ》えることになって病気を消滅《しょうめつ》せしめることは出来ないのである。相手の病気をはじめから「無《な》い」と見なければならないのである。「無い」病気ならそれを消すための神想観をしないでも好《よ》いようなものであるが、「無い」病気を「ある」が如《ごと》く見ている自分の妄心《もうしん》(にせものの心)を摧破《さいは》するために、眼《め》を瞑《つむ》ってじっと相手の「完全《かんぜん》さ」を想起《そうき》してそれを一心《いっしん》に心に思い浮《うか》べるのである。だから「彼をいやす」のではなく、相手の完全さを観《かん》じて拝《おが》ませて頂《いただ》くことによって「自分の妄心《もうしん》」を癒《い》やすのである。彼の病気は自分の「心」のうちにあって、自分の「心」から病気を見る心を消したとき消えるのである。

## 神の御意《みこころ》を知るには

常《つね》に人々を「神の表現《ひょうげん》」(眼に見えぬ神とか心とかが、形にあらわれたもの)であるとして礼拝《らいはい》せよ。あなたの前に来るところの人々を、「神からの使者《ししゃ》」であると礼拝《らいはい》して応接《おうせつ》せよ。而《しか》して、「神はこの使者《つかい》を通して吾《わ》れに何を為《な》せと命《めい》じたまうか」と敬虔《けいけん》な気持《きもち》で、その人の出現《しゅつげん》の意義《いぎ》を省《かえり》みて思え。礼拝《らいはい》と敬虔《けいけん》と傾聴《けいちょう》と反省《はんせい》とを重《かさ》ねるに従《したが》って、本当に神があなたに何を望《のぞ》みたまうかが判《わか》る時が来るであろう。若《も》し、何事《なにごと》か行詰《ゆきづま》りが出るならば、その道のほかに既《すで》に他の道が用意せられているのであると信《しん》じて失望《しつぼう》する勿《なか》れ。すべての人を、事件《じけん》を、情態《じょうたい》を、神からの音信《おとずれ》であると云う気持で、そのものから神の御心《みこころ》を汲《く》み取るようにするのである。この心掛《こころがけ》を毎日怠《おこた》らず続《つづ》けているうちに、あなたの心は次第《しだい》次第に神の心を知ることに訓練《くんれん》されて来て、本当に正しく神のみこころに導《みちび》かれるようになるのである。しかし神に導かれて「これを為《な》せ」と云う使命《しめい》が下《くだ》ったと知った限《かぎ》りは、強固《きょうこ》なる意志《いし》でそれを何処何処《どこどこ》までも実行《じっこう》しなければならぬ。神の啓《けい》示《じ》を受けただけで、それを実行しないことが度重《たびかさ》なると、この次《つぎ》から啓示が受けられなくなるものである。

## 自分の「心」を自由《じゆう》に使うには

現象《げんしょう》の「肉体《にくたい》」の不完全《ふかんぜん》な状態《じょうたい》に「それで好《よ》い」と迎合《げいごう》（相手におもねりきあいしてその通りにする）してはならないと同じように、現象の「心」の状態も現在《げんざい》のままで「それで好《よ》い」と現在の不完全な状態に迎合してはならないのである。「私は肉体ではない、私の現在の心の状態は私の本当の心の状態ではない。私は霊《れい》である、神の自己実現《じこじつげん》である。無限《むげん》の愛《あい》と、無限の智慧《ちえ》と、無限の生命《せいめい》とを持っているのが自分である」と毎日機会《きかい》ある毎《ごと》に念《ねん》ずるようにするが好《よ》いのである。自分の「心」が自分の思うようにならない場合には、「私の心は、私の道具《どうぐ》である。道具はそれを使う主人《しゅじん》公《こう》の欲《ほっ》するままになるのである。だから私の心は私の思うままになる」こう毎日念ずるようにすると、自然に自分の心が自分の自由《じゆう》になるようになるのである。煙草《たばこ》や酒《さけ》を好《この》む心を治《なお》すにもこの思念法《しねんほう》を応用《おうよう》するが好《よ》いのである。

## 先生になると云《い》うことは

真渓涙骨翁《またにるいこつおう》の言葉に「人間念仏《ねんぶつ》を唱《とな》え始むれば人を審判《さば》き始める」と云《い》うのがある。信者《しんじゃ》である間《あいだ》は非常《ひじょう》に謙遜《けんそん》で深切《しんせつ》であった人が、宗教《しゅうきょう》の教師《きょうし》にでもなると急に先生振《ぶ》って威張《いば》り出す。そして、自分の下役《したやく》や信者を大声で呶鳴《どな》りつける人がある。「先生」になると云うことは此《こ》の意味で大変《たいへん》恐《おそ》ろしいことである。恐ろしいとは、魂《たましい》を驕慢《きょうまん》にする誘惑《ゆうわく》に曝《さら》されると云うことである。或《あ》る宗教の教師の修練会《しゅうれんかい》の時には、信者ばかり集《あつま》った講習会《こうしゅうかい》のときよりも、敬虔《けいけん》さが足《た》りず、理窟《りくつ》ばかり言って横柄《おうへい》で始末《しまつ》に負《お》えなかったと云う話をきいたことがある。「先生」になると云うことは「現象《げんしょう》の自分」がそんなに威張《いば》り出すことではなく、すべての人を神として拝《おが》めるようになることである。

## 心の中に天国《てんごく》がある

天国《てんごく》と謂《い》い、地獄《じごく》と謂《い》うのも結局《けっきょく》は、自分の心の状態《じょうたい》である。「心」を先にしないで「物質《ぶっしつ》状態」に天国があると思って「物質」ばかりを掻《か》き集めて天国のような状態を造《つく》り出そうと思っても、其処《そこ》には取扱《とりあつか》いに面倒《めんどう》な出来事《できごと》が色々《いろいろ》と出て来るばかりである。「樽《たる》の中の賢人《けんじん》」と呼《よ》ばれたダイオジェニスの名声《めいせい》を聞いてアレキサンダー大王《だいおう》が、彼の住んでいる「樽《たる》の住《じゅう》宅《たく》」を訪問《ほうもん》したことがある。大王はダイオジェニスに「お前の好《す》きなものを言って見い！」と言った。するとダイオジェニスは、大王に対《むか》って、「蔭《かげ》になるから、大王よ其処《そこ》を退《ど》いて下さい」と言った。彼は樽《たる》の中にいて日向《ひなた》ぼっこをしていたのであった。何物《なにもの》をも持たないで、全《すべ》てのものを持つ人とはこんな人である。

## 本当の「あなた」は愛《あい》である

神はあなたの内《うち》に宿《やど》っているのである。宿っていると言っても、あなたの中《なか》に別《べつ》の「神」と云《い》うものが寄生《きせい》していると云うことではない。肉体《にくたい》はあなたの外皮《がいひ》であり道具《どうぐ》であって、その中に宿っている「神」そのものが、「あなた」そのものなのである。「神」は「愛」である。それゆえに「あなた」そのものは「愛」である。「愛」を行《ぎょう》ずることによって、「あなた」自身が生きることになるのである。自分自身を、「憎《にく》み」を行《ぎょう》ずるような低《ひく》い卑《いや》しい存在《そんざい》だと思い違《ちが》いしてはならないのである。自分を「腹立《はらだ》つ」ようなそんな短気《たんき》な存在だと軽蔑《けいべつ》してはならない。「私は腹立つようなそんな愚《おろ》かな私でない。私は神の子である。愛に満《み》たされ、寛大《かんだい》で、包容力《ほうようりょく》が大きくて、何物《なにもの》をも宥《ゆる》すのである」と神想観《しんそうかん》の時に念《ねん》ずると短気がなくなること不《ふ》思議《しぎ》である。

## 「心」の領土《りょうど》を斯《こ》うして守りましょう

自分の内《うち》なる「神」を生かし、神の愛《あい》への叛逆者《はんぎゃくしゃ》である「怒《いか》り」や「憎《にく》み」や「心配《しんぱい》」や「取越《とりこ》し苦労《くろう》」などを自分の心の領土内《りょうどない》に侵入《しんにゅう》せしめてはならないのである。その代《かわ》りに神の愛の家来《けらい》どもであるところの「明《あか》るい心」「豊《ゆた》かな心」「寛大《かんだい》な心」「平和《へいわ》な心」「自信《じしん》」「勇《ゆう》気《き》」などの善《よ》き家来を「心」の領土の中に充分《じゅうぶん》に養《やしな》うが好《よ》いのである。若《も》し病気《びょうき》になった時には、恐《おそ》れる代りに、以上《いじょう》のような「善《よ》き家来《けらい》」をして心の中を守らしめれば、おのずから治《なお》るのである。

## ただ「真《しん》」なるもののみを求《もと》めよ

真理《しんり》は永遠《えいえん》に変《かわ》らず、ウソは間《ま》もなく曝《ば》れるのである。愛《あい》は決《けっ》して失敗《しっぱい》しないが憎《にく》みは必《かなら》ず失敗するのである。歓喜《よろこび》は実在《じつざい》であるが、悲《かな》しみは歓《よろこ》びが其処《そこ》にいないと云《い》う消極的状態《しょうきょくてきじょうたい》に過《す》ぎない。喜《よろこ》びを播《ま》いて歩け、歓喜《よろこび》を刈《か》り取ることが出来る。富《とみ》をよき事に使って他《た》を歓《よろこ》ばせれば、その富はやがて数十倍になって返って来るのである。富を悪《あ》しきことに使えば悪しき事のほか善《よ》き事は返って来ないのである。実相《じっそう》の完全《かんぜん》さを常《つね》に念《ねん》ずれば仮相《かそう》の不完全《ふかんぜん》な相《すがた》はおのずから消えるのである。実相とは実《じっ》の相《すがた》だ。「人間は神の子」と云う真理である。

## 或《あ》る日の光明《こうみょう》思念《しねん》の言葉

「われは神の子である。されば神の有《も》ちたまえる全徳《ぜんとく》を身《み》に実現《じつげん》することが出来るのである。神は無限《むげん》の富《とみ》の源泉《げんせん》である。そして我《われ》は神の世嗣《よつぎ》であるから必要《ひつよう》なるすべての物資《ぶっし》は、おのずと何らかの経路《けいろ》を通して自分の処《ところ》へやって来るのである。神の無限の供給《きょうきゅう》が通って来るところの通路《つうろ》は愛《あい》であるから私は常《つね》に愛を実践《じっせん》するのである。愛はまた智慧《ちえ》の道をひらく、それゆえにわれは、神の智慧の光《ひかり》に照《て》らされて過《あやま》ちなき道を歩《あゆ》むのである」このような言葉を神想観《しんそうかん》の時に繰返《くりかえ》し念《ねん》ずるようにすれば、自分の心の領土内《りょうどない》に愛と智慧と無限供給との念が培《つちか》われて、自然《しぜん》に、時と場所と人とに応《おう》じた適当《てきとう》な処置《しょち》がとれるようになり、失敗《しっぱい》はなくなり、成功《せいこう》は得《え》られ、心は平和《へいわ》であるから自然に健康《けんこう》も得られるのである。

## 「徳《とく》」を成就《じょうじゅ》するには

若《も》し世界のあらゆる学術的《がくじゅってき》知識《ちしき》を有《も》とうとも「徳《とく》」がそれに伴《ともな》わなかったら何の甲斐《かい》もないのである。「徳」は人に事《つか》える業《わざ》が目に視《み》えない世界に貯《たくわ》えられているもので、それは目に視えないから、物質的富《ぶっしってきとみ》のようには手で触《さわ》ることは出来ないけれども、それだけまた肉体《にくたい》が死ぬときでも「あの世」へ持って行くことの出来る宝《たから》であるのである。「徳」は人に事《つか》える業《わざ》を本質《ほんしつ》とするから、実際上《じっさいじょう》は人に事《つか》える行為《おこない》を実践《じっせん》することによって、その人に徳が備《そな》わるのである。光明皇后《こうみょうこうごう》が千人の病者《びょうしゃ》を洗浴《せんよく》(風呂に入れてあらう)してあげようと云う悲願《ひがん》を起《おこ》されたのも「徳」の成就《じょうじゅ》のためである。人の不潔《ふけつ》に思う場所を清浄《せいじょう》にして気持《きもち》よい感じを与《あた》えるのも自己《じこ》の「徳」を成就するためである。これを読んで「ああそうか。わかった」と言って実行《じっこう》しなかったら何の効果《こうか》もない。或《あ》る教団《きょうだん》で不思議《ふしぎ》に病気がなおっているのも、土建工事《どけんこうじ》の無料奉仕《むりょうほうし》作業《さぎょう》とか教会《きょうかい》の便所《べんじょ》の掃除《そうじ》とか、身を挺《てい》して他の人のいやがるような作業をよろこびと感謝《かんしゃ》とで実践して「徳」を積《つ》んでいるからである。「作業」が病気を治すのではない。心境《しんきょう》が大切《たいせつ》である。「徳」が病気を治すのである。

## 「徳《とく》」を理想《りそう》とする民主主義《みんしゅしゅぎ》

「徳《とく》」を目的《もくてき》としないで、「金《かね》」を目的にして働《はたら》くとき、ストによって自分の賃金《ちんぎん》をせり上げて人々に迷惑《めいわく》をかけるとき、「金」は得《え》られるけれども「徳」は滅《ほろ》びてしまって、残《のこ》るものとては、死ぬときには持って行けない「物質《ぶっしつ》」ばかりである。民主主義《みんしゅしゅぎ》と云《い》う掛声《かけごえ》は立派《りっぱ》であるけれども、人間の最《もっと》も尊《とうと》い「宝《たから》」であるところの「徳」を失《うしな》わしめて「物質」ばかりを主張《しゅちょう》するようにケシかけるのが民主主義であると言うならば、それは人間を生《い》かすよりも「徳」の方では、人間を殺《ころ》していることになっているのである。人間を「唯物的存在《ゆいぶってきそんざい》」として、「徳を本質《ほんしつ》とする存在」として見ないで、人間を生かそうとすると、結局《けっきょく》このような間違《まちがい》を演《えん》ずることになるのである。先《ま》ず「人間」とは如何《いか》なるものかの根本《こんぽん》を定《さだ》めて置《お》いて始めて本当の人《じん》本主義《ぽんしゅぎ》（デモクラシーの訳、民主主義の別訳）が成立《なりた》つのである。

## 幸福《こうふく》を求《もと》める人は善《よ》き言葉を使わねばならぬ

不用意《ふようい》に不祥《ふしょう》（えんぎのわるいこと）な言葉を語《かた》ってはならないのである。言葉は種子《たね》であるから、それは宇宙《うちゅう》の創化力《そうかりょく》の肥沃《ひよく》の地に落ちて、その言葉の意味するものを具象化《ぐしょうか》することになるのである。だから若《も》し幸福《こうふく》を欲《ほっ》するならば、幸福を意味し健康《けんこう》を意味し善《よ》き事を意味する言葉のみを語って、幸福の種子《たね》を播《ま》かなければならないのである。「すべての人の発《はっ》したる徒《いたず》らなる言葉は審判《さばき》の日に数えらるべし」とキリストは言っているのである。「最後《さいご》の審判《さばき》」とは必《かなら》ずしも「世《よ》の終《おわ》り」に神が神罰《しんばつ》を下《くだ》して悪《あ》しき人々を地獄《じごく》におとし、善《よ》き人々を天界《てんかい》へ上げることを意味するのではない。「審判《さばき》」とは隠《かく》れたるものが具体的《ぐたいてき》に「これは斯《か》かるものなり」とあらわれる事を言うのであるから、日々《ひび》の具体的出来事《できごと》がすべて「審判《さばき》」であるのである。日《ひ》に日《ひ》に吾等《われら》は過去《かこ》に思った言葉及《およ》び口に言った言葉を現実化《げんじつか》しつつあるのである。

## 常《つね》に健康《けんこう》を想《おも》いましょう

常《つね》に健康《けんこう》を想《おも》え。病気《びょうき》を想《おも》うべからず。常に神の無限《むげん》に若《わか》く無限に老《お》いず衰《おとろ》えざる生命《せいめい》が流れ入って自分を生《い》かしつつあるのだと想念《そうねん》せよ。あなたの肉体《にくたい》が現在《げんざい》如何《いか》なる状態《じょうたい》であるかは扠措《さてお》いて、実相《じっそう》に於《お》いて、既《すで》に完全円満《かんぜんえんまん》なる自分の本当の姿《すがた》を、瞑目《めいもく》（目をつぶる）精神統一《せいしんとういっちゅう》中に ジッと見詰《みつ》めるようにするならば、その完全円満なる「神の子」なる自分の実相が、現実《げんじつ》世界にもあらわれて来ることになるのである。人間は神の最高《さいこう》の自己実現《じこじつげん》として此世《このよ》に生み出されたのであるから、完全円満健康なのが実相（即《すなわ》ち本当の姿）なのである。その本当の相《すがた》をあらわさしめないようにした雲霧《うんむ》は、人間自身の「心の波《なみ》」即ち想念及《およ》び「コトバ」である。その雲《うん》霧《む》を晴《は》れしめて、その奥《おく》にある健康を喚《よ》び出す修行《しゅぎょう》が、実相を観ずる神想観《しんそうかん》である。

## 憎《にく》みや嫉妬《しっと》は魂《たましい》の損失《そんしつ》である

人間は霊《れい》であるから、本当の人間の幸福《こうふく》は霊的事物《れいてきじぶつ》を追求《ついきゅう》して得《え》たときに得《う》ることが出来るのである。若《も》し吾々《われわれ》が霊的発達又《はったつまた》は霊的歓喜《よろこび》に関係《かんけい》のない物質的《ぶっしってき》事物のみを得《う》るために自分の心を費《ついや》すならば、必《かなら》ず其処《そこ》には幸福を得るどころか、憎《にく》みや、嫉妬《しっと》や、争闘《そうとう》や、無数《むすう》の摩擦《まさつ》を惹起《ひきおこ》すことになり、其処《そこ》にはただ苦痛《くつう》のみがあらわれて来るのである。物がなくなったら「損失《そんしつ》」だと考える人々が多いのに、何故《なぜ》魂《たましい》の「喪失《そうしつ》」（うしなう）を損失だと考えないのだろうか。「憎み」や「嫉妬」は魂の悦《よろこ》びを減殺《げんさつ》し、本当の損失を人間に与《あた》えるものでないか。吾々《われわれ》が心に憎みや、嫉妬や、怒《いか》りや、心配《しんぱい》を抱《いだ》くことを、百万円を損《そん》したことよりも、一層大《いっそうだい》なる損失だとみとめるようにならなければ、人間は本当に自分の魂を進歩《しんぽ》させるのに懸命《けんめい》になることは出来ないであろう。

## 心を調《ととの》えれば天地《てんち》の気が和順《わじゅん》する

この世界には人間に必要《ひつよう》なすべてのものは与《あた》えられているのである。人口が殖《ふ》えたからとて、その食物《しょくもつ》が足《た》りなくなるような下手《へた》な計画《けいかく》を神様はしていられないのである。ただそれが不足《ふそく》するのは人間が争《あらそ》う心を起《おこ》し、隔《へだ》てる心を起し、閉《し》め出す心を起し、豊《ゆた》かにあっても乏《とぼ》しき処《ところ》に与えることを拒《こば》んでいるからに過《す》ぎない。すべて此等《これら》のことは心の問題《もんだい》であって、心さえ整《ととの》えば世界の食糧《しょくりょう》などは既《すで》に豊かにあるのである。天変地変《てんぺんちへん》や、水害《すいがい》で農作物《のうさくぶつ》の収穫《しゅうかく》が得《え》られなくなるのも、心の問題である。人心騒然《じんしんそうぜん》（さわぐさま）として互《たがい》に争い合うから、その反映《はんえい》として天地《てんち》の気が和順《わじゅん》（おだやかにやわらぐこと）せず、色々《いろいろ》の天地の変動《へんどう》が起って災害《さいがい》を蒙《こうむ》るのである。何よりも「心」がもとである。心を調《ととの》えることから始めねばならぬ。

## ただ実相《じっそう》の世界のみある

「実相《じっそう》の世界」と「現象《げんしょう》の世界」と二つの対立《たいりつ》せる世界があるのであって、自分は今現《げん》に貧《びん》乏《ぼう》であるけれども、本当は金持《かねもち》である――こう云う考え方をしてはならないのである。『天使《てんし》の言葉』（編註・生長の家のお経《きょう》）には「生長《せいちょう》の家《いえ》無数《むすう》に建《た》ち並《なら》びて甍《いらか》列《れつ》をなし住民《じゅうみん》悉《ことごと》く鼓腹《こふく》撃壌《げきじょう》し……これ実相世界、そのほかに世界あることなし」と書かれていることに注意《ちゅうい》しなければならないのである。実相世界のほかに世界あることなしであるから、現《げん》に今自分が悩《なや》んでいる現象世界など、存在《そんざい》しないのである。現に今、自分は完全円満《かんぜんえんまん》にして豊富華麗《ほうふかれい》な実相世界に住んでいるのである。それなのに、自分が誤《あやま》った信仰《しんこう》や妄念迷想《もうねんめいそう》によって、悩みある世界を見ているに過《す》ぎないのである。

## 神は誰《たれ》かの犠牲《ぎせい》が必要《ひつよう》な世界を造《つく》らない

多くの不幸《ふこう》は、自分が犠牲《ぎせい》を捧《ささ》げなければ幸福《こうふく》になれないと云《い》うような迷信《めいしん》から来ているのである。併《しか》し、生長《せいちょう》の家《いえ》の説《と》く、この新しい真理《しんり》に触《ふ》れたならば、「犠牲」を捧《ささ》げるなどと云う考えを捨《す》てなければならないのである。什一献金《じゅういつけんきん》の如《ごと》きも、決《けっ》して幸福《こうふく》を得《う》るための「犠牲」ではないのである。それは神の国を地上に顕現《けんげん》する神業《かみわざ》への積極的《せっきょくてき》なる協力《きょうりょく》であって犠牲ではないのである。諸君《しょくん》が「真理」に触れたならば、あらゆる点に於《お》いて、今までの生活様《よう》式《しき》、ものの考え方等《など》について根本的《こんぽんてき》に変革《へんかく》しなければならないのである。犠牲の必要《ひつよう》もなければ罪《つみ》のつぐないの必要もないのである。罪のつぐないと云うが如《ごと》く、罪は、善行《ぜんこう》と対立《たいりつ》した目《め》方《かた》をもって、天秤《てんびん》の一方《いっぽう》の皿《さら》に乗るような存在《そんざい》ではない。

## 人間には自覚《じかく》している以上《いじょう》の力が内在《ないざい》する

「盲人蛇《めくらへび》に怖《お》じず、盲人《めくら》となって蛇をふみつぶせ」と云《い》うことが『智慧《ちえ》の言葉』に書いてあります。これは若《も》し自分自身が、自分の恐怖心《きょうふしん》で自分自身の能力《のうりょく》を限《かぎ》らなかったならば、現在《げんざい》自分が発揮《はっき》しているよりも余程大《よほどおお》いなる力を発揮することが出来ることをあらわした箴言《しんげん》（ちえの言葉。かくげん）であります。人は幼《おさな》い時には多くの希望《きぼう》と夢《ゆめ》とをもっていましたが、その智力《ちりょく》や体力《たいりょく》がまだ幼いために、思うようにその希望と夢とを実現《じつげん》することが出来ないで、幾度《いくど》も躓《つまず》き倒《たお》れ、そして自信《じしん》を失《うしな》ってしまったのです。吾々《われわれ》は再《ふたた》び真理《しんり》を知ることによって、「人間神の子無限《むげん》力《りょく》」であることを再確認《さいかくにん》し、幼児《ようじ》の時に失った自信《じしん》を恢復《かいふく》しなければならないのです。そしてそれを恢復し得た程度《ていど》に従《したが》って、その人の実力《じつりょく》は増加《ぞうか》するのです。

## 失敗《しっぱい》は進歩《しんぽ》への蹈石《ふみいし》である

吾々《われわれ》が若《も》し失敗《しっぱい》するならば相手や環境《かんきょう》が悪《わる》いのではないのである。自分自身の心が間違《まちが》っていたのである。形にあらわれたる失敗は、心の間違《まちがい》を形に映《うつ》して見せてくれる鏡《かがみ》なのである。だからその失敗を鏡面《きょうめん》に映った「心」の影《かげ》であるとして、自分の「心」を反省《はんせい》して改《あらた》めれば、失敗は却《かえ》って次《つぎ》の成功《せいこう》の蹈石《ふみいし》になるのである。だから失敗しても失望《しつぼう》することは要《い》らない。その形のあらわれを自分の教師《きょうし》であると感謝《かんしゃ》して、心を改めて、改めた心を基礎《きそ》(もとい。いしずえ)として行動《こうどう》にそれを実践《じっせん》する(じっさいにおこなう)ならば次は必《かなら》ず成功するのである。行わないで進歩《しんぽ》すると云うことはあり得ない。心を改めたら、改めた通り行動することが必要《ひつよう》である。いつまでも間違をくよくよ思うな。失敗は蹈石《ふみいし》である。蹈石の上にいつまでも留《とど》まっていては、次に進むことは出来ないではないか。

# 第九章　繁栄《はんえい》と成功《せいこう》への智慧《ちえ》

## 自信力《じしんりょく》は推進《すいしん》の原動力《げんどうりょく》である

すべての資格《しかく》や能力《のうりょく》や条件《じょうけん》が同じであったら、その人が成功《せいこう》し、又《また》は幸福《こうふく》を得《う》る程度《ていど》は、その人の自信力《じしんりょく》の多少によって定《さだ》まるのである。優秀《ゆうしゅう》なる才能《さいのう》を有《も》ちながら自信力が欠乏《けつぼう》しているために、常《つね》に後退《しりごみ》していて、その優秀なる能力を発揮《はっき》し得《え》ないで、いたずらに為《な》すことなく人生を過《す》ごしてしまう人も多いのである。自信力は船を推進《すいしん》する力のようなもので「優秀なる能力」と称《い》う宝《たから》を満載《まんさい》している船も、その船を推進する力を持たない場合には、その船は立《た》往生《おうじょう》して目的《もくてき》の処《ところ》へ搬《はこ》んで行くことは出来ないのである。自信力と云《い》うのは心の力である。それは内部《ないぶ》にある「素晴《すば》らしきもの」を表現《ひょうげん》するための原動力《げんどうりょく》であるのである。如何《いか》に内部に「神の子」として素晴しきものを包蔵《ほうぞう》(内につつんでもっている)していようとも表現することが出来なければ甲《か》斐《い》なきことである。

## 心の深層《しんそう》にある劣等感《れっとうかん》

自信力《じしんりょく》の必要《ひつよう》なことが解《わか》っただけで、その自信力を養成《ようせい》する方法《ほうほう》を知らなければ何にもならない。自信力は養成し得《う》るものであることを先《ま》ず知らなければならない。自信力は先ず「心」の中にあるのである。その「心」と云《い》うのも、表面《ひょうめん》の心即《すなわ》ち「現在意識《げんざいいしき》」の中にのみあるのではないのである。自信力は心の深層《しんそう》すなわち「潜在意識《せんざいいしき》」の中に印象《いんしょう》されている「成《せい》功《こう》の予感《よかん》（これから出て来る未来のことを何となく感ずる）」としてあるのである。だから「自信力の養成」は必然的《ひつぜんてき》に「劣等《れっとう》感《かん》の克服《こくふく》」と「人間は神の子」だと云う暗示《あんじ》を与《あた》える問題《もんだい》を含《ふく》んでいるのである。自信力がないと云うことは、先ず幼《おさな》い時に何かをやって失敗《しっぱい》した——其《そ》の印象が深《ふか》く心の深層に残《のこ》っていて、「今度もまた失敗するに違《ちが》いない」と云う予想《よそう》が先に立って何事《なにごと》も出来なくさせているのである。

## 誰《たれ》でも失敗《しっぱい》はある、失敗に悲観《ひかん》するな

誰《たれ》でも、どんな能力《のうりょく》のある人でも、現象界《げんしょうかい》にそれを応用《おうよう》する場合には、十の成功《せいこう》のうちに

二つや三つは旨《うま》く行《ゆ》かぬ事柄《ことがら》があるものである。どんな横綱力士《よこづなりきし》でも百場所のうち十五日間全部を勝《か》ち放《はな》すことは出来ないのと同じことである。そのような場合に、その「旨《うま》く行かなかった」場合だけを心に留《と》めて、「自分は駄目《だめ》だ！」と思い込んでは劣等感《れっとうかん》を増加《ぞうか》するばかりだと云うことになるのである。一《いっ》ぺんの失敗《しっぱい》でも、百遍《ひゃっぺん》心に繰返《くりかえ》せば、百遍自分の心に印象《いんしょう》されることになるのである。こうして一つの失敗は、それを想《おも》い起《おこ》すたび毎《ごと》に、百倍、千倍、万倍に印象せられることになる。そしてこれが劣等感の原因《げんいん》になる。だから劣等感を無《な》くしようと思ったならば、失敗をしたことを数《かぞ》えることを止《や》めて、成功したことを数える方がよいのである。

## 失敗《しっぱい》を如何《いか》に取扱《とりあつか》うか

失敗《しっぱい》を考えず、成功《せいこう》したことばかり考えて有頂天《うちょうてん》になっているのでは、脚下照顧《きゃっかしょうこ》をわすれることが起《おこ》る。脚下《あしもと》をしっかりと瞶《みつ》めて行《ゆ》かなければ断崖絶壁《だんがいぜっぺき》から奈落《ならく》（地獄と云ういみの梵語）底《てい》に墜落《ついらく》するかも知れない。そこで失敗は、ふたたび奈落の底《そこ》に墜落しないために何事《なにごと》かを教《おし》えていると云うことを知らなければならない。「失敗」を見るのに、自分の「能力《のうりょく》の低《ひく》い証拠《しょうこ》」として見ないで、今後の「成功」を約束《やくそく》するための「教科課程《きょうかかてい》」として、「何故《なにゆえ》にこれは失敗したか、その原因《げんいん》を知れ」と云う問題《もんだい》が出たとして、その失敗の「原因」を検討《けんとう》(しらべた ずねる)して、再《ふたた》びその原因を繰返《くりかえ》さないようにすれば、「失敗の原因」が無《な》くなるから「結果《けっか》としての失敗」もなくなる。失敗を自分の「無能力《むのうりょく》」と連想《れんそう》させないで、将来《しょうらい》の成功を約束する「教科課程」として見ることが必要《ひつよう》である。

## 失敗《しっぱい》と成功《せいこう》とを如何《いか》に取扱《とりあつか》うか

失敗《しっぱい》を「成功《せいこう》のための課程《かてい》」として取扱《とりあつか》うと同時《どうじ》に、成功や勝利《しょうり》は「ただ偶然《ぐうぜん》の産物《さんぶつ》」として有頂天《うちょうてん》になって、「われ神の子だから、何でも出来る」と易々加減《いいかげん》な安心感《あんしんかん》を持っているだけでは、将来《しょうらい》、必《かなら》ず成功と勝利とが得《え》られるかどうかは疑《うたが》わしいのである。「われ是《これ》を為《な》さんとす、神が為《な》さしめ給《たま》うのであるから必ず成就《じょうじゅ》する」と云《い》う最初《さいしょ》の必勝《ひっしょう》の信念《しんねん》が必要《ひつよう》なのは言うまでもないのであるが、その信念だけで万事了《ばんじおわ》れりとして手を拱《こまね》いているだけでは成功は得られないのである。成功と勝利との要素《ようそ》には緻密《ちみつ》なる計画《けいかく》と、用意周到《よういしゅうとう》なる実行《じっこう》とが必要なのである。そのためには「失敗」を将来の「成功のための教材《きょうざい》」として研究《けんきゅう》すると同時に過去《かこ》の「成功」に就《つ》いて何が故《ゆえ》に成功したかを周密《しゅうみつ》に(周到綿密ゆきと どいてこまかく)検討《けんとう》することが必要である。

## 臆病《おくびょう》を無《な》くするには

さて、其《そ》の「失敗《しっぱい》の原因《げんいん》」となった要素《ようそ》が、自分の臆病《おくびょう》から来たものであると云《い》うことが過去《かこ》の事物《じぶつ》を検討《けんとう》してわかったならば、「自分は臆病だから駄目《だめ》だ」と考えることを止《や》めて、「臆病」とは全然反対《ぜんぜんはんたい》の要素を自分の「心」の中へ追加《ついか》するようにすればよいのである。「臆病」の反対の要素と云うのは、「大胆《だいたん》」と「勇敢《ゆうかん》」とである。こう云う場合には「自分は神の子であるから、決《けっ》して何物《なにもの》をも恐《おそ》れない、自分は大胆と勇敢との美徳《びとく》を兼備《かねそな》えているから、常《つね》に断行《だんこう》すべき場合には、何事《なにごと》にも、大胆勇敢に邁進《まいしん》するのである。自分は〝大胆〟そのものであり、〝勇敢〟そのものである」と云う言葉を起床時《きしょうじ》、就眠時《しゅうみんじ》の精神《せいしん》の落著《おちつ》いた時、又《また》は神想《しんそう》観《かん》のときに自己暗示《じこあんじ》するようにすれば、臆病の欠点は除《のぞ》かれて断行の勇気《ゆうき》を得《う》るのである。

## 神の智慧《ちえ》を受取《うけと》るには

若《も》し吾々《われわれ》が計画《けいかく》に緻密《ちみつ》（こまかいところまでもくわしいこと）な智慧《ちえ》を欠《か》いていたために失敗《しっぱい》したのであったならば、「自分は智慧が足《た》りない、もう駄目《だめ》だ」などとは考えないで智慧をグングン自分に流し入れるようにしたら好《よ》いのであります。実際《じっさい》そんなことが出来るかと疑《うたが》う人があるかも知れませんが、それは何でもありません。宇宙《うちゅう》には無限《むげん》の智慧が充《み》ち満《み》ちているのであります。その智慧を自分に汲《く》みとれば好《よ》いのです。そのためには、神想観《しんそうかん》のときに次《つぎ》のように祈《いの》ると宜《よろ》しい。「神よ、私の生命《いのち》をあなたが私に使命《しめい》づけられた仕事《しごと》のために捧《ささ》げます。その使命を遂行《すいこう》するために必要《ひつよう》な智慧《ちえ》を私に与《あた》えたまえ。」このように一心《いっしん》に祈ってから暫《しばら》く、その智慧の流れ入るのを受けるつもりで、「受身《うけみ》」の心で静《しず》かに精神統一《せいしんとういつ》して待《ま》つが宜《よろ》しい。

## 運命《うんめい》の転換《てんかん》のための自壊作用《じかいさよう》

仕事《しごと》の成功《せいこう》を求《もと》めるために、「神よ、私の生命《いのち》をあなたが私に使命《しめい》づけられた仕事のために捧《ささ》げます」と言って祈《いの》った場合、あなたは其《そ》の仕事に失敗《しっぱい》するかも知れません。それを迷《まよ》いの自壊作用《じかいさよう》（今までのものが自分の力でくだけること）と言うのです。あなたの現在《げんざい》やっている仕事が、「神があなたに使命づけられた仕事」でなかった場合には、その仕事を自然《しぜん》に止《や》めるようになるのは当然《とうぜん》のことなのです。いくらあなたが「神の使命づけない仕事」に一時的に成功《せいこう》なさいましても、「神の使命づけない仕事」は恰《あたか》も根《ね》の無《な》い樹《き》のようなものですから、やがては枯《か》れることになるのは当然なのです。しかし「神が使命づけた仕事」に到著《とうちゃく》するまでは、現在与《げんざいあた》えられている仕事は、その使命に到達《とうたつ》する課程《かてい》としての練成《れんせい》であると思い、一心《いっしん》に真心《まごころ》をもって其《そ》の仕事に邁進《まいしん》

（つきすすむ）すれば、やがてそれを踏石《ふみいし》として次《つぎ》の仕事があらわれて来るのです。

## 成功《せいこう》と繁栄《はんえい》との要素《ようそ》

成功《せいこう》の要素《ようそ》の一つは、「精神《せいしん》の明《あか》るさ」と云《い》うことです。それが成功の要素の全《すべ》てではありませんが非常《ひじょう》に重要《じゅうよう》な要素です。凡《あら》ゆる成功の他《た》の要素を備《そな》えていても、「精神の明るさ」が無《な》いために人から排斥《はいせき》され、仕事《しごと》が繁昌《はんじょう》しなくなることもあるのです。しかし心さえ明るくしておれば他の要素は不必要《ふひつよう》かと云うとそうではありません。家庭《かてい》の調和《ちょうわ》、従業員《じゅうぎょういん》の調和、と云うことが必要です。調和のあるところに繁栄《はんえい》の雰囲気《ふんいき》が漲《みなぎ》るものなのです。商売《しょうばい》ならば顧客《こきゃく》を礼拝《らいはい》し感謝《かんしゃ》する心を常《つね》に起《おこ》し、そして儲《もう》けるよりも顧客のためを思う心になって、顧客に喜《よろこ》んで貰《もら》いたいと云う心を起すことが必要です。「是非《ぜひ》買って貰《もら》わねばならぬ」と云う心を起してはなりません。そんな心を起したら「相手を縛《しば》る心」ですから客が窮屈《きゅうくつ》に感じて店《みせ》に入《はい》って来ないのです。百貨店《ひゃっかてん》が繁昌《はんじょう》するのは其処《そこ》へ行《ゆ》けば何でもあって便利《べんり》だからですが、店員《てんいん》が客を縛る心がないからです。

## すべてを祝福《しゅくふく》するための祈《いの》り

「神のみが実在《じつざい》であって、今われを祝福《しゅくふく》したまう」事務所《じむしょ》で仕事《しごと》をしている時にも、御飯《ごはん》を食べている時にも、店でお客と応対《おうたい》している時にも、この言葉を心のうちに唱《とな》えて、この「仕事」が神であって今私を祝福してい給《たま》うのである。この御飯が神であって、今私を祝福し養《やしな》い給うているのである。このお客が神であって今私を祝福しに来ていられるのである。こう云う気持《きもち》になることが、あなたを繁昌《はんじょう》させ成功《せいこう》させ幸福《こうふく》にならしめる心的原因《しんてきげんいん》となるのである。もし気に食《く》わぬ人が来た場合にはやはり「神のみ実在であって、今この人を通して私を祝福するために来《きた》り給《たま》うたのである」と繰返《くりかえ》し繰返し念《ねん》ずるならば、敵《てき》と見える人も味方《みかた》と変《へん》じ、自分の不快感情《ふかいかんじょう》も腹立《はらだ》ちの感情も自然《しぜん》温《あたたか》い感情に変化《へんか》してしまうのである。

## 自覚《じかく》と目的《もくてき》と行動《こうどう》と

今、神が私を祝福《しゅくふく》していたまう。此《こ》の「今」の自覚《じかく》が大切《たいせつ》なのである。常《つね》に「今、此処《ここ》に神が吾《わ》れと偕《とも》にあり給《たま》うてわれを祝福し護《まも》りたまう」と念《ねん》じ、信《しん》ずることが大切であるのである。次《つぎ》には「今」既《すで》にわが求《もと》むる事物《じぶつ》は実際《じっさい》に爰《ここ》に与《あた》えられているのだと信ずることが必要である。かくて、「神と偕《とも》にある力」が第一に確認《かくにん》され、次に、何を得《う》べきかが定《さだ》められ——それが実際《じっさい》にあると云うことが確認されたわけで、その次には「その既にあるもの」を得るように行動《こうどう》することによって、それが現実《げんじつ》に得《え》られることになるのである。いくら信念を持ち、目的物《もくてきぶつ》を定《さだ》めても、実際に行動を起《おこ》さなかったら、その目的物は自分の方へ跳《と》び込《こ》んでは来ないのである。

## 流れる水は腐《くさ》らない

どんなに清《きよ》らかな水でも流れずにじっと溜《たま》っていたら腐《くさ》ってしまう時が来るのである。どんなに繁昌《はんじょう》している職業《しょくぎょう》でも商売《しょうばい》でも、常《つね》に一層改善《いっそうかいぜん》される方法《ほうほう》を研究《けんきゅう》し、注意深《ちゅういぶか》く一層能《のう》率《りつ》を挙《あ》げ、一層よき物を提供《ていきょう》するように努力《どりょく》を払《はら》わなければ、流行《りゅうこう》にはおくれるし、新しき設備《せつび》は他に設《もう》けられ、自分の事業《じぎょう》は退転《たいてん》するより仕方《しかた》がなくなるのである。「人間」そのものの養成《ようせい》も同じことであって、百年一日《ひゃくねんいちじつ》の如《ごと》く、その「人間」そのものが進歩《しんぽ》しないでは、その人間は陳腐《ふるくさ》くなってしまい、世界の進歩におくれてしまい、世の中から顧《かえり》みられなくなってしまうのです。絶《た》えず進歩する者は心が常に新しいから老《お》いることも少《すく》なく常に健康《けんこう》であり得《う》るのである。

## 生きている物は新しい芽《め》を出す

樹木《じゆもく》でも生きている限《かぎ》りは、絶《た》えず新しき芽《め》を出し、一寸《いっすん》でも一分《いちぶ》でも必《かなら》ず常《つね》に伸《の》びて行《ゆ》くのである。今年《ことし》は芽が出ないし、枝《えだ》も伸びないのはどうした訳《わけ》かと調《しら》べて見ると、その樹《き》は既《すで》に枯《か》れているのである。人間でも、もう少しも新しい計画《けいかく》(新芽《しんめ》)を考える力がなくなり、少しも新しく発展《はってん》しなくなったときには、既《すで》に、その人の生命《いのち》は枯れつつあるのである。常に新しきことを考え、計画し、新しき事に興味《きようみ》を持つ間《あいだ》はその人は老《お》いないのである。常に何事《なにごと》でも、少しずつでも改良《かいりよう》して行く心掛《こころが》けは、新しき想念《そうねん》を生み出す原動力《げんどうりよく》となるのである。そして想念こそは肉体《にくたい》を崩壊《ほうかい》せしめず或《あ》る一定《いってい》の形に維持《いじ》する力であるから、新しき想念を生み出している限り人間は老いないのである。

## 競争者《きようそうしや》を進歩《しんぽ》の契機《けいき》だと思え

競争者《きようそうしや》があらわれると云《い》うことは、その人の内部《ないぶ》に宿《やど》っている「無限《むげん》の可能性《かのうせい》」を現象界《げんしようかい》に引出《ひきだ》す契機《けいき》を与《あた》えることになるのであるから、競争者を憎《にく》んではならないのである。殺《ころ》し合いの戦争《せんそう》と云うものは好《この》ましいものではないけれども、戦争と云うものは生命《いのち》を賭《か》けて競争をするものであり、敗《ま》ければ殺されるのであるから、戦争をかまえながら、其《そ》の間《あいだ》に発明《はつめい》される科学的装置《かがくてきそうち》と云うものは平和《へいわ》のみの時のそれに比《くら》べると十数倍するのである。吾々《われわれ》は、ストライキなどに自分の生命《せいめい》を浪費《ろうひ》する暇《ひま》に、平和時《へいわじ》に於《お》いて、戦時《せんじ》と同じような生命《いのち》を賭《か》けての真《しん》剣《けん》さをもって、新しき創意《そうい》を工夫《くふう》し、新計画《しんけいかく》を発案《はつあん》し、それを平和産業《さんぎょう》や、人類《じんるい》の厚生《こうせい》のために利用《りよう》することに応用《おうよう》するならば、やがて賃金闘争《ちんぎんとうそう》などの必要《ひつよう》のないところの日常《にちじょう》生活に物資《ぶっし》の豊《ゆた》かな楽《たの》しい世界が現《あらわ》れる。

## 人間が新しくなるために

常《つね》に新しいアイディアを生み出して行くところに人間の進歩《しんぽ》があるのである。繁昌《はんじょう》している店のショー・ウィンドーの陳列品《ちんれつひん》は一週間して行って見ると全然《ぜんぜん》新しくなっているのである。百年一日《ひゃくねんいちじつ》の如《ごと》く同じ商品を同じように列《なら》べている店は繁昌のしようがないのである。地方の洋装店主《ようそうてんしゅ》や美容術師《びようじゅつし》は一ヵ月に一度位《ぐらい》は上京《じょうきょう》して最新《さいしん》の東京《とうきょう》の流行《りゅうこう》と雰囲気《ふんいき》に触《ふ》れねば、洋装のスタイルも、洋髪《ようはつ》のスタイルも流行おくれになって客が来なくなるのである。都会《とかい》は常に新しい想念《そうねん》で動いている。それは悪《わる》い意味では軽薄《けいはく》だと言うことも出来るが、それだけ生命《せいめい》が溌剌《はつらつ》として動いているのである。田舎《いなか》の人は落著《おちつ》いていて著実《ちゃくじつ》で、誠実《せいじつ》で、十年一日《じゅうねんいちじつ》の如《ごと》く同じ習慣《しゅうかん》を守っているかわりに、生命の流動《りゅうどう》のテンポがおそいのである。新しい想念の進歩がないから田舎《いなか》の人は空気が良《よ》い割合《わりあい》に早く老《お》いるのである。常に内部の生命が進歩する人は老いない。

## 日《ひ》に進歩《しんぽ》する店と進歩する人

毎日見ている自分の店の恰好《かっこう》などは、見るのに慣《な》れてしまって其《そ》の欠点《けってん》がわからないが、都《と》会《かい》の流行《りゅうこう》を見て来た客がたまに其《そ》の店を訪《おとず》れて百年一日《ひやくねんいちじつ》のような品物《しなもの》の列《なら》べ方をしてあるのを見れば、その店の進歩の無《な》さが眼《め》について、その店の品物《しなもの》など買う気にならないに相違《そうい》ないのである。東京《とうきょう》の大百貨店《だいひやつかてん》でも、数年に一度は大改築《だいかいちく》や大増築《だいぞうちく》を行《おこな》って、日《ひ》に日《ひ》に進んで行く大衆《たいしゅう》の鑑賞眼《かんしょうがん》におくれないようにしなければ、その百貨店は流行おくれになってしまって繁《はん》昌《じょう》しなくなるのである。私は店や商売《しょうばい》のことばかりを言っているのではない。店でさえその通りであるから、人間は毎日何事《なにごと》かを自分について改良《かいりょう》し、何事か新しき想念《そうねん》を加《くわ》え、日に日に新しくならなければ人後《じんご》に落《お》ちるのである。

## 貧乏《びんぼう》に打《う》ち克《か》ちましょう

貧乏《びんぼう》と云《い》うものも単《たん》に物資《ぶっし》が足《た》らぬと云うだけのものではなく、これは心の病気《びょうき》であり、間《ま》違《ちが》った考え方が経済界《けいざいかい》にあらわれたものに過《す》ぎないのである。人間は神の子であり、神は宇宙《うちゅう》の創造《つく》り主《ぬし》であり、神の子たる人間を豊《ゆた》かに生活せしめ給《たま》うのが神の意志《いし》であるから、本来《ほんらい》、人間は其《そ》の可能性《かのうせい》として「無限《むげん》の富《とみ》」を内《うち》に蔵《ぞう》しているのである。その人間が偶々貧乏《たまたまびんぼう》であったりするのは、それは当《あた》り前のことではなく異常現象《いじょうげんしょう》だと言わなければならないのである。貧乏は人間が神の子たる本質《ほんしつ》と矛盾《むじゅん》するのである。人間が富《と》むためには先《ま》ず自覚《じかく》を更《か》えなければならない。人間は貧乏が当り前だと信《しん》じていて貧乏から脱出《だっしゅつ》する努力《どりょく》をつづけても其《そ》の効《こう》果《か》は乏《とぼ》しいのである。

## 富《とみ》を得《う》るには

ストライキをして大金持《おおがねもち》になった人を見たことはないのである。努力《どりょく》と働《はたら》きとを出来るだけ少《すく》く出して、出来るだけ多くの賃金《ちんぎん》を得《え》ようと云う考え其《そ》の物が「心の法則《ほうそく》」に対して貧乏《びんぼう》を呼出《よびだ》しつつあるのである。世界中の貧乏人《びんぼうにん》の九十九パーセントまでは、「暗《くら》い考え」をもっている。常《つね》に「自分」を改造《かいぞう》し進歩《しんぽ》さす努力が足《た》りない。常に自分の「仕事《しごと》」を改良《かいりょう》する努力が足りない。多分《たぶん》に利己主義《りこしゅぎ》であって、眼前《めさき》の小利《しょうり》を小掬《こずく》いするために他《ひと》に損《そん》をかけていて、他《ひと》を喜《よろこ》ばすにはどうすればよいかを考えないのである。真理《しんり》を言えば、富《とみ》と云うものは他《ひと》を喜ばした報酬《ほうしゅう》として自分に与《あた》えられるものであるから始終《しじゅう》より良く他《ひと》を悦《よろこ》ばすために、常に自《じ》己改造《こかいぞう》と自分の「仕事」又は商品の改良《かいりょう》をしている者のみが本当に富《と》んで来るのである。

## 自己《じこ》をもっと信頼《しんらい》しましょう

自己《じこ》を信頼《しんらい》するということは強固《きょうこ》なる人格《じんかく》の特徴《とくちょう》である。自己を「神の子」なりとして信頼する者は、一時如何《いか》なる逆境《ぎゃっきょう》（境遇《つらい》）におかれようとも、やがては、必《かなら》ず再《ふた》び立上《たちあが》る勇気《ゆうき》と手段《しゅだん》とを見出《みいだ》すことが出来るのである。一遍《いっぺん》や二遍《にへん》の失敗《しっぱい》で失望落胆《しつぼうらくたん》してしまう者は、無限《むげん》の可能性《かのうせい》がある「神の子」の自覚《じかく》が足《た》りないのである。彼は弱者《じゃくしゃ》である。弱者とは本来《ほんらい》「弱者」ではなく、「神の子」の自覚が足りないだけである。「神の子」の自覚を恢復《かいふく》したならば、弱者もたちまち強者《きょうしゃ》となるのである。「神の子」に貧乏《びんぼう》はない、病弱《びょうじゃく》はない。貧乏や病弱の想念《そうねん》をあなたの心の隅々《すみずみ》から抹殺《まっさつ》（消す《こすり》）せよ。あなたの動作《どうさ》、表情《ひょうじょう》、寝具《しんぐ》、服装《ふくそう》——等《など》——あなたの身辺《しんぺん》にある一切《いっさい》のものから貧乏と病弱との想念を抹殺せよ。そこから本当の「富《とみ》」が芽生《めば》え始めるのである。

## 「徳《とく》」は一切《いっさい》の富《とみ》の源泉《げんせん》である

吾々《われわれ》の「徳《とく》」がそこに整《ととの》うたとき、その「徳」に値《あたい》する一切《いっさい》のものが既《すで》に其処《そこ》に成就《じょうじゅ》せられているのである。だから、外形《がいけい》の「富《とみ》」を求《もと》めるよりも、「富」にふさわしい「徳」を積《つ》むことこそ先《ま》ず第一である。「徳」が整えばその余《よ》のものは一切おのずから加《くわ》えられるのである。この事をキリストは、「先《ま》ず神の国と神の義《ただ》しきを求めよ、その余《よ》のものは汝《なんじ》らに加《くわ》えらるべし」と教《おし》えたのである。若《も》し何か高価《こうか》なものを、それを得《う》るだけの「徳」を備《そな》えていないものが得たとするならば、それは「借《か》り越《こ》し」になっているのであるから、やがて其《そ》の得《え》たと思っていた「富」も土崩瓦解《どほうがかい》して「無《む》」に帰《き》してしまうのである。「徳」を積むことを先ず心掛《こころが》けて、「富」を先に心掛けてはならない。

## 機会《きかい》は何処《どこ》にあるか

「好機会《こうきかい》をつかむ」と云《い》う言葉があるが、好機会は常《つね》にあるのである。しかし「つかむ」のは自分自身の心境《しんきょう》の問題《もんだい》である。自分の心境が開《ひら》いていなかったら、「好機会」が戸《と》を叩《たた》いていてさえも、戸を開いて入れることが出来ないのである。実際《じっさい》、吾々《われわれ》の心境がそれに相応《ふさわ》しくなったとき、何事《なにごと》でも出来ないことはないのである。多くの実業界《じつぎょうかい》の名士《めいし》が、実業界に成功《せいこう》しているのは、彼らの心境が実業界に成功するに相応《ふさわ》しい状態《じょうたい》になっているからである。或《あ》る会社の重役《じゅうやく》が羨《うらやま》しいからとて、社員《しゃいん》の一人を其《そ》の重役の位置《いち》に仮《か》りに抜擢《ばってき》（よりぬいて上へあげる）して据《す》えてみても、前の重役の通りの仕事が出来るかどうかは疑問《ぎもん》である。その人の心境によっては、前の重役よりも成績《せいせき》を挙《あ》げ得《う》るが、その反対《はんたい》の場合も多い。心がどの程度《ていど》その仕事に相応《ふさ》うかが問題だ。常に自分を磨《みが》いている者には事件《じけん》が起《おこ》るごとに好機会が来るのである。

## 祝福《しゅくふく》（幸福への祈り）を如何《いか》に受けるか

神は貴方《あなた》を祝福《しゅくふく》し給《たま》うている。それは本当だ。しかしそれは空気が既《すで》に無限《むげん》に与《あた》えられているのと同じことなのである。人類《じんるい》にとってその無限の「祝福」であるところの空気を吾々《われわれ》が無限に受取《うけと》ることが出来るためには、先《ま》ず吾々は息《いき》を呼《は》き出すことが必要《ひつよう》であるのである。吸《す》い込《こ》む事や、貰《もら》うことばかりを心掛《こころが》けていて出すことや与えることを忘《わす》れている者は、無限の空気を吸《す》おうと思って、一度も息を呼《は》き出さずに吸ってばかりいる人と同じである。結局《けっきょく》その人は少しも吸うことが出来ないで窒息《ちっそく》してしまうほかはないのである。吾々が既《すで》に与えられている神の祝福《しゅくふく》を現実《げんじつ》に受けるためには、先ずみずからが他《た》を祝福し、他を利《り》する奉仕精神《ほうしせいしん》を起《おこ》し、奉仕を実践《じっせん》しなければならぬ。それを実践したとき、他からの祝福が入《はい》って来るのである。

## 自分の使命《しめい》を知るには

神が「汝《なんじ》これを為《な》せ」と吾々《われわれ》に使命《しめい》をハッキリ与《あた》え給《たま》うまで何事《なにごと》をもしないで待《ま》っているようなことでは機会《きかい》を逃《のが》してしまうのである。吾々の最後《さいご》の究 極的《きゅうきょくてき》(とどのつまりの)使命は、遙《はる》か遠くに雲の中に霞《かす》んでいる景色《けしき》のようなものであって、吾々が今一歩一歩前進《ぜんしん》しなければ、その使命が何であるかがわからないのである。一歩前進すれば一歩だけ前方《ぜんぽう》の景色がハッキリして来るのである。今眼《め》の前に横《よこ》たわるあなたの仕事《しごと》を忠 実《ちゅうじつ》に実行《じっこう》することは一歩前進することになり、それだけ本当の「使命」に近づきつつあるのである。まだその「使命」が何であるかがハッキリ判《わか》らなくとも、それは前進すればするほどハッキリして来るのであるからそんなことは別《べつ》に気にかけずに、今眼前《がんぜん》の仕事に誠心《まごころ》を尽《つく》すことだ。

## 「神の子」はあなたの「無限《むげん》の可能性《かのうせい》」です

現在《げんざい》のあなたの状態《じょうたい》を、其《そ》のまま「神の子」の完全《かんぜん》さだと考えてはならないのである。「神の子」とはあなたに宿《やど》る「無限《むげん》の可能性《かのうせい》」として内部《ないぶ》に、もっともっと無限に掘《ほ》り出すことの出来る金鉱《きんこう》のように横《よこ》たわっている本質《ほんしつ》なのである。その本質を掘《ほ》り出さないで、表土《ひょうど》（うわっらの土）の汚《きたな》い部分をそのまま金鉱だなどと思っては笑《わら》い草《ぐさ》になるほかはない。それと同じく、あなたの表面《ひょうめん》に今出ている位《くらい》の「善《よ》さ」で、もう「神の子」が完全にあらわれていると思ったら、それはまことに偽《ぎ》我慢心《がまんしん》と云《い》うものである。自己《じこ》の内部に横たわる神性《しんせい》の素晴《すば》しさが如何《いか》に大《だい》なるものであるかがわかるならば、現在の「いと小さき善《ぜん》」しか出来ぬ自分が羞《はず》かしくて仕方《しかた》がなくなるのである。此処《ここ》に親鸞聖人《しんらんしょうにん》が自己を顧《かえり》みて「心は蛇蝎《だかつ》（へびとさそり。〈他の人にかみつき毒をあたえる者のたとえ〉）の如《ごと》くなり」と言われた事が尤《もっと》もだとわかるものである。

## 自分以上《いじょう》の「自分」を喚《よ》び出しなさい

「私は現在《げんざい》の私《わたくし》以上《いじょう》のものである。それが毎日一層《いっそう》ハッキリ現実《げんじつ》にあらわれつつある。」こう朝目が覚《さ》めた瞬間《しゅんかん》、二十回ずつ唱《とな》えることにするのは、内部《ないぶ》の無限《むげん》の可能性《かのうせい》を毎日一層より多く現実化《げんじつか》するに適当《てきとう》な自己暗示法《じこあんじほう》だと云《い》うことが出来るのである。又《また》、夜、寝床《ねどこ》に入《はい》って将《まさ》に眠《ねむ》りに落ちようとするとき、この同じ言葉を自分の耳に聴《きこ》える程度《ていど》の声で二十回、自分の潜《せん》在意識《ざいいしき》に言ってきかせるつもりで唱《とな》えるのである。誰《たれ》でも、自分自身を「現在の状態《じょうたい》」のままで一歩も進歩《しんぽ》することが出来ないものだと考えるならば、人生は暗《くら》くなり、生《い》き甲斐《がい》が感じられなくなるものである。毎日一歩ずつでも前進《ぜんしん》していると云う自覚《じかく》があるとき人生は楽《たの》しく生き甲斐の感じが得《え》られる。

## 地獄《じごく》と極楽《ごくらく》

地獄《じごく》と極楽《ごくらく》とは各自《かくじ》の心の中にある。そして心の中にある状態《じょうたい》は外界《がいかい》に投影《とうえい》（かげをなげかける。映画のようにうつす）せられて、客観的《きゃっかんてき》に体験《たいけん》出来るから、地獄と極楽とは客観的にあるとも言えるし、体験し得《う》る世界だとも言い得るのである。若《も》しあなたが他の人に敵意《てきい》を有《も》ち、他の人を害《がい》しようと思うならば、必《かなら》ずあなたの其《そ》の想念《そうねん》は、相手に反映《はんえい》して、相手はあなたに敵意を有《も》ち、あなたを害する姿《すがた》にあらわれて来るに違《ちが》いない。即《すなわ》ち、あなたの心の世界にある地獄が客観世界に具体化《ぐたいか》したことになるのである。その反対《はんたい》に若《も》しあなたが他の人に好意《こうい》を有《も》ち、他の人のためになるように奉仕《ほうし》しようと決意《けつい》するならば、必ず其《そ》の愛念《あいねん》は相手に反映して、相手も亦貴方《またあなた》に好意を有《も》ち貴方のためをはかってくれ、忽《たちま》ち此《こ》の世界が極楽になるのである。

## あなたの希望《きぼう》を実現《じつげん》するための神想観《しんそうかん》

是《これ》を為《な》さんと決定《けってい》するまでには熟慮《じゅくりょ》することが必要《ひつよう》であるが、われひとたび此《こ》れを為《な》さんと決意《けつい》したならば、それが徹底的《てっていてき》に（トコトンまでに）遂行《すいこう》されるまでその目的《もくてき》を捨《す》ててはならないのである。凡《およ》そ大事《だいじ》を成《な》し遂《と》げた人々の歴史《れきし》を見るに、いずれも不屈不撓《ふくつふとう》の精神《せいしん》をもって目的に対して邁進《まいしん》しているのである。心に既《すで》にそれが完成《かんせい》している様《さま》をハッキリ描《えが》き出して、それを瞶《みつ》める行事《ぎょうじ》を一日一回は実践《じっせん》せよ。そして「既《すで》にそれは実相《じっそう》の世界に在《あ》り、それは今顕現《けんげん》の途中《とちゅう》にある」と繰返《くりかえ》し心に念《ねん》ぜよ。そして「それを顕現せしめるために必要《ひつよう》な行動《こうどう》を神の智慧《ちえ》によって導《みちび》き給《たま》え」と繰返し念じて後《のち》、しばらく心を静止《せいし》して受身《うけみ》の状態《じょうたい》にあらしめ「神の智慧流れ入りて吾《わ》れを導きたまう」とのみ念ずることを数分間せよ。

## 完全《かんぜん》なる実相《じっそう》のみ実在《じつざい》である

神の智慧《ちえ》によって導《みちび》かれる神想観《しんそうかん》が終《おわ》った後《のち》には、感謝《かんしゃ》して日常《にちじょう》生活の普通《ふつう》の仕事《しごと》に移《うつ》るのである。その日常生活中に、自然《しぜん》に身辺《しんぺん》に起《おこ》って来る事件《じけん》や、人々の来訪《らいほう》や助言《じょげん》などを悉《ことごと》く神からの啓示《けいじ》であると思って素直《すなお》に無条件《むじょうけん》に受取《うけと》って、実行《じっこう》出来るものは必《かなら》ず実行するようにするのが好《よ》いのである。実行するに当《あた》っては疑《うたが》いや躊躇《ちゅうちょ》（ためらいこころ）や恐怖心《きょうふしん》を挟《さしはさ》んではならない。神想観と云《い》うものは、「既《すで》に完全《かんぜん》なる実相《じっそう》」を直接《ちょくせつ》見る行事《ぎょうじ》であるから、その完全さを直視《じきし》（じかに見る）した以上《いじょう》は、疑いや躊躇や恐怖心が起《おこ》ろう筈《はず》がないのである。そんな感情《かんじょう》を起すことそのことが、「完全なる実相」はないと反対《はんたい》感情を起すことになっているから折角《せっかく》神想観で直視《じきし》したものを打消《うちけ》すことになる。現象《げんしょう》はどうあろうとも実相は完全である。そして実相のみ存在するのは恰度《ちょうど》、水を容《い》れたコップに箸《はし》を入れると現象では箸が折《お》れたように見えるが、実際は箸は折れていないようなものである。

## 神想観《しんそうかん》で病気《びょうき》を治《なお》すには

現象《げんしょう》がどんな相《すがた》をしておろうと、それは歪《ゆが》んだ硝子《ガラス》を透《すか》して見た景色《けしき》が歪《ゆが》んで見えるのと同じように、そんな歪《ゆが》んだ相《すがた》は本当は無いのであるから心を迷《まよ》わせたり恐怖心《きょうふしん》を起《おこ》したりしてはならない。神想観《しんそうかん》で職場《しょくば》の不調和《ふちょうわ》を治《なお》す場合には、どんなにひどい不調和の状態《じょうたい》をあらわしておろうとも、そんなものには眼《め》を瞑《つむ》って「無《な》い」と観《かん》じ、心眼《しんがん》をひらいて「実相の完全なる相《すがた》」を思い浮《うか》べ、その「完全なる既《すで》に調和せる相《すがた》」のみをあるとして心眼でじっと見詰《みつ》めるのである。こうして心眼が「完全さを見る」事によって心眼が平静《へいせい》になって恰《あたか》も「完全なレンズ」のようになるから、見られる現象も歪《ゆが》みなく完全になって来るのである。すなわち「完全」に見た通りに「完全」となり、癒《い》やされるのである。

## 心の底《そこ》からの深《ふか》き願《ねが》い

あなたの願《ねが》いがsincere《シンシア》 desire《デザイア》（まことに心の底《そこ》からなる願い）であるならば、その願いは既に成就しているのである。深《ふか》い魂《たましい》の底からなる念願《ねんがん》は、祈ることによってその信念《しんねん》を心の底にしっかりと植《う》えつける事が出来る。そしてその祈りは成就《じょうじゅ》するのである。キリストが「汝《なんじ》ら祈《いの》るとき先《ま》ず受けたりと信《しん》ぜよ、その祈りかなえられたり」と言い給《たま》うたのはこの意味である。凡《すべ》ての魂《たましい》の底からなる祈りはかなえられるのである。人間には如何《いか》なる事をも祈る権利《けんり》がある。しかし、何人《なんぴと》といえども、他人《たにん》から何ものをも奪《うば》う権利《けんり》はない。他人に迷惑《めいわく》を及《およ》ぼす権利はないのである。だからその祈りが成就することによって他の人に迷惑を及《およ》ぼしたり、他の人に属《ぞく》するものを奪うようになる祈りは成就しない。

自己《じこ》の純粋《じゅんすい》なる願いを神にあずけよ。「吾《わ》れ自《みず》らにては何事《なにごと》もなし得《え》ず、天の父吾《わ》れに在《いま》してなさしめ給《たま》うなり」と念《ねん》ぜよ。かく念ずるとき、「吾《わ》が願い成就せり」との確信《かくしん》が、深く深く心の底から湧《わ》き起《おこ》ってくるのである。芥子種《からしだね》ほどでも、このような確信が起って来たときには、「山さえも動いて海に入る」とキリストは教《おし》えたのである。「吾れ思うは、神思うなり」との境地《きょうち》にまで入《はい》らねばならぬ。

グレーン・クラーク氏《し》は「宇宙《うちゅう》は、唯《ただ》一つの生命《せいめい》に生かされているのであるから、或《あ》る人が家を売りたいと思うときには、世界のどこかにその家を買いたいと思っている人が居《い》るに違《ちが》いないのである」と言っている。これは、全《まった》く真理《しんり》である。家だけではない。求《もと》めるものと、求められるものとは本来一体《ほんらいいったい》であるから、何か求めるものがあれば必《かなら》ずそれを充足《じゅうそく》してくれるものがある。ただそれを呼《よ》び出す方法《ほうほう》を講《こう》ずることが必要《ひつよう》である。この方法の一つとしてクラーク氏は次《つぎ》の如《ごと》くすすめている。「一週間の間《あいだ》、自分の願いをいくつも紙に書きなさい。毎日毎日書いては読みかえしてみる。そして以前《いぜん》に書いた願いが魂《たましい》の底の底なるまことの願いであるか、正しい願いであるかを、自分自身でテストしてみるが好《よ》いのである。此《こ》のテストを続《つづ》けて行《ゆ》くにつれて、第一日の願いは第二日には訂正《ていせい》され、第二日の願いは第三日には訂正され……次第《しだい》に本物《ほんもの》の願いのみが残《のこ》ってくる。そして一週間後に、出来上《あが》った願望《がんもう》を心の底から神に祈ればよいのである。〝その願いは既《すで》にかなえられました。有難《ありがと》うございます〟と祈るのである。するとその願いはかならずかなえられるのである。」これを一層効果的《いっそうこうかてき》にするにはその前後に残った純粋《じゅんすい》なる願いを紙に書いて壁《かべ》にはりつけて置《お》き、それを見るたび毎《ごと》に「それは既に成就いたしました。ありがとうございます」と念ずるがよいのである。

アダムとイヴとがエデンの楽園《らくえん》に置かれたときには彼らは裸《はだか》であった。人間がエデンの楽園に住むためには、先《ま》ず裸になることが必要《ひつよう》である。

三途《さんず》の川《かわ》の渡場《わたしば》には脱衣婆《だつえば》と云《い》うのが居《い》て、亡者《もうじゃ》どもをはだかにする。

裸《はだか》とは「私《わたくし》」のはからいで装《よそお》わない「そのまま」の心境《しんきょう》である。人間は「そのまま」を失《うしな》ってエデンの楽園から追放《ついほう》されたのである。

この裸になる意味をキリストは、汝《なんじ》らの持てる全《すべ》てのものを売りて是《これ》を貧《まず》しき者にほどこせと言い給《たま》うたのである。それは空無我《くうむが》になれとの意味であって、物質《ぶっしつ》や、金銭《きんせん》の貧乏《びんぼう》になれと云う意味ではない。裸になるとは、あらゆる先入観念《せんにゅうかんねん》を捨《す》てて、そのままの心になる事である。そのままの心になった時、凡《すべ》てが与《あた》えられ、本当にゆたかなる生活がひらけて来るのである。

吾々《われわれ》は今、此の教《おし》えをきいて神の子として、オギャアと誕生《たんじょう》したのである。それだから、神様は、赤《あか》ん坊《ぼう》が何にも言わなくても、母親がお乳《ちち》を与えて下さるように、吾々が幼《おさ》な児《ご》の心をもっているとき、必需物《なくてならぬもの》は全て与えられるのである。

# 第十章　幸福《こうふく》になるための智慧《ちえ》

## どんな小さな仕事《しごと》でも大《だい》なる機会《きかい》である

自然科学者《しぜんかがくしゃ》にして哲学者《てつがくしゃ》であるファラディは、貧《まず》しき鍛冶屋《かじや》の息子《むすこ》として生《うま》れた。青年の頃《ころ》、彼は帝室化学研究所員《ていしつかがくけんきゅうしょいん》になろうとしてハンフリー・デーヴィ氏《し》にその旨《むね》を認《したた》めて手紙を送った。デーヴィはその件《けん》について一人の同僚《どうりょう》と相談《そうだん》して言った。「このファラディと云《い》う青年は、僕《ぼく》の講演《こうえん》をきいて大《おお》いに感銘《かんめい》して帝室化学研究所員になりたいと言って来ているのだが、入所させてやったものだろうか、どうだろうか」すると其《そ》の同僚が答えた。「薬瓶《くすりびん》の洗滌《せんでき》（あらいきよめる）係《がかり》に雇《やと》って見給《みたま》え。若《も》し彼が何事《なにごと》でも為《な》し得《う》る人物《じんぶつ》であるならば喜《よろこ》んでそれをやるに相違《そうい》ない。若《も》しそんな事は嫌《いや》だと言うならば取るに足《た》らぬ人物だ」ファラディは喜んでそれを為《し》た。彼は遂《つい》に大化学者となったのである。

## 機会《きかい》を見出《みいだ》すには斯《こ》うすれば好《よ》い

機会《きかい》と云《い》うものは人から見出《みいだ》されることの中《うち》にあり、またみずから見出すことの中《うち》にある。何処《どこ》にでも機会があるのであって、ファラディは薬瓶《くすりびん》を洗《あら》う仕事《しごと》の中《なか》に機会を見出したのである。すると、かれはまたデーヴィから見出されたのである。小さい事物《じぶつ》の中に機会がないと思ってはならない。どんな小さい事物の中にも、其処《そこ》に、人の為《ため》になる仕事なら何でも致《いた》しますと云う誠心《まごころ》と愛《あい》とがあるならば、そしてそれを実行《じっこう》するならば、それは大《だい》なる機会となり、また人から見出される機会になるのである。機会は到《いた》る処《ところ》にあるのである。人生とは機会に満《み》ちた処《ところ》である。併《しか》しそれが貴方《あなた》の幸福《こうふく》の機会になるか不幸《ふこう》の機会になるかは貴方《あなた》自身の心の持ち方と実践《じっせん》とにある。

## 快楽《かいらく》を幸福《こうふく》だと思い違《ちが》えてはならない

快楽《かいらく》は人を惑《まど》わして本当の幸福《こうふく》を奪《うば》ってしまうことがあるものである。快楽と幸福とは異《こと》なるのである。快楽は恰《あたか》も諛《へつら》い阿《おも》ねる部下《ぶか》のように一時気持《きもち》のよいような感じをさせながら実《じつ》は却《かえ》って不幸《ふこう》の世界に人間を引摺《ひきず》って行《ゆ》こうとするものである。快楽は幸福の仮面《かめん》をかぶって吾々《われわれ》を誘惑《ゆうわく》するが、快楽は結局《けっきょく》、吾々が持ちつづけることの出来ないものである。快楽は五分か十分かの短時間《たんじかん》で逃《に》げて行く。だから快楽を追《お》う人は、始終《しじゅう》それを追《お》っ駆《か》けていなければならない。そしてその人はついに奔命《ほんめい》（命ずるままに走りまわる）につかれて、自《みずか》ら滅《ほろ》びてしまわなければならなくなるのである。真《しん》の幸福は快楽にあるのではない。人を悦《よろこ》ばす愛他行《あいたぎょう》の中にこそ本当の幸福があり、この幸福感《こうふくかん》は永遠《えいえん》に持続《じぞく》するものである。

## 先《ま》ず人間の本質《ほんしつ》を見究《みきわ》めてから

所謂《いわゆる》「民主主義《みんしゅしゅぎ》」の弊害《へいがい》は、「自己《じこ》を主張《しゅちょう》する」ことを、「快楽《かいらく》を追求《ついきゅう》する」ことと思い違《ちが》えた点にある。自己を主張するとは快楽を主張することではないのである。快楽は自分の最《もっと》も大切《たいせつ》なる本性《ほんせい》である理性《りせい》をくらましてしまうことがあるために、快楽は吾々《われわれ》の味方《みかた》の如《ごと》く見えながら敵《てき》であるのである。快楽は肉体《にくたい》に属《ぞく》するものであって、肉体は魂《たましい》の従僕《じゅうぼく》であるべきであるのに、肉体が快楽によって拍車《はくしゃ》をかけられるとき、肉体が魂を支配《しはい》するようになってしまい、本末《ほんまつ》が顛倒《てんどう》し、従《じゅう》たるべきものが主《しゅ》となってしまい、人間の基本人権《きほんじんけん》は肉体にその主権《しゅけん》を奪《うば》われてしまったようになるのである。だから人間の幸福を肉体的快楽だと思っている限《かぎ》りに於《お》いてその人の本性《ほんせい》はくらまされてしまう。

## 誘惑《ゆうわく》に近づいてはならない

清《きよ》らかならざる想念《そうねん》は、清らかでない感情《かんじょう》を喚《よ》び覚《さ》まし、潔《きよ》らかでない行為《こうい》に導《みちび》いて行《ゆ》くものである。想念を浄《きよ》めないでいて、国民《こくみん》の行動《こうどう》を浄《きよ》めようと思っても、それは無駄《むだ》なことであるのである。性典映画《せいてんえいが》やストリップの煽情的《せんじょうてき》な（性的感情をあおる）興行《こうぎょう》を「表現《ひょうげん》の自由《じゆう》」を口実《こうじつ》に横行《おうこう》（気ままにあるく）させて置《お》きながら、青少年の堕落《だらく》を取締《とりしま》ろうとしたり、ヒロポンの中毒患者《ちゅうどくかんじゃ》を歎《なげ》いてみたりしたとて、それは源流《げんりゅう》を浄《きよ》めないでいて下流《かりゅう》を浄めようとするのと同じことで、結《けっ》局《きょく》は無駄《むだ》な効果《こうか》のないこととなるのである。娼婦《しょうふ》に誘惑《ゆうわく》されまいと思ったら娼婦に近寄《ちかよ》らないがよいのである。誘惑に逢《あ》ってもそれにまき込《こ》まれない人は、極《きわ》めて魂《たましい》の鍛錬《たんれん》の積《つ》んだ人のみである。青少年にそれを期待《きたい》するのは無理《むり》である。

## 肉の快楽《かいらく》のために魂《たましい》の苦汁《くじゅう》（にがいしる）を嘗《な》めてはならない

色情《しきじょう》の逸楽《いつらく》（放逸なたのしみ）は絢爛《けんらん》（色うつくしいさま）な色彩《しきさい》をつけて人間の眼《め》の前に乱舞《らんぶ》する（みだれまう）。そして「これが人間の自由《じゆう》である。楽《たの》しむのが人間の権利《けんり》である。これを制《おさ》えるなどと云《い》うことは封《ほう》建的道徳《けんてきどうとく》の遺物《いぶつ》（時代おくれののこりもの）である。それは一言《いちごん》にして言えば古いのだ。新しき時代《じだい》には新しき道徳があるべきだ。人間よ新しくなれ」と言って人間を誘惑《ゆうわく》するのである。無数《むすう》の人々がこのサタン（魔悪）の誘惑《ゆうわく》に魅《み》せられて、「堕落《だらく》」の谷底《たにそこ》に落下《らっか》したのである。姦通《かんつう》が公認《こうにん》せられ、離《り》婚《こん》をはずかしいと思わず、人の妻《つま》を奪《うば》い、人の夫《おっと》を奪い、子供《こども》を振《ふ》り捨《す》てて自分だけの快楽を追《お》い、そして結局《けっきょく》はその人の魂《たましい》は苦杯《くはい》を嘗《な》めさせられて、短時日《たんじじつ》の快楽のために、永遠《えいえん》の魂の苦痛《くつう》を味《あじ》わうのである。肉体の快楽を超《こ》えて、他の人のためにつくす事の内《うち》にのみ本当の幸《こう》福《ふく》がある。

## 自己《じこ》に宿《やど》る神性《しんせい》を生かす者の悦《よろこ》びは永遠《えいえん》である

人生は快楽《かいらく》のために造《つく》られたのではない。と云《い》って苦痛《くつう》のために造られたのでもない。快楽や苦痛はその人の生き方に伴《ともな》う副産物《ふくさんぶつ》に過《す》ぎない。快楽主義者《かいらくしゅぎしゃ》も過《あやま》っているし、受難礼讃《じゅなんらいさん》の克己主義《ストイシズム》も間違《まちが》っているのである。人生は「徳《とく》」を実現《じつげん》するためにあるのである。「徳」とは人間にやどる「神性《しんせい》」であり、本質《ほんしつ》であり「神そのもの」である。神の愛《あい》は人間にやどって「徳」となり、愛を行《ぎょう》じ、人々を救《すく》う力となる。そしてその愛と救いが成就《じょうじゅ》したとき自己完成《じこかんせい》の悦《よろこ》びを伴《ともな》うのである。その悦びは肉体の感覚的快感《かんかくてきかいかん》のように瞬時《しゅんじ》にして消え去るような儚《はかな》いものではないのであって、無限《むげん》につづく法悦《ほうえつ》（真理実現のよろこび。たましいのよろこび）となって続《つづ》くのである。自分だけ快楽を得て、愛他行《あいたぎょう》を励《はげ》まない者にはこの悦《よろこ》びはわからない。

## 過去《かこ》は「今」を契機《けいき》（両者がピッタリ合う機会）として変貌《へんぼう》する素材《そざい》である

生活は「今」を中心として展開《てんかい》する。過去《かこ》は既《すで》に過《す》ぎ去《さ》ったが、それは未来《みらい》を作る材料《ざいりょう》として心の中に蓄積《ちくせき》されているのである。過去の苦《くる》しみは、決《けっ》して「苦しみ」としていつまでも続《つづ》くのではないのである。それは素材《そざい》（もとになる材料）であって、過去の渋柿《しぶがき》が未来の甘柿《あまがき》になるが如《ごと》く、渋《しぶ》は何時《いっ》までも渋ではないのである。しかし渋柿は、その扱《あつか》い方に従《したが》って必《かなら》ずしも甘柿にはならないで、腐敗《ふはい》して食べられなくなるのである。「今」の扱《あつか》い方次第《しだい》で、不幸《ふこう》が幸福《こうふく》となり、幸福が不幸となる。「今」の生き方に、万物《ばんぶつ》を変貌《へんぼう》して、「幸福」にも「不幸」にもならしめる契機《けいき》を含《ふく》んでいる。「今」の生き方を高邁《こうまい》にして荘厳《そうごん》に、そして勇気《ゆうき》をもって人類《じんるい》を救《すく》うために愛《あい》を行《ぎょう》ずべきである。そこから過去の苦汁《くじゅう》が法悦《ほうえつ》の甘味《かんみ》に変《へん》ずる。

## 「愛《あい》する」と「好《す》き」とは異《こと》なる

本当の愛《あい》は金銭《きんせん》をもって買うことは出来ない。金銭で買われたる愛は、愛の仮面《かめん》を被《かぶ》った汚濁《おじょく》のほか何物《なにもの》でもない。真《しん》の愛は「好《す》き」とは異《こと》なるのである。「好き」は感覚《かんかく》に触《ふ》れて自分が快《こころよ》いことを意味する。「林檎《りんご》を好き」と言えば、「林檎がその人の味覚《みかく》に触れて快い」ことを意味する。「或《あ》る女を好き」と言えば、「或る女が自分の視覚《しかく》や聴覚《ちょうかく》や触覚《しょっかく》に触れて快い」と云《い》うことを意味する。「林檎を好き」と言って、林檎を貪《むさぼ》り食《く》ってその芯《しん》と種《たね》とを棄《す》ててしまう如《ごと》く、「彼女を好き」といってその女の貞操《ていそう》を貪《むさぼ》り食《く》って、そのあとの肉体《にくたい》を無慚《むざん》（はじなきこと。いたわしきこと）にも棄《す》ててしまう男もある。林檎を愛する者はその美味《おい》しい処《ところ》だけを食べてあとを棄てると云うことはない。その樹《き》を培《つちか》ってその生長《せいちょう》を楽《たの》しむのである。

## 人その品性《ひんせい》を失《うしな》わば何の甲斐《かい》かあらんや

「富《とみ》が失《うしな》われても人間にとって何物《なにもの》も失われたのではない。健康《けんこう》が失われたとき人間は若干《じゃっかん》を失ったかも知れない。しかし品性《ひんせい》を失ったとき、人間は全《すべ》てを失ったのである」と云《い》う独逸《ドイツ》の諺《ことわざ》がある。それほど品性と云うものは大切《たいせつ》で「自分自身の本質《ほんしつ》」であるのである。人間の品性は、人間に内在《ないざい》する、「自分の本当の生命《いのち》」なる「神そのもの」なのである。そして肉体《にくたい》は、その「本当の生命《いのち》」を表現《ひょうげん》する道具《どうぐ》なのである。境遇《きょうぐう》や環境《かんきょう》はその「表現の場」である。肉体の健康が失われたとき「表現の道具」に故障《こしょう》が起《おこ》ったのであるから多少の損失《そんしつ》である。併《しか》し「品性」が失われるならば、「本当の自分」が失われたのであるから、金銭《きんせん》があっても肉体が健康でも何の役《やく》にも立たないのである。

## 真《しん》の愛《あい》とニセ物の愛との区別《くべつ》

真《しん》の愛《あい》は永遠《えいえん》であり、無限《むげん》であり、常《つね》に静《しず》かに見戍《みまも》っているのである。それは衝動《しょうどう》（突然に内からバクハツテキに動き出してくる感情または本能）的《てき》な暴力的《ぼうりょくてき》なあらわれ方はしないのである。肉体《にくたい》の愛は自分の要求《ようきゅう》をみたすために疾風《しっぷう》のように暴力を揮《ふる》う。そして自分の品性《ひんせい》を台なしにしてしまってそれを悟《さと》らないで後《こう》悔《かい》しないか、或《あるい》はそれを悟って魂《たましい》が後悔して痛《いた》むのである。真の愛は、自己《じこ》の求《もと》める「肉体的要求」を伴《ともな》わない。それは純粋《じゅんすい》で、永遠に、強さが平均《へいきん》していて、憎《にく》みに変《かわ》ったり、嫉妬《しっと》に変ったりすることはない。ニセ物の愛は一時は激《はげ》しく燃《も》え上《あが》るが、それは永続的《えいぞくてき》ではない。高《こう》熱《ねつ》に燃え上るかと思うと、悔恨《かいこん》や嫉妬《しっと》の煙《けむり》で魂《たましい》が暗《くら》くなってしまうのである。それは一種《いっしゅ》の熱病《ねつびょう》であって、ある時期《じき》が過《す》ぎると平静《へいせい》に復《ふく》するのである。衝動的な男女の性的牽引《せいてきけんいん》を本当の愛だと錯覚《さっかく》してはならない。

## 愛《あい》は人の内《うち》に宿《やど》る神を見る

愛《あい》する人は、肉眼《にくがん》で見えない相手の美点《びてん》を見、肉の耳で聴《き》き得《え》ない相手の美点を聴くのである。愛しない人には、相手の美点も曲解《きょっかい》（よいものをわるいように曲げて解する）されて欠点《けってん》として映《うつ》るのである。真《しん》の愛は相手に宿る神を見出《みいだ》し、それを拝《おが》んで引き出すことが出来るのである。愛は浄《きよ》める力をもっている。愛の眼《め》でみつめられるとき、相手の心は浄《きよ》まるのである。愛は励《はげ》ましを相手に与《あた》える。愛は生《い》き甲斐《がい》を相手に与える。愛は失意《しつい》の人々を立ち上《あが》らせ、失望《しつぼう》に歎《なげ》く人々に希望《きぼう》を与える。真に愛があるならば、その人は善《ぜん》を為《な》すのに勇敢《ゆうかん》となる。若《も》しあなたが善を為《な》すのに勇敢でないならば、それは愛が足《た》りないからである。一人の人間が倒《たお》れているのでも放《ほう》って置《お》くことが出来ないのが愛である。では人類《じんるい》が破滅《はめつ》に瀕《ひん》しているのに何故《なぜ》この思想《しそう》で救《すく》おうとしないのであるか。

## 努力《どりょく》は決《けっ》して失敗《しっぱい》することはない

僥倖《ぎょうこう》（めぐりあわせ（でつかむ幸福））を望《のぞ》んではならない。僥倖はみずから努力《どりょく》しないで、幸福《こうふく》を待《ま》ちのぞむ。それはパチンコの精神《せいしん》である。僥倖《ぎょうこう》を望む心は、自分の幸福を偶然《ぐうぜん》の機会《きかい》にまかせてしまっているから、僥倖を望む人はみずからが自《みずか》らの主人公《しゅじんこう》でないのである。たとい偶然《ぐうぜん》で幸福が得られたにしても、そのような幸福は、人間を「楽《らく》」にするかも知れないけれども、自己の努力の伴《ともな》わない幸福は、自分の「品性《ひんせい》」を築《きず》き上げることは出来ないのである。努力はそれが容易《ようい》にその人に「楽」を与《あた》えないかも知れないが、努力は決して失敗《しっぱい》することはないのである。それは物質的《ぶっしつてき》な結果《けっか》を得《う》ることが出来ない場合ですら、自己の品性を築き上げると云う成功《せいこう》だけは必《かなら》ず得《え》られるのである。

## 原因結果《げんいんけっか》の法則《ほうそく》によって勝利者《しょうりしゃ》となれ

原因結果《げんいんけっか》の法則《ほうそく》を知るものは「偶然《ぐうぜん》」のチャンスなどに頼《たよ》るものではない。結果を得《え》たいならば、それに相応《ふさ》しい原因をみずから造《つく》れば好《よ》いのである。愛《あい》されたいと思うならば、先《ま》ず自分が愛せば好《よ》いのである。「与《あた》えよ、さらば与えられん」が正しい原因結果の法則である。喜《よろこ》びを与えれば喜びが帰って来るし、悲《かな》しみを与えれば悲しみが帰って来るのである。「人からせられんと欲《ほっ》する如《ごと》く、汝《なんじ》みずから為《な》せ」である。凡《およ》そ成功《せいこう》せる人は単《たん》なる僥倖《ぎょうこう》によって成功しているのではないのである。必《かなら》ずその成功の裏《うら》には成功すべき原因がある。陰徳《いんとく》を積《つ》んでいるとか、今まで努力《どりょく》したけれども、その時まで報《むく》いを受けていなかったのが、愈々《いよいよ》その収穫《しゅうかく》の時期《じき》が来たと云《い》う風《ふう》にである。

## 先《ま》ず他に与《あた》えるために奉仕《ほうし》せよ

不成功者《ふせいこうしゃ》の不成功たる原因《げんいん》は、大抵《たいてい》、自己《じこ》の利益《りえき》を先《さき》にして、他に奉仕《ほうし》する事を忘《わす》れた者か、自己の快楽《かいらく》を先にして、客の幸福《こうふく》に奉仕する義務《ぎむ》を忘れたものであるのである。自己の利益を先にする者は、他より「自分の利益になる部分」を奪《うば》おうとするものであるから、自分がまた他より奪われることになるのである。他に奉仕することを先にするものは、先《ま》ず他に「与《あた》える」ことを実践《じっせん》しようとする者であるから、みずからも亦《また》与えられることになるのである。凡《およ》そ朝起きして勉強《べんきょう》し、仕事《しごと》に熱情《ねつじょう》を与え、注意《ちゅうい》を与え、深切《しんせつ》を与え、正直《しょうじき》を与えている人にして「自分は運《うん》が悪《わる》い」などと歎《なげ》く人はない筈《はず》である。僥倖《ぎょうこう》を希《ねが》う心の如《ごと》きは、みずから与えずして得《え》んとする卑怯者《ひきょうもの》である。

## 「徳《とく》」は目に見えないが素晴《すば》しい救《すく》いを与《あた》える

人間の「徳《とく》」と云《い》うものは、能力《のうりょく》でも腕力《わんりょく》でも知力《ちりょく》でもない。それは内在《ないざい》するその人の身についた善業《ぜんごう》（過去のオコナイ又は心のハタラキが内在的力として蓄積されたもの。善業は、その善きもの）である。その人の身についた善業はおのずから善《よ》き雰囲気《ふんいき》となってあらわれ、何事《なにごと》を成《な》さずとも、唯《ただ》その人がいると云うだけで、周囲《しゅうい》の人々に大《だい》なる感化《かんか》を与《あた》え、周囲の人々を幸福《こうふく》にすることが出来るのである。大事業《だいじぎょう》をする人、大政治《だいせいじ》家《か》、社会事業家《しゃかいじぎょうか》など、いずれも素晴《すば》しい人々ではあるが、それらの人々は仕事の大《おお》いさによって人々を救《すく》うのである。勿論《もちろん》、かくの如《ごと》き人々が世を救う力は大《だい》であるが、唯《ただ》、天皇《てんのう》がましますことによって、日本国《にっぽんこく》の平和《へいわ》の度《ど》がより多く保《たも》たれるというが如《ごと》きは、能力の力によらず、智慧《ちえ》の力によらず、仕事《しごと》の力によらず、天皇の徳《とく》の然《しか》らしむる処《ところ》である。

## 先《ま》ず「徳《とく》」を積《つ》むとき「富《とみ》」は自《おのず》から加《くわ》えられる

それを得《う》るだけの「徳《とく》」のない者が「富《とみ》」を獲得《かくとく》するとき、「富」は彼を富《と》ましめるよりも彼を破壊《はかい》するに到《いた》るのである。だから「徳」を求《もと》めずして、「富」を与《あた》えたまえと祈《いの》ってはならないのである。「徳」のない者が宝籤《たからくじ》で二百万円を得《え》て、競輪《けいりん》にかよい出し、ついに逆《ぎゃく》に借《しゃっ》金《きん》になって首を縊《くく》って死んだことが新聞《しんぶん》に報《ほう》じられていたことがある。このように自己《じこ》に内在《ないざい》する「徳」のない者が富を得るとき、却《かえ》って不結果《ふけっか》を来《きた》すのである。だからキリストは「先《ま》ず神の国と神の義《ただしき》を求めよ、その余《よ》の物は汝《なんじ》らに加《くわ》えらるべし」と教《おし》えたのである。神の国を心の中に養《やしな》い、神の義《ただ》しきを行為《こうい》に実践《じっせん》し得るように先ず神に祈って、つとめてそれを実行《じっこう》すれば、富はそれに附随《ふずい》して与えられるのである。

## 自分の生涯《しょうがい》は自分自身の作品《さくひん》である

何人《なんぴと》も自分自身の値打《ねうち》を自分自身の生涯《しょうがい》の上に刻《きざ》むのである。どんなに艱難《かんなん》がやって来ようとも、艱難は「外界《がいかい》」であって、その艱難を契機《けいき》として自分自身の生涯に美《うつく》しい彫刻《ちょうこく》が刻まれたり、醜《みにく》い彫刻が刻まれたりするのである。艱難《かんなん》の多い時には、その人の人生が深《ふか》く刻まれる。艱難の少《すく》ない時には、その人の人生は浅《あさ》く刻まれる。深く刻まれる時には深い味《あじ》わいがあり、浅く刻まれるときには浅い味わいがある。必《かなら》ずしも艱難が多いほどその人の生涯に刻まれる彫刻が立派《りっぱ》だという訳《わけ》ではない。艱難と戦《たたか》ってついに完全《かんぜん》に良《よ》き彫刻を作り切らない人もあるであろうし、艱難がないために自由《じゆう》に自分自身の手腕《しゅわん》を揮《ふる》い得《う》る人もあり得る訳《わけ》である。自分の生涯が価値《かち》ある作品《さくひん》になるかどうかは自分自身にあるのである。

## 最《もっと》も永続性《えいぞくせい》ある宝《たから》

人間の最《もっと》も滅《ほろ》びがたき永続性《えいぞくせい》ある宝《たから》は「徳《とく》」である。金銭《きんせん》は徳なくして多く得《う》れば必《かなら》ずその人を破滅《はめつ》に導《みちび》くのである。快楽《かいらく》は徳なくして多く得《う》れば、その人の魂《たましい》を荒廃《こうはい》(あれてメチャメチャになる)に導くのである。美貌《びぼう》は徳なくしてこれを得ればその人を堕落《だらく》に導くのである。金銭は徳なくしてこれを使えば、浪費《ろうひ》せられて間《ま》もなく貧《まず》しさが訪《おとず》れる。快楽は徳なくして貪《むさぼ》れば忽《たちま》ち苦渋《くじゅう》と変《かわ》る。美貌は時と共《とも》に老《お》い朽《く》ちてあとを留《とど》めなくなるのである。しかし徳は、これらすべての物を生かすのである。金銭は徳ある者これを使えば必ず人を救《すく》うのである。快楽は徳あるものこれを得れば人生に興趣《きょうしゅ》(おもむき)を添《そ》えるのである。美貌が徳ある者に備《そな》わるとき愈々《いよいよ》高くけだかくなって其《そ》の人に接《せっ》するだけでも人々の魂《たましい》を高めるのである。

## 「徳《とく》」が身に備《そな》わるためには

徳《とく》は一日にして備《そな》わらない。徳は善《よ》き行為《こうい》の累積《るいせき》(かさなりつもる)がついにその人の人格《じんかく》より発《はっ》する光輝《こうき》となったところのものである。毎日人様《ひとさま》の便所《べんじょ》を掃除《そうじ》するとか、廊下《ろうか》の拭《ふ》き掃除や、掃《は》き掃除をするとか、貧《まず》しき人を救《たす》けてやるとか、人々の垢《あか》を流す風呂《ふろ》を沸《わ》かすとかして、人々に好感《こうかん》を与《あた》えるように、人々に便利《べんり》を与えるように人々を何らかの形で救《すく》ってあげるとかすることによって、その人に何となき温《あたた》かい風丰《ふうぼう》(ようす、すがた)が備わるようになって来る。内《うち》にたくわえられた「徳」が外《そと》に光《ひかり》を放《はな》つようになったとき、その人の容貌《ようぼう》は、生《う》れ附《つ》きの骨格《こっかく》がどうであろうと何とも言えない、麗《うる》わしい、優《やさ》しい、親《した》しい、そして威厳《いげん》のある感じを有《も》つようになるのである。美貌《びぼう》と云うものは「愛《あい》によって変貌《へんぼう》した容貌である」と或《あ》る人が言った通りである。

## すべて偉人《いじん》は個性的《こせいてき》である

自分の本当の個性《こせい》（その人でなければならぬ特殊の性質）を生かすとき、それが人類《じんるい》への貢献《こうけん》となるのである。神は薔《ば》薇《ら》には薔薇の美《び》を、百合《ゆり》には百合の美を、それぞれの花に各々《おのおの》個性ある美を与《あた》え給《たま》うたように、人間ひとりひとりにも異《こと》なる美《うつく》しさをもつ個性を与えられたのである。薔薇《ばら》が薔薇の花でない他の花をつけたり、すべての花がみな類型的《るいけいてき》になってしまったら、それぞれの草木《くさき》は、自分が割当《わりあ》てられた自分特有《とくゆう》の美と価値《かち》とを此《こ》の世界に与えることが出来なくなるのである。薔薇の花が薔薇特有の美しき花を咲《さ》かせることが百合《ゆり》に対する侵害《しんがい》とはならないように、人間が個性を完全《かんぜん》に発揮《はっき》することが決《けっ》して他の人と衝突《しょうとつ》することにはならないのである。すべての偉大《いだい》なる人は皆《みな》個性的な人であることに注意《ちゅうい》せよ。

## 読者諸君《しょくん》に期待《きたい》する

最《もっと》も偉大《いだい》なる仕事《しごと》は、群衆《ぐんしゅう》によって成就《じょうじゅ》せられるのではない。群衆を動かす偉大なる一人又《また》は数人によって行われる。本当の明智《めいち》は個人《こじん》のみから生《う》れて来るのであって群衆からは生れない。釈迦《しゃか》も基督《キリスト》もマホメットも老子《ろうし》も孔子《こうし》も、その素晴《すば》しい叡智《えいち》は群衆から生れたのではないのであって、而《しか》も最も広範囲《こうはんい》に人類《じんるい》に影響《えいきょう》を与《あた》えたのである。その善悪《ぜんあく》はいずれにせよ、ナポレオンもスターリンも毛沢東《もうたくとう》も独裁者《どくさいしゃ》（ひとりで物事を判断してきめ支配する人）であった。歴史《れきし》は群衆が作るかの如《ごと》く見えているけれども、群衆はただ天才《てんさい》に動かされて協力《きょうりょく》するだけである。偉大なる一人は時代《じだい》を動かし、時代を創造《そうぞう》する。この本の読者のうちに一人でも本当に神の叡智《えいち》を受けて、新しき天国《てんごく》を地上に創造《そうぞう》する先覚者《せんかくしゃ》が生れれば幸《さいわ》いである。

## 人は各々《おのおの》自己自身の方法《ほうほう》を持つ

一つの問題《もんだい》の解決法《かいけつほう》は必《かなら》ずしも唯《ただ》一つには限《かぎ》られていないのである。すべての個性《こせい》ある心は、あらゆる問題に就《つ》いて別々《べつべつ》の解決方法《ほうほう》をもっているものである。一つのモデルに対しても、すべての画家は異《こと》なる面《めん》を捉《とら》えて異る表現法《ひょうげんほう》をもって異る絵を作りあげるのである。それなのに、自分の問題を色々《いろいろ》の先生に持ち廻《まわ》って相談《そうだん》して、その回答《かいとう》が各々《おのおの》ちがうと、各々の先生の教《おし》えのどちらかが間違《まちが》っているかの如《ごと》く思いちがいして、その一方《いっぽう》の先生を「間違《まちがい》」であるかの如く言い触《ふ》らすのは、それこそ一層《いっそう》間違である。そんな人は、往々《おうおう》自分の気に入る解答《かいとう》をしてくれる先生を見出《みいだ》すまで、尋《たず》ねて歩くのである。彼は自分の行いの共鳴者《きょうめいしゃ》を求めて、自分の行いの責任《せきにん》を其《そ》の人に転嫁《てんか》しようとしているのである。

## 与《あた》えられた義務《ぎむ》と境遇《きょうぐう》を卒業《そつぎょう》せよ

与《あた》えられた義務《ぎむ》はそれを遂行《すいこう》することによってのみ軽《かる》くなる。それから逃《に》げることによっては決《けっ》して免《まぬ》がれることは出来ないものである。逃げた義務は、恰《あたか》も支払《しはら》わない借金《しゃっきん》の如《ごと》くにその人の潜在意識《せんざいいしき》にからまりついているものである。与えられた境遇《きょうぐう》や環境《かんきょう》も同じことである。そこに於《お》いて完全《かんぜん》に尽《つく》さないで逃《のが》れたら、又別《またべつ》のところへ行っても同じような境遇や環境が与えられるのである。境遇も環境もその人の心と同程度《どうていど》のものがあらわれるのであるから、小学校を転校《てんこう》しても、又同じく小学校の課程《かてい》を学ばなければならないようなものである。現在《げんざい》の境遇において全力を尽《つく》して奉仕《ほうし》することである。それによって其《そ》の境遇が卒業《そつぎょう》されて、又新しき境遇がひらかれる。

## 先《ま》ず我等《われら》の為《な》すべきこと

自己《じこ》より高き者に嫉妬《しっと》すること勿《なか》れ。これを尊敬《そんけい》し、これより学べ。自己より低《ひく》き者を軽蔑《けいべつ》すること勿《なか》れ。よく耐《た》え忍《しの》び、怒《いか》ることなく、愛《あい》を注《そそ》ぐべし。悪《あ》しき事を視《み》ることなく、すべての人の内にある神を見出《みいだ》して是《これ》を礼拝《らいはい》せよ。人間の為《な》すべき事は頗《すこぶ》る簡単《かんたん》であり平易《へいい》である。自分の生命《いのち》の本源《ほんげん》を尊敬し感謝《かんしゃ》すること。即《すなわ》ち、神と父母とに感謝すること。手近《てぢか》にある義務《ぎむ》と仕事《しごと》とを果《はた》すこと。そして手近にいる人々を先《ま》ず愛して深切《しんせつ》をつくすことである。行い易《やす》い小さな善《よ》き行為《こうい》を先ず実行《じっこう》することである。「道は邇《ちか》きにあり」である。家族《かぞく》に突慳貪《つっけんどん》に呶鳴《どな》りちらしながら人類愛《じんるいあい》を説《と》いても、それは空想的《くうそうてき》人類愛であり、机上《きじょう》の水練《すいれん》であり、身についた人類愛ではない。

## 常《つね》に全努力《ぜんどりょく》を絞《しぼ》り出す生活を営《いとな》むべし

困難《こんなん》も時には魂《たましい》の栄養《えいよう》となるのである。困難は自己《じこ》に内在《ないざい》する全努力《ぜんどりょく》を振《ふ》り絞《しぼ》らせる。吾々《われわれ》は「出せば出すほど殖《ふ》える」と云《い》う原理《げんり》に従《したが》って、全努力を振り絞るほどの境遇《きょうぐう》に出会《でくわ》さなかったならば、内在の力を完全《かんぜん》に出し切ることをしないのである。出し切らない力は発達《はったつ》しないのであるから、時々《ときどき》全努力を必要《ひつよう》とするような困難に面《めん》することが必要である。「貧乏《びんぼう》は大《だい》なる教師《きょうし》であり、逆境《ぎゃっきょう》は更《さら》に大なる教師である」と言った人もある。艱難《かんなん》を超《こ》えて不死身《ふじみ》となった偉大《いだい》なる天才《てんさい》のみが、如何《いか》なる逆境にも耐《た》え得《う》る幸福《こうふく》生活を築《きず》くことが出来るのである。一度も逆境に出会ったことのない天才は不幸《ふこう》である。何故《なぜ》なら彼は「豆《まめ》もやし」のように日蔭《ひかげ》の中で温室《おんしつ》で育《そだ》てられているからである。

## 人生の荒波《あらなみ》に処《しょ》して

あまりに順調《じゅんちょう》でばかり育《そだ》った人間は、世間《せけん》の荒波《あらなみ》に触《ふ》れるとき、それに耐《た》えることが出来ない。瀬戸内海《せとないかい》の静《しず》かなる波《なみ》の上のみを航海《こうかい》して来た航海士《こうかいし》は、太平洋《たいへいよう》の荒波を航行《こうこう》するには向かないのである。逆境《ぎゃっきょう》の暴風《ぼうふう》が吹き荒《すさ》ぶとき、はじめて人の内に宿《やど》る無限《むげん》の力が喚《よ》び出される。工夫《くふう》の能力《のうりょく》、発明《はつめい》の能力、計画《けいかく》の能力、熟慮《じゅくりょ》、反省《はんせい》、これらの事は逆境に立った時にはじめて喚《よ》び覚《さま》されて来るのである。温《あたた》かさに慣《な》らせられた皮膚《ひふ》は少しの寒風《かんぷう》に曝《さ》らされても直《す》ぐ風邪《かぜ》をひいたりするのである。冷水浴《れいすいよく》や冷水摩擦《まさつ》や薄着《うすぎ》をして皮膚を鍛錬《たんれん》するならば、皮膚が丈夫《じょうぶ》になるように、人間の魂《たましい》も艱難《かんなん》に直面《ちょくめん》して全力が絞《しぼ》り出されて鍛錬されて一層《いっそう》魂が強くなるのである。

## 日々《ひび》の生活に宗教《しゅうきょう》生活がある

人生は常《つね》には大犠牲《だいぎせい》を要《よう》する大事件《だいじけん》ばかりで成立《なりた》ってはいないのである。それは寧《むし》ろ小さな日常《にちじょう》の茶飯事《さはんじ》によって成立っているのである。その小さな日常生活を完全《かんぜん》に生きる事の方が、何よりも大切《たいせつ》なのである。人々に対する愛情《あいじょう》に充《み》たされた微笑《びしょう》、日常生活に必要《ひつよう》な些細《ささい》なことに行《ゆ》き届《とど》いた心遣《こころづか》い、行住《ぎょうじゅう》(行ったり、とまったり)坐臥《ざが》(すわったり、ねたり)、着衣《ちゃくい》(きものをきる)喫飯《きっぱん》(めしを食う)、それらの小さな行事《ぎょうじ》の中にその人の愛《あい》と智慧《ちえ》と深切《しんせつ》とが窺《うかが》われる。大きな計画《けいかく》を首脳部《しゅのうぶ》の人々が計画しても、それを実行《じっこう》する係《かかり》の人たちが小さな事に行き届かない場合には折角《せっかく》の大計画が水泡《すいほう》に帰《き》してしまう。千丈《せんじょう》の堤《つつみ》も蟻《あり》の孔《あな》より崩《くず》れると云うのは唯《ただ》の譬《たとえ》ではないのである。笊《ざる》に水を容《い》れる人はないけれども、小さな孔《あな》のあるバケツに水を容《い》れて何時《いつ》の間《ま》にか水が全部無《な》くなっていることがある。

## 「今・此処《ここ》」に天国《てんごく》を行《ぎょう》ずること

すべての人間は、神から与《あた》えられた一定《いってい》の環境《かんきょう》の中に生《う》まれる。そこで各々《おのおの》特殊《とくしゅ》の人達《ひとたち》に取《と》巻《ま》かれて生活し、其処《そこ》で特殊の影響《えいきょう》を受け、特殊の教育《きょういく》をうけて成長するのである。成長《せいちょう》して社会へ出てからも、家庭《かてい》よりは広いサークルではあるが、依然《いぜん》としてその人特有《とくゆう》の環境で生活し、其処《そこ》がその人の魂《たましい》の生長《せいちょう》する学園《がくえん》となるのである。其処《そこ》で最《もっと》も完全《かんぜん》に生き、其処で、出来るだけの善《ぜん》を生み出し、愛《あい》を行《ぎょう》じ、智慧《ちえ》を注《そそ》ぎ、それによって魂《たましい》が生長するのである。自分に与えられた環境を「有難《ありがた》い」と思って受け、其処《そこ》で最善《さいぜん》を尽《つく》すことによって凡《あら》ゆる善《ぜん》が其処から流れ出《い》で、その影響が全社会に及《およ》ぼして、やがては全人類《ぜんじんるい》の福祉《ふくし》(さいわい)ともなるのである。今此処《ここ》に天国《てんごく》を実現《じつげん》することが何よりも大切《たいせつ》である。

## 愛《あい》と深切《しんせつ》の力に就《つ》いて

他の人たちの幸福《こうふく》のために行おうとする動機《どうき》と行為《おこない》とは、その人の魂《たましい》を高め上げる福田《ふくでん》となるのである。その人の美貌《びぼう》よりも深切《しんせつ》の行為《おこない》の方《ほう》が人間の魂を打つことがあるものである。深切《しんせつ》な魂は相手の心の深《ふか》いところを打って其人《そのひと》の愛《あい》を目覚《めざ》めさすのである。相手の愛が目覚めないで、尚冷酷《なおれいこく》な姿《すがた》をあらわしているならば、それは自分自身の愛と深切とがまだ完全《かんぜん》に目覚めていないからである。相手を咎《とが》めたり、批難《ひなん》しようとしている自分の心そのものが自分の愛が尚乏《なおとぼ》しいことを証明《しょうめい》しているのである。人々が何か常《つね》に周囲《しゅうい》の人々に深切と愛とを行ずる《ぎょう》ようにするならば、人生の不幸《ふこう》の大半《たいはん》は起《おこ》らずに済《す》むに相違《そうい》ないのである。神の国の実現《じつげん》は唯《ただ》、吾々《われわれ》が愛を行ずることによって得《え》られるのである。

## 食物《しょくもつ》の味《あじ》について

食物《しょくもつ》の味《あじ》は必《かなら》ずしも調味料《ちょうみりょう》や料理《りょうり》の技巧《ぎこう》にあるのではない。それは料理する人の愛《あい》と深切《しんせつ》と、それを味わう人の心の状態《じょうたい》によるのである。スター・デーリー（米国で有名な強盗の巨魁。刑務所にてキリストの姿を幻で見て転向し、聖者となる。）〈拙著『愛は刑よりも強し』日本教文社発行参照〉）は刑務所《けいむしょ》の食物は栄養学的《えいようがくてき》には満点《まんてん》につくられているが、調理《ちょうり》する人の愛が足《た》りないから、それを食《しょく》する人が胃腸病《いちょうびょう》を起《おこ》し易《やす》いと云うことを指摘《してき》している。その食を受ける側《がわ》も悦《よろこ》びと感謝《かんしゃ》の念《ねん》が足りないで食べるからであろう。梅干《うめぼし》と白米《はくまい》との日《ひ》の丸弁当《まるべんとう》でも、之《これ》を食する人の心に悦びが満《み》たされているならば、それは屹度美味《きっとびみ》に感じられるのである。簡《かん》単《たん》で、自然《しぜん》そのままで、あまり手の込《こ》んでない質素《しっそ》な料理の方に却《かえ》って破壊《はかい》されない栄養分《えいようぶん》が残《のこ》っている。あまりに贅沢《ぜいたく》な食事は食する人に片寄《かたよ》った過剰《かじょう》な栄養を与え、却《かえ》って健康《けんこう》によくないものである。

# 第十一章　心の法則《ほうそく》で人生を支配《しはい》するには

## 大生命《だいせいめい》と円融《えんゆう》（完全にひとつにとけこむ）すれば自在無礙《じざいむげ》

人は生涯《しょうがい》のうちの或《あ》る機会《きかい》に何かの出来事《できごと》を契機《けいき》として、自分の生命《せいめい》の実相《ほんとうのすがた》が宇宙《うちゅう》にひろがる大生命《だいせいめい》と一体《いったい》であると云《い》うことを悟《さと》ることがあるものである。香厳和尚《きょうげんおしょう》は自分が掃《は》いている箒《ほうき》の先に引っかかった小石《こいし》が竹に撃《う》ちつけられて、カッと音をたてたその瞬間《しゅんかん》に「音」と「自分」と「宇宙」とが渾然《こんぜん》一体の宇宙の大生命であることを自覚《じかく》したのである。「音」は「彼《かれ》」であり、「自分」は「我《われ》」であり、「我」が彼を認《みと》めることが出来るのは、「宇宙大生命」と云う「全《ぜん》」を媒介《ばいかい》として知ることが出来るのである。「彼」と「我」と「全」とが渾然《こんぜん》と一体であると云う自覚を得《え》たとき、我は彼に調和《ちょうわ》し、彼は我に調和し、全体と自分とが完全《かんぜん》に円融《えんゆう》一体となり何らの摩擦《まさつ》もなくなるのである。

## 自己内在《じこないざい》の無限《むげん》力《りよく》を発揮《はっき》するには

宇宙大生命《うちゅうだいせいめい》と一体《いったい》なる自分こそ「本当の自分」であるから、「本当の自分」の力が発揮《はっき》せられたならば、吾々《われわれ》は宇宙を動かす力を得《う》ることが出来るのである。そんなことを言っても宇宙の運行《うんこう》に逆《さから》って太陽《たいよう》や地球《ちきゅう》を逆回転《ぎゃくかいてん》せしめ得ると云うのではない。太陽や地球の運行に添《そ》いながら、恰度《ちょうど》、大波《おおなみ》に乗って、自然《しぜん》に目的地《もくてきち》に労少《ろうすくな》くして達《たっ》することが出来るように、宇宙全体の動きが、自分の動きと全《まった》く一体になり、宇宙全体が自分に協力《きょうりょく》してくれるようになると、何事《なにごと》も順潮《じゅんちょう》（調和して流れにそう）に行《ゆ》くようになるのである。利己的《りこてき》な考えをもっている限《かぎ》りに於《お》いては、宇宙全体の動きと孤立《こりつ》しているようになるから、自己を通して宇宙全体の力が発現《はつげん》し得《え》ないことになるのである。

## 無限《むげん》の力の貯蔵庫《ちょぞうこ》について

吾々《われわれ》の内部《ないぶ》には「気がつかないところ」に無限《むげん》の力が蓄《たくわ》えられているのである。それは眼《め》に見えない「力の貯蔵庫《ちょぞうこ》」のようなものである。その「力の貯蔵庫」は開《ひら》かなければ、それに貯《たくわ》えられている力は出て来ないのである。その開く方法《ほうほう》についてであるが、絶体絶命《ぜったいぜつめい》（体もいのちも、どうすることもできないギリギリの状態）の境地《きょうち》に立って、それでも尚《なお》、屈《くっ》しないで立ち上《あが》ろうと云う強固《きょうこ》なる意志《いし》があるとき、その「力の貯蔵庫」は無意識《むいしき》のうちに開かれる。意識的にこの「力の貯蔵庫」を開こうとするには、先《ま》ず此《こ》の「力の貯蔵庫」があると知ること。それを強く念《ねん》ずることである。此《こ》の「念ずる」ことが、無限の力の貯蔵庫を開く鍵《かぎ》になるのである。扉《とびら》は幾重《いくえ》にも閉《とざ》されているが念ずる度毎《たびごと》に一つずつ其《そ》の扉がひらかれる。

## 「現実《げんじつ》の力」に頼《たよ》るだけでは大《おお》いなる力は出ない

吾々《われわれ》は日常《にちじょう》生活に追《お》われて、ともすれば、日常生活を現実《げんじつ》の力のみで処理《しょり》しようとして、目に見えない「無限《むげん》の力の貯蔵庫《ちょぞうこ》」から力を汲《く》み出すことを忘《わす》れ勝《が》ちである。これは、併《しか》し、大《だい》なる損失《そんしつ》であって、吾々の最《もっと》も大《おお》いなる協力者《きょうりょくしゃ》を忘れていることになるのである。「大《だい》なる力の貯蔵庫」を忘れてしまって「現実の力」だけで事を処理しようと思う場合には、蟇口《がまぐち》の中の小出《こだ》しの金《かね》だけで物を買おうとするようなものであって、大《おお》いなる買物《かいもの》をすることは出来ないのである。大《だい》なる貯蔵庫から無限の供給《きょうきゅう》をあおいでこそ、大《おお》いなる買物も出来るし、大いなる事業《じぎょう》も成《な》し遂《と》げることが出来るのである。だからどんなに忙《いそが》しくとも日々神想観《しんそうかん》を行《ぎょう》じて、内在無限《ないざいむげん》の力を念《ねん》ずることを忘れてはならぬ。

## 「外界《がいかい》」と「内界《ないかい》」を結《むす》ぶ架橋《かけはし》

吾々《われわれ》は「肉体《にくたい》」とその「感覚器官《かんかくきかん》」とによって外界《がいかい》――即《すなわ》ち「物質的世界《ぶっしつてきせかい》」に対して関係《かんけい》を有《も》っているのである。しかし、吾々は潜在意識《せんざいいしき》(意識にのぼらず、気がつかないが、心の奥底にあって無意識行動を左右している心)と霊魂《れいこん》とを通《つう》じて、内界《ないかい》――即《すなわ》ち「眼《め》に見えざる無限《むげん》の力」の世界に対して関係をもっているのである。ところで、この内界の「眼に見えざる無限の力」を、眼に見える「肉体の世界」に如何《いか》にして実現《じつげん》し得《う》るかが問題《もんだい》であるのである。すなわち「感覚の世界」と「潜在意識」との間《あいだ》を結《むす》ぶ架橋《かけはし》を造《つく》ることが必要《ひつよう》であるのである。その架橋《かけはし》になるものが「現在意識《げんざいいしき》(感覚でものを感じ意志でものを欲している現実の心)」を眼《め》に見えない世界に集注《しゅうちゅう》する」ことなのである。現在意識を「眼に見えない世界」に集注するとき、「眼に見えない世界」にある「無限の力」が現実《げんじつ》世界に浮《う》び上《あが》って来るのである。

## 「一つなる生命《せいめい》の流れ」に融《と》け込《こ》む生活

「宇宙《うちゅう》は一つ」「生命《せいめい》は一つ」であるから、その「一つなる生命の流れ」に融《と》け込《こ》んでいる限《かぎ》りは、吾々《われわれ》は全体と調和《ちょうわ》した相《すがた》で健康《けんこう》に豊《ゆた》かなる生活を送ることが出来るのである。この「一つなる生命の流れ」に融け込むことによって人生の航路《こうろ》は波静《なみしず》かなる楽《たの》しきものとなり、この

「一つなる生命の流れ」に逆《さから》うことによって、吾々《われわれ》の人生の航海《こうかい》が難航《なんこう》（困難な航海）をつづけなければならぬようになるのである。健康《けんこう》にして豊《ゆた》かなる生活は、常《つね》に此《こ》の「一つの生命の流れ」に逆《さから》わず、その協力《きょうりょく》を得《え》て、所謂《いわゆ》る「大生命と一致《いっち》する生活」を営《いとな》んでいる人にして得られるのである。吾々の生活が不安定《ふあんてい》となり、不健全《ふけんぜん》となり乏《とぼ》しくなって来るのは何処《どこ》かに、「一つなる生命の流れ」に逆うものがあるからである。

## 「自然界《しぜんかい》の法則《ほうそく》」を超《こ》える法則

吾々《われわれ》は精神力《せいしんりょく》を強調《きょうちょう》するからと言って、決《けっ》して自然界《しぜんかい》の法則《ほうそく》を無視《むし》して、唯《ただ》精神力だけで頑張《がんば》れと言うのではないのである。自然界の法則に乗って、自然界の法則の協力《きょうりょく》を得《う》るのが本当の智慧《ちえ》であるのである。併《しか》し「自然界の法則」は、まだ必《かなら》ずしも人間にその全《すべ》てが知られている訳《わけ》ではない。従《したが》って今まで発見《はっけん》された「自然界の法則」のほかにも無数《むすう》の法則があるのに、それを知らないために利用《りよう》されていない法則が多分《たぶん》にある。その知られない法則の中には、精神界の法則もあれば霊《れい》の法則もあるのである。原子《げんし》の如《ごと》き微視的《びしてき》世界の法則と、巨大《きょだい》なる物質界《ぶっしつかい》の法則とが異《ことな》るように、「精神界の法則」や「霊の法則」は「自然界の法則」とは異《ことな》ることがある。精神や霊の法則を利用するとき「自然界の法則」以上《いじょう》の働《はたら》きを生《しょう》ずることがある。

## 「心の法則《ほうそく》」を破《やぶ》ればそれだけの報《むく》いが来る

「自然界《しぜんかい》の法則《ほうそく》」を破《やぶ》ったならば、それだけの咎《とが》めを受けるのは誰《たれ》も知る通りである。余《あま》り熱《あつ》い物に触《ふ》れれば火傷《やけど》を生《しょう》ずるし、汽車《きしゃ》と衝突《しょうとつ》すれば怪我《けが》をする。こんなことは当然《とうぜん》のことである。しかし「精神界《せいしんかい》の法則」を知らないで、心で人と衝突すればどうなるか、やがてそれが自分の身体《からだ》に報《むく》いて来て、胃病《いびょう》となったり、頭痛《ずつう》となったり、神経痛《しんけいつう》を起《おこ》したりしていることを知らない人は随分沢山《ずいぶんたくさん》あるのであります。金光教祖《こんこうきょうそ》は「心の角《かど》で怪我《けが》するな」と教《おし》えられましたが、心の世界にも「播《ま》いた通りの種子《たね》が生《は》える」法則があるのであります。「人を呪《のろ》わば穴《あな》二つ」「泣《な》き面《つら》に蜂《はち》が螫《さ》す」「笑《わら》う門《かど》に福来《ふくきた》る」などと云う諺《ことわざ》は心の法則の一部を説《と》いたものであります。医学界《いがくかい》でも最近《さいきん》の「精神身体医学《せいしんしんたいいがく》」（今までの医学は身体ばかりの医学であったが、最近精神が肉体に病気を起すことについて研究せる学）やセリエ博士《はくし》のストレス学説《がくせつ》などは、これを科学的《かがくてき》に裏附《うらづ》けているのであります。

## 法則《ほうそく》に順応《じゅんのう》する者が人生の勝者《しょうしゃ》である

神は刑罰《けいばつ》を与《あた》えて人間を苦《くる》しめると云《い》うことはない。人生は囲碁《いご》のようなものである。自分の石を何処《どこ》に打つかと云うことによって、自分が勝利者《しょうりしゃ》となるか、自分が苦境《くきょう》（くるしい境遇。苦しい立場）に立つかがきまるのである。自分が、たとい苦境に立っても其《そ》の苦しみは決《けっ》して神が人間に与《あた》えたまうたものではないのである。神は決して刑罰《けいばつ》を与えたまわない。碁《ご》を打つには「囲碁の法《ほう》則《そく》」と云うものがあって、自分の打った石の位置《いち》に対して、法則が作用《さよう》して来て、自分を苦境に立たせたり、勝利を得《え》させたりするのである。そして「法則」は不変《ふへん》であるから、度々《たびたび》碁を打っているうちに、「法則」に順応《じゅんのう》する智慧《ちえ》がみがかれて来て碁の名人《めいじん》となるのである。人間も度々の失敗《しっぱい》に挫折《ざせつ》せずに人生の名人となるべきである。

## 愛《あい》の法則《ほうそく》によって自然界《しぜんかい》の法則を利用《りよう》せよ

「法則《ほうそく》」を悉《ことごと》く知っておれば、それに悉く順応《じゅんのう》する（それぞれに応じて調和する）ことは難《むつか》しくないかも知れないが、我々《われわれ》は「自然界《しぜんかい》の法則」でも其《そ》の極《ご》く一部を知っただけである。原爆《げんばく》や水爆《すいばく》をつくる「自然界の法則」を知った人はあるけれども、その攻撃《こうげき》から完全《かんぜん》に逃《のが》れる「自然界の法則」を知った人は一人もないのである。原爆や水爆の禍害《かがい》から逃れる為《ため》には今の処《ところ》、「自然界の法則」以《い》上《じょう》の高次《こうじ》の法則――「精神界《せいしんかい》の法則」「愛《あい》の法則」を利用するより仕方《しかた》がないのである。「汝《なんじ》ら互《たがい》に相愛《あいあい》せよ、愛する処《ところ》に吾《わ》れは在《あ》るなり」――と神は言い給《たま》うのである。もし人類《じんるい》が「愛の法則」に従《したが》うて、互《たがい》に愛し合いさえするならば、世界の人類は武装《ぶそう》や軍備《ぐんび》に使う「努力《どりょく》」や

「出費《しゅっぴ》」を原子力《げんしりょく》の平和的《へいわてき》使用に振《ふ》り向けることが出来、生産力《せいさんりょく》の増大《ぞうだい》と至福《しふく》世界の創造《そうぞう》とに原子力を役立《やくだ》たせる事が出来るのである。

## 人生の暗礁《あんしょう》を避《さ》けるには

法則《ほうそく》を悉《ことごと》く知ることが出来ないのに、法則に牴触《ていしょく》（ふれる。衝突する）せずに、順潮《じゅんちょう》に人生の海を航海《こうかい》するにはどうしたら好《よ》いだろうか。それは恰《あたか》も、暗礁《あんしょう》（水面に出ていない岩）が何処《どこ》にあるか、浅瀬《あさせ》が何処にあるか、浮流《ふりゅう》（ういてながれる）機雷《きらい》（きかい水雷。水面に浮かせて、ふれるとバクハツを起すもの）が何処にあるかを知ることが出来ないのに、順潮に坐礁《ざしょう》（暗礁にふれて舟が動かなくなること）もせず、機雷にも触《ふ》れないで航海するにはどうしたら好《よ》いかと云う問《とい》と全然《ぜんぜん》同じことである。それには叡智《えいち》（すぐれた智慧）のある水先案内《みずさきあんない》がいて、慣《な》れた航路《こうろ》をあやまたずに指揮《しき》してくれるのに素直《すなお》に従《したが》って行《ゆ》けばよいのである。では吾々《われわれ》の「人生の航路」に於ける水先案内は誰《たれ》であろうか。それは神である。人間は、人生の何処《どこ》に暗礁《あんしょう》があるか、機雷《きらい》が伏《ふ》せてあるかを知らないでも、神の叡智《えいち》はそれを知り給《たま》うのであるから、常《つね》に神想観《しんそうかん》して神の叡智の導《みちび》きに従《したが》って行動《こうどう》するようにすれば好《よ》いのである。

## 神に導《みちび》かれる精神科学《せいしんかがく》の原理《げんり》

仏典《ぶってん》（仏教の経典）には「衆生《しゅじょう》、仏《ほとけ》を憶念《おくねん》（おもいだす）すれば、仏、衆生を憶念したまう」と云《い》う法語《ほうご》（おしえのことば）がある。「汝《なんじ》が神と偕《とも》にあらば、神は汝と偕にいまさん。若《も》し汝《なんじ》、神を求《もと》むれば、神は汝を見《み》出《いだ》したまわん。されど汝《なんじ》、神を見棄《みす》てれば、神、汝を見棄てたまわん」と云うことが旧約聖書《きゅうやくせいしょ》にある。イエスは「先《ま》ず神の国と神の義《ただしき》を求《もと》めよ。その余《よ》のものは汝《なんじ》らに加《くわ》えらるべし」と教《おし》えていられるのである。これらは皆《みん》な、人生の水先案内《パイロット》に直結《ちょっけつ》し、そのパイロットの無限《むげん》の智慧《ちえ》に導《みちび》かれる方法《ほうほう》なのである。これ等《ら》過去《かこ》の聖者《せいじゃ》は、この真理《しんり》を霊感又《れいかんまた》は直感《ちょっかん》によって把握《はあく》（つかむ。よく理解する）し、精神科学的《せいしんかがくてき》な法則《ほうそく》として把握《はあく》し得《え》なかったのであるけれども、現代《げんだい》では、精神科学的研究《けんきゅう》によって其《そ》の法則が知られつつあるのである。

## いつまでも若《わか》くいるには

肉体《にくたい》の相《すがた》は其《そ》の人の心の相《すがた》である。その人の心が老《お》いれば、その人の肉体も老いるのである。長寿《ちょうじゅ》の方法《ほうほう》として、老年《ろうねん》になってから語学《ごがく》を勉強《べんきょう》すると好《よ》いのは、言葉を覚《おぼ》える心は幼児《おさなご》の心であるからである。老年者も幼児と交《まじ》って一緒《いっしょ》に遊べば若返《わかがえ》るのである。また長く愛《あい》情《じょう》を失《うしな》わないときにはまた老いないのである。愛情は神より来《きた》るものであるからである。隠《いん》居《きょ》などして生命《せいめい》を働《はたら》かさないときは早く老いる。地上の生命は働くためにつくられているからである。だからその生命が地上で働かなくなるときには、地上からその生命は免職《めんしょく》せしめられて霊界《れいかい》に移転《いてん》しなければならない。年齢《ねんれい》で退職《たいしょく》せしめられた後《のち》に、何もしないで唯恩給《ただおんきゅう》で生活していると早く老いる所以《ゆえん》である。

## 幼《おさ》な児《ご》に中風《ちゅうぶう》も脳溢血《のういっけつ》もない

中風《ちゅうぶう》は老人病《ろうじんびょう》である。赤《あか》ん坊《ぼう》が中風になったり脳溢血《のういっけつ》になったと云《い》う話をきかぬ。それだから、中風を癒《いや》そうと思ったならば、赤ん坊になればよいのである。幼《おさ》な児《ご》の真似《まね》をすればよい。幼な児の心にかえればよいのである。或《あ》る人は人間が次第《しだい》に老人《ろうじん》になるのは、子供《こども》が小さい時から、大人《おとな》や老人が何でも自分のすきなことをするのを見て、「あんな大人になって何でも自由《じゆう》にしたい」と云う年《とし》をとりたいと云う願望《がんもう》が深《ふか》く心に滲《し》み透《とお》って次第に父母《ふぼ》や祖父母《そふぼ》のように年をとった姿《すがた》になるのだと云っている。それならば、老人が幼な児にあこがれ、幼な児を先生として見習《みなら》うならば、次第に若返《わかがえ》って来るのも当然《とうぜん》である。

## 永遠《えいえん》の青年《せいねん》となるには

或《あ》る医者《いしゃ》の本を読むと、若《わか》い人は肉眼《にくがん》に見えないが「若素《じゃくそ》」という不可知《ふかち》の神秘的波動《しんぴてきはどう》を絶《た》えず放散《ほうさん》しつづけている。それ故《ゆえ》、電車《でんしゃ》にのっても、人ごみの中に居《い》ても、又家庭《またかてい》に居ても、絶《た》えず若い人の側《そば》に居て、若人《わこうど》の放散《ほうさん》する「若素《じゃくそ》」にふれる様《よう》にしていると、その人は若返《わかがえ》ることが出来るのであると。類《るい》を以《もっ》て集《あつま》ると云う法則《ほうそく》によるとも言えるのである。

本当は老人《ろうじん》など居《い》ないのである。吾々《われわれ》は皆《みな》神の子であるから永遠の青年である。

諸君《しょくん》よ希望《きぼう》をもとうではないか。さらば若返る。神戸《こうべ》にいる私の祖母《そぼ》は、六十幾歳《いくさい》のときに、山に自分の食べた柿《かき》の種《たね》を植《う》えた。柿の木を大きく育て、それを実《みの》らせて食べるのだと言われたが、今も矍鑠《かくしゃく》(年老いても健康で元気のよいさま)として生きていられる。元治元年《げんじがんねん》四月一日生《うま》れで今年《ことし》(昭和《しょうわ》三十三年)九十四歳《さい》である。

幼《おさ》な児《ご》をご覧《らん》なさい。取越苦労《とりこしくろう》などしているものは一人もいない。だから彼らは生長《せいちょう》するのである。

幼な児を御覧なさい。ただそのまま生きている。それだから、周囲《しゅうい》の人が自然に食物《しょくもつ》をもって来て食べさせる様になるのである。

どんな老人でも今からでも仕事《しごと》をはじめなさい。おそすぎるという事はない。神様の目から見れば、八十歳の老人と雖《いえど》も、赤ん坊である。

苦《くる》しまなければ「深刻《しんこく》」でないと考えている人がある。それは間違《まちが》った考え方である。真実《しんじつ》の「深刻《しんこく》」は、「実相の深刻」である。「実相の深《ふか》さ」である。実相に深く透徹《とうてつ》（ふかくつらぬきとおる）し、心の底《そこ》からにじみ出る深い明るさを湛《たた》えることが本当の「深刻」である。ただ単《たん》なる表面的《ひょうめんてき》な明《あか》るさでは何にもならない。「深刻の明るさ」が尊《とうと》いのである。

### 不完全《ふかんぜん》と見える中にも見出《みいだ》せば「完全」がある

ミケランジェロは、或日《あるひ》彫刻《ちょうこく》の素材《そざい》を買いにローマに行った。生憎何処《あいにくどこ》をさがしても完全《かんぜん》な大理石《だいりせき》の素材がなかった。その時彼が見つけたのは、路傍《ろぼう》に棄《す》てられている何《ど》んな形にも仕《し》上《あ》げようのないような凸凹《でこぼこ》のある不完全な大理石であった。けれどもミケランジェロがそれを持って帰って、じっと眺《なが》めているうちに、その不完全と見える素材のうちから、すばらしい構《こう》図《ず》が浮《う》び上《あが》って来たのであった。ひびの入《はい》った部分をけずり、ゆがんだ所に適当《てきとう》な技《わざ》を加《くわ》える事によって、それはかれの世界的に有名《ゆうめい》な傑作《けっさく》、「少年ダビデ」の像《ぞう》となったのである。

人生も亦《また》、かくの如《ごと》きものである。一見不利益《いっけんふりえき》と見えるものも、それはより高い魂《たましい》の飛躍《ひやく》への素材《そざい》であり踏《ふ》み台《だい》である。地上にわざわざ不利益な条件《じょうけん》を背負《せお》って、生《うま》れ乍《なが》らの不具者《ふぐしゃ》として生れてくる霊魂《れいこん》は、それによって他では得られぬ貴《とうと》い体験《たいけん》を積《つ》むために、みずから選《えら》んで、自分が不具者として生れるに適当《てきとう》している母体《ぼたい》を選んで受胎《じゅたい》したのである。今の境涯《きょうがい》を感謝《かんしゃ》して受けよ。その時そこに神の恵《めぐ》みの「傑作《けっさく》」が誕生《たんじょう》するのである。

## 調和《ちょうわ》すると云《い》うことは悪《あく》の存在《そんざい》をゆるすことではない

「調和《ちょうわ》する」と云《い》うことを誤《あやま》って理解《りかい》している人がいる。「不幸《ふこう》や病気《びょうき》や災難《さいなん》が起《おこ》るのは、みな自分の心のあらわれであるから、皆《みな》自分が至《いた》らぬせいである、自分が悪《わる》いのである、この様に心掛《こころが》けの悪い自分に、不幸がおとずれるのはもっともである」と、その不幸の姿《すがた》の存在《そんざい》を肯《こう》定《てい》(正しくあると断定する)して、その存在をゆるす気もちになり、それで、「天地一切《てんちいっさい》のものと和解《わかい》した」つもりになっている人があるが、これでは何時《いつ》までたってもその不幸は消滅《しょうめつ》しないのである。悪をみとめているからである。悪はないのである。不幸は存在しないのである。存在しない不幸には少しも妥協する必要はない。何者《なにもの》も人間を犯《おか》す事はできないのである。良《よ》きことのみがあるのである。良きことのみを認《みと》め、良きことのみを言い、良き事のみを考えましょう。心に描《えが》けば、描いたものを宇宙《うちゅう》の創化作用《そうかさよう》がつくり出してくれるのである。

## 何故《なぜ》老衰《ろうすい》するか

創造《そうぞう》するのは宇宙《うちゅう》の霊《れい》であり、創造の方向《ほうこう》を指導《しどう》するのは吾々《われわれ》の現在意識《げんざいいしき》と潜在意識《せんざいいしき》とである。潜在意識は現在意識を通して外界《がいかい》から暗示《あんじ》(或る念をそれとなく潜在意識に示し印象するもの)を受けて、ある一定《いってい》の想念《そうねん》の傾向《けいこう》をつくり上げ、その傾向の方向に創造する力を働《はたら》かしめることになるのである。或《あ》る人の肉体《にくたい》が常《つね》に一定《いってい》の人相《にんそう》をしており、或る一定の病気《びょうき》に罹《かか》り易《やす》い傾向をもっているのは、こうして作り上げられたる潜在意識中の想念が一定の傾向をもっており、その一定の傾向に従《したが》って宇宙の創化作用《そうかさよう》が働くからである。老年《ろうねん》になれば、これほどの容貌《ようぼう》になり、これほど人間は老衰《ろうすい》すると云う一定の想念を吾々《われわれ》が持っているから、老年になると顔に皺《しわ》が寄《よ》り、肉体が衰弱《すいじゃく》して来るのである。想念を変えれば肉体が変《かわ》るのである。

### 潜在意識《せんざいいしき》に「若《わか》さ」を印象《いんしょう》せよ

潜在意識《せんざいいしき》にある想念《そうねん》の一定傾向《いっていけいこう》を変化《へんか》すれば、肉体《にくたい》が或《あ》る種《しゅ》の一定傾向をもっていること(例《たと》えば風邪《かぜ》にかかり易《やす》いとか、頭痛持《ずつうも》ちであるとか、持病《じびょう》の癪《しゃく》があるとか、老衰《ろうすい》するとか)を変化することが出来る筈《はず》なのである。この潜在意識的の想念を変化するには、現在意識《げんざいいしき》がその支配《しはい》者《しゃ》となって、精神統一《せいしんとういつ》によって、自分の欲《ほっ》する想念を潜在意識に印象《いんしょう》し、欲《ほっ》せざる想念を潜在意識面から否定《ひてい》し去《さ》れば好《よ》いのである。例《たと》えば「吾《わ》が生命《せいめい》は神の生命である。神は永遠《えいえん》に老《お》いないのである。だから吾《わ》が生命も老いないのである。肉体は生命の顕《あらわ》れであるから、生命が老いない限《かぎ》りはその顕《あらわ》れたる肉体も老いないのである。吾《われ》は肉体が老いると云う観念《かんねん》を永遠《えいえん》に追放《ついほう》したのである」ハッキリ現在の心で繰返《くりかえ》し念《ねん》じて、それを潜在意識に印象するのである。

## 常《つね》に健康《けんこう》に自分を保《たも》つには

神の生命《せいめい》が吾《わ》が生命である。全能《ぜんのう》の神がわが生命を支配《しはい》したまうのである。神は吾《わ》れに与《あた》えたまいし生命を、常《つね》に健康《けんこう》に、常に若《わか》く、常に病気《びょうき》に罹《かか》らぬように、常に疲労《ひろう》と破損《はそん》とを恢復《かいふく》するように、内部《ないぶ》より導《みちび》きたまうのである。だから、如何《いか》なる病気に罹《かか》ろうとも、如何に外《がい》傷《しょう》を受けようとも常に内部の力が吾《わ》れを癒《いや》し給《たま》うのである。その内部の癒したまう力を制限《せいげん》して働《はたら》きにくくするのは、吾々《われわれ》自身の病的観念《びょうてきかんねん》であり、その内部の力を促進《そくしん》するのは吾々の健《けん》全《ぜん》な観念《かんねん》である。ここに吾等《われら》が自分の肉体を健康に維持《いじ》して行《ゆ》くための秘訣《ひけつ》(コツ。ゴクイ)があるのである。すなわち現在意識《げんざいいしき》がつねに健康を思念《しねん》することである。そして言葉で常に善《よ》きことを語ることである。

## 常《つね》に肉体《にくたい》は新しく造《つく》られつつある

現在意識《げんざいいしき》の思い浮《うか》べる想念《そうねん》、信仰《しんこう》、感情《かんじょう》、及《およ》び五官《ごかん》に映《うつ》る色々《いろいろ》の現象《げんしょう》は、潜在意識《せんざいいしき》に印《いん》象《しょう》せられて、次《つぎ》に起《おこ》る状態《じょうたい》を生み出す「種子《たね》」となるのである。吾々《われわれ》の肉体内部《にくたいないぶ》で進行《しんこう》している生理化学的《せいりかがくてき》な働きは、いずれも潜在意識に印象されている想念の相《すがた》によって、強くなったり、弱くなったり、歪《ゆが》められたり、正しくなったりするのである。大体《だいたい》、人間の肉体と云うものは常に一定《いってい》の成分《せいぶん》のままで凝結《ぎょうけつ》している「無生物《むせいぶつ》」の物体《ぶったい》ではないのである。肉体の全細胞《ぜんさいぼう》は常に間断《かんだん》なく変化《へんか》しつつあるのであり、旧《きゅう》細胞は常に崩壊《ほうかい》して新たなる細胞が造られつつあり、その新細胞を如何《いか》なる状態につくり、如何なる状態に配列するかは、潜在意識中の想念の如何《いかん》によるのである。

## 心は肉体《にくたい》を支配《しはい》します

ヒポクラテスは憤怒《ふんぬ》と恐怖《きょうふ》の感情《かんじょう》が血液《けつえき》の中に毒素《どくそ》をつくると云《い》うことを暗示《あんじ》した史上最《しじょうさい》初《しょ》の医聖《いせい》であるが、それを現代《げんだい》の精神身体医学《せいしんしんたいいがく》は完全《かんぜん》に「科学《かがく》」として証明《しょうめい》するようになったのである。憤怒の瞬間《しゅんかん》には血圧《けつあつ》が六十以上《いじょう》も上昇《じょうしょう》する人は沢山《たくさん》あるのである。「若《も》しあなたが怒《おこ》り易《やす》いとするならば、あなたの寿命《じゅみょう》の長さは自分の手に握《にぎ》られているのではなく、あなたを怒《おこ》らす人の手に握られていると言わなければならないのである」とスコットランドの有名《ゆうめい》なる外科医《げかい》ジョン・ハンター博士《はくし》（Dr. John Hunter）は屢々《しばしば》人に警告《けいこく》を発《はっ》しながら、自分自身が或《あ》る日大《おお》いに憤激《ふんげき》（はらたてて、心がげきする）の発作《ほっさ》におそわれ、その瞬間狭心症《きょうしんしょう》の発作を起《おこ》して死んでしまったのである。

## 心はこんなに肉体《にくたい》に影響《えいきょう》する

コロンビヤ大学《だいがく》の医学部《いがくぶ》教授《きょうじゅ》フランダーズ・ダンバー博士《はくし》（Dr. Flanders Dumbar）は不安《ふあん》や恐怖《きょうふ》や憤怒《ふんぬ》によって心が顚倒《てんどう》するときは、心臓疾患《しんぞうしっかん》、胃潰瘍《いかいよう》、喘息《ぜんそく》、肺結核《はいけっかく》、糖尿病《とうにょうびょう》等《とう》を誘《ゆう》発《はっ》する、既《すで》にこれらの病気《びょうき》のいずれかに罹《かか》っている人は、これらの不健全《ふけんぜん》な感情想念《かんじょうそうねん》によってその病状《びょうじょう》が増悪《ぞうあく》すると言っているのである。ダンバー博士は単《たん》に病気のみならず、不注意《ふちゅうい》による災難《さいなん》や怪我《けが》と云《い》うようなものの八十パーセントは精神的不調和《せいしんてきふちょうわ》から生《しょう》ずるのであって、謂《い》わば神経病《しんけいびょう》の続発症《ぞくはつしょう》みたいなものだと言っているのであります。或《あ》る有名《ゆうめい》なスコットランドのリューマチス専門医《せんもんい》は、此《こ》の病気の四十パーセントは心理的原因《しんりてきげんいん》で起《おこ》ると言っているのである。多くの学生は試験前《しけんまえ》になると不安の精神から風邪《かぜ》を引いたり熱《ねつ》を出したり頭痛《ずつう》を発《おこ》したりするのは周知《しゅうち》（あまねく知られている。だれも知る）の事実《じじつ》である。

## 仕事場《しごとば》の悩《なや》みを家庭《かてい》に持《も》ち越《こ》してはならない

人間の身体《からだ》と精神《せいしん》との関係位《かんけいくらい》微妙《びみょう》なものはないのである。もし仕事先《しごとさき》で面白《おもしろ》くない事柄《ことがら》が起《おこ》って、その憤慨《ふんがい》やら昂奮《こうふん》がおさまらないで自宅《じたく》へ帰るならば、折角奥様《せっかくおくさま》が丹青《たんせい》（丹は赤、赤や青をぬって美しくする。まごころをこめて手をつくす）を尽《つく》して夫《おっと》に賞味《しょうみ》して貰《もら》おうと思ってこしらえた料理《りょうり》も一向《いっこう》美味《おい》しくないばかりか、それを無理《むり》に食べてお腹《なか》をこわして胃《い》にもたれたり下痢《げり》したりするのである。そしてそれが如何《いか》なる理由《りゆう》で、そのような事が起ったかわからぬ奥様は、自分の料理の何処《どこ》が夫の身体《からだ》に合わなかったのだろうと気にするかもしれない。食《しょく》あたりの原因《げんいん》は食物《しょくもつ》と云う物質《ぶっしつ》にはなくて、精神の異常昂奮《いじょうこうふん》にあることも度々《たびたび》あるのである。仕事場《しごとば》で起った事を家庭《かてい》まで持ち込むのは愚《おろ》かなことである。家庭を仕事場とは全然《ぜんぜん》ことなる雰囲気《ふんいき》にしておくことは精神及《せいしんおよ》び身体《しんたい》のレクリエーションになる。夫人《ふじん》と仕事を協同《きょうどう》している場合のほかは、家庭には仕事場の悩《なや》みを持ち込まないのが家庭生活を幸福《こうふく》にする一つの方法《ほうほう》である。

## 常《つね》に希望《きぼう》を懐《いだ》きましょう

「希望《きぼう》は実現《じつげん》の母《はは》である」と智慧《ちえ》の言葉にあります。常に希望をもってその希望に向《むか》って心明《こころあか》るく前進《ぜんしん》して行く者はついにその希望を実現することが出来るのであり、また常に健康《けんこう》でもある。若《も》し此処《ここ》に二人の同じ進行程度《しんこうていど》の重態《じゅうたい》の病人《びょうにん》があるとして、一人は「必《かなら》ず治《なお》る」との希望をもち、心明るく快活《かいかつ》にしているとし、もう一人は「もう駄目《だめ》だ」と考えて希望を失《うしな》い、悲観《ひかん》の極《きょく》に暗澹《あんたん》たる心を抱《いだ》いているとしますならば、前者《ぜんしゃ》は恐《おそ》らく治る率《りつ》が多いのであるが、後者《こうしゃ》は全《まった》く治らないのである。また同じように「治る」と云う結果《けっか》を得《う》ることが出来るにしても、その「治る」までに希望をもっている人は心が愉《たの》しいでしょうし、希望をもっていない人は心が苦《くる》しむのである。心の楽しい人は極楽《ごくらく》にいるのであり、心の苦しい人は地獄《じごく》にいるのである。自己を極楽に住まわせるか地獄に住まわせるかは自分の自由《じゆう》である。できるだけ表情《ひょうじょう》を明るくするように心掛《こころが》け、明るい言葉を出し周囲《しゅうい》の人に明るい気持を投《な》げかければそれが反射《はんしゃ》して来て自分も明るくなる。

### 潜在意識《せんざいいしき》を浄《きよ》めるために神想観《しんそうかん》を怠《おこた》るな

「歩《あゆ》む」ためには「歩み得《う》る」と云《い》う根本的自覚《こんぽんてきじかく》がなければならない。それと同じく「富《と》む」ためには「富み得る」と云う自覚がなければならない。健康《けんこう》になるためには「健康になり得る」と云う自覚がなければならない。大抵《たいてい》「失敗《しっぱい》する」のは「失敗する自覚」又《また》は予感《よかん》（前もって何となく感ずる）があって失敗するのであり、病気《びょうき》になるのも病気になる予感があって病気になるのである。新聞《しんぶん》の薬剤《やくざい》の広告《こうこく》、ラジオの薬剤の宣伝《せんでん》、その薬剤を用《もち》いねばならぬ病名《びょうめい》の記憶《きおく》――それらは潜在意識《せんざいいしき》にとび込《こ》んで、現在意識《げんざいいしき》が無雑作《むぞうさ》に見のがしている間《あいだ》に、ある漠然《ばくぜん》たる病気や、老衰《ろうすい》の予感となって識閾《しきいき》（意識を現在意識と潜在意識とに分けて、その境い目）下《か》にたくわえられる。そのたくわえられた予感のレコードが動き出してそれが具象化《ぐしょうか》したとき、肉体《にくたい》の病気としてあらわれる。だから我《われ》らは出来るだけ潜在意識を浄《きよ》める工夫《くふう》をしなければならない。

## 神の協力者《きょうりょくしゃ》となる者は幸《さいわ》いなるかな

常《つね》に神を憶《おも》え、神の愛《あい》をおもえ。神の愛が地上に顕現《けんげん》してすべての人類《じんるい》が救《すく》われんことを希《こいねが》え。そのために神に協力《きょうりょく》して人類《じんるい》を光明化《こうみょうか》するために働《はたら》け。神の共働者《きょうどうしゃ》となること以上《いじょう》に光栄《こうえい》ある仕事《しごと》は存在《そんざい》しないのである。或《あ》る人は会社の繁昌《はんじょう》の共働者となり、或《あ》る人は商売《しょうばい》の隆昌《りゅうしょう》の協力者となり、或《あ》る人は我欲《がよく》の満足《まんぞく》の協力者となる。そんな価値低《かちひく》きものの協力者・共働者となるよりも、いと高き神の人類救済《じんるいきゅうさい》の協力者・共働者となることの光栄を想《おも》え、失《しっ》敗《ぱい》を予想《よそう》すること勿《なか》れ。今、結果《けっか》がすぐあらわれないからとて、時間《じかん》の要素《ようそ》が加《くわ》わるとき、神と共《とも》に蒔《ま》いた種《たね》は必《かなら》ず生《は》えるのである。忍耐深《にんたいぶか》くあれ、形の上では柔《やわら》かく、和《なご》やかに、優《やさ》しき者となれ。されど魂《たましい》は勇敢《ゆうかん》に、執拗《しつよう》（しつこく。しっかりつかまえてはなさぬさま）に撓《たゆ》みなく努力《どりょく》する者となれ。而《しか》して神に感謝《かんしゃ》し、すべての人類を祝福《しゅくふく》せよ。

## 病弱《びょうじゃく》を語ってはならない

常《つね》に習慣的《しゅうかんてき》に自分の病弱《びょうじゃく》を考え、自分の持病《じびょう》を想《おも》い、それを人に語るために更《さら》にそれを憶《おも》い出し、人に語ってその同情《どうじょう》ある言葉をきいて、成《な》る程《ほど》私はこんなに同情さるべき病弱なものだと云う信念《しんねん》を深《ふか》くすることによって、益々《ますます》自己《じこ》の「病弱」と云う観念《かんねん》を潜在意識《せんざいいしき》に印象《いんしょう》し、それによって、新生《しんせい》する肉体細胞《にくたいさいほう》の状態《じょうたい》を病弱ならしめることになるのである。だから吾《われ》らはつとめて自分の病弱を考えぬことにし、自分の病気《びょうき》を話さぬことにし、他《ひと》に同情を求《もと》めぬことにしなければならないのである。大体《だいたい》、他《ひと》に同情を求める心そのものが、自分を不幸《ふこう》に陥《おとしい》れる観念なのである。何故《なぜ》なら他《ひと》から同情せられるために、自分を不幸にして置《お》かなければならぬからである。

## 自己《じこ》の心と行いを省《かえり》みよ

若《も》し自分の運命《うんめい》に面白《おもしろ》くないことがやって来たり、心配事《しんぱいごと》や病気《びょうき》があらわれて来たときには、それは過去《かこ》の心の世界に、なにか自分が原因《げんいん》を作っていたにちがいないのであるから、自分の過去の想念感情《そうねんかんじょう》及《およ》び行為《こうい》を反省《はんせい》してみるが好《よ》いのである。必《かなら》ず何処《どこ》かに、自分の想念感情に不純《ふじゅん》な（純粋でない。きよくない）ものがあるか、想念感情は正しくともその行いが神に反《はん》するものがあるかするのである。真理《しんり》を知ったと云うだけでは本当ではないのである。腹《はら》を立てるとか、心配《しんぱい》するとか、憎《にく》むとか云うことは無論悪《むろんわる》いが、愛《あい》していても愛を行為《おこない》に実践《じっせん》していないのも亦《また》、神のみこころにかなわないのである。癒《いや》されて其《そ》の功徳《くどく》を人に伝《つた》えないのも亦罪《またつみ》（包《つつ》み）である。

## お蔭《かげ》を受けたが、さて其《そ》の次《つぎ》は

神からお蔭《かげ》が得《え》られることは当然《とうぜん》のことである。人間は神の子であるから、神の有《も》ち給《たま》える一切《いっさい》の善《よ》きものを譲《ゆず》られるのは当然であるからである。併《しか》しその神から譲られた遺産《いさん》を何に使うかと云《い》うことは重大問題《じゅうだいもんだい》であるのである。放蕩息子《ほうとうむすこ》のように、その賜物《たまもの》を利己主義《りこしゅぎ》や、自分の快楽《かいらく》のために使い果《はた》してしまうことも出来るし、その賜物《たまもの》の価値《かち》を高め、神の栄光《えいこう》をあらわすためにそれを使うことも出来るのである。神から譲《ゆず》られた賜物《たまもの》を、その価値を発揮《はっき》するようにつとめて、神の栄光をあらわすように使えば、それは善《よ》き神の子であるが、その使い道を誤《あやま》って却《かえ》って神の栄光を台なしになるような使い方をする者は放蕩《ほうとう》の児《こ》だと言わなければならぬ。

## 自分に属《ぞく》する物のみを求《もと》めよ

神のみ心《こころ》にかなうように、現在頂《げんざいいただ》いているお蔭《かげ》を使うようにするならば、其《そ》の人は何事《なにごと》も順潮《じゅんちょう》に運《はこ》ぶようになるのである。若《も》し順潮に事が運ばないのは、本当の道に乗って物事《ものごと》を運んでいないからである。自分に属《ぞく》するもののみを自分が受けるようにしなければならぬのであって、他《ひと》の褌《ふんどし》で自分が利益《りえき》を受けて、それを神の恵《めぐ》みだなどと傲慢《ごうまん》なことを考えてはならないのである。念力《ねんりき》の強い場合には自分の念《ねん》ずることは何事でも自由《じゆう》に集《あつま》って来る場合があるが、その中には念力によって「他《た》に属《ぞく》する物」を略奪《りゃくだつ》(うばい)(とる)して来る場合もあって、これは如何《いか》に自分が順潮にいっても「盗罪《とうざい》」(ぬすみ)(のつみ)であることは免《まぬが》れないのである。そんな場合に、次《つぎ》に来《きた》るものは、その奪《うば》った物を失《うしな》うと云うことである。

## 人間の本性《ほんせい》は「愛《あい》」である

人は誰《たれ》でも、人のために尽《つく》すことも出来るし、人を害《がい》することも出来るのである。そして人の為《ため》になることをしてあげたときには魂《たましい》に悦《よろこ》びを感ずるけれども、人に害《がい》を与《あた》える行為《おこない》をしたときには、魂の奥底《おくそこ》から苦痛《くつう》の感じ又《また》は「咎《とが》め」の感じが起《おこ》って来るのである。この苦痛の感じ、「咎《とが》め」の感じと云うものは、人間自身の本性《ほんせい》にかなわないことをしたから起る内部《ないぶ》からの叱責《しっせき》(しかりせめること)であるのである。人に害を与えて、「よい気味《きみ》だ」と感ずることもあるかもしれないけれども、それは「憎《にく》しみ」に動かされているからであって、「憎しみ」そのものは、人間の魂《たましい》の本性《ほんせい》に叶《かな》わないものであるから、人は「憎しみ」を心に持っているだけで魂は切り刻《きざ》まれるように苦《くる》しいのである。

## 内部《ないぶ》の精神波動《せいしんはどう》と同じものが外部《がいぶ》から引寄《ひきよ》せられる

国民《こくみん》の運命《うんめい》でも、民族《みんぞく》の運命でも、すべて国民総体《そうたい》の精神波動《せいしんはどう》に関係《かんけい》しているのであって、国民が相互《そうご》に感情《かんじょう》で相争《あいあらそ》い、協調《きょうちょう》(共に調和して力を合わす)融和《ゆうわ》(とけ合う)の精神《せいしん》を失《うしな》っている場合には、「類《るい》は類《るい》を以《も》って集《あつま》る」と云う法則《ほうそく》によって、外《そと》からの害悪《がいあく》も吾々《われわれ》に近づいて来るのである。外からの害悪と云うのも必《かなら》ずしも「戦争的侵略《せんそうてきしんりゃく》」ではない。ビキニの環礁《かんしょう》(サンゴ礁が丸くワのようになっている島)の「死の灰《はい》」を被《かぶ》るのも、国民全部が争《あらそ》っている其《そ》の争いの精神波動が、「危険区域《きけんくいき》」外《がい》までも其《そ》の「死の灰」を引き寄《よ》せたと云うことになる。すべての「外からの害悪」は「内にそれを引き寄せる精神波動」が存在《そんざい》するためであると云う精神科学の法則を知るならば、先《ま》ず国民代表たる議会《ぎかい》の代議士《だいぎし》たち相互《そうご》が党派根性《とうはこんじょう》を捨《す》て国民に必要な生産《せいさん》を司《つかさど》っている労資双方《ろうしそうほう》がもっと協調《きょうちょう》しなければならぬことが分《わか》るのである。

## 一切《いっさい》を神の示現《じげん》として感謝《かんしゃ》せよ

心で想《おも》うこと、言葉で表現《ひょうげん》することが実生活《じっせいかつ》に実現《じつげん》して来るのであるから、今日《きょう》からあなたは、決《けっ》して悪《あ》しきことを心に想わず、悪しき言葉を発《はっ》しないのである。あなたは今日一日神からの「無限《むげん》の供給《きょうきゅう》」を心に想《おも》い、それが既《すで》に来つつあることを心に期待《きたい》し、それを神に感謝《かんしゃ》するのである。否《いな》、既に自分の眼《め》の前にある必需品《なくてならぬもの》が神からの「無限供給」の一部であることを知って、それに感謝し、それを粗末《そまつ》に取扱《とりあつか》わず、出来るだけそれを効率《こうりつ》多く使うように努《つと》めるのである。あなたは事々物々《じじぶつぶつ》、自分を取巻《とりま》いている一切《いっさい》の物の奥《おく》に、神の恵《めぐ》みが輝《かがや》いていることを見て常に感謝するのである。自分の眼《め》の前にある一切の人と物と事とは神が其《そ》の姿《すがた》に現《あらわ》れて何事《なにごと》か教《おし》え給《たま》うていることを信《しん》ずるのである。

## 人生に問題《もんだい》が起《おこ》って来た場合

何事《なにごと》が自分の人生に問題《もんだい》が起《おこ》って来ても、それは決《けっ》してあなたにとっての苦難《くなん》でも不幸《ふこう》でもないのである。それはあなたの魂《たましい》にとっての新しい課業《かぎょう》が始まって来たと云うことを考えて喜《よろこ》ぶべきである。それが、今迄《いままで》あなたが体験《たいけん》したことのないような課題《かだい》（課せられた問題）であるにしても、それはあなたが別《べつ》の学校へ進学《しんがく》したのであり、別の課題を解《と》くべく勉強《べんきょう》しつつあるのだと考えたら、別に何等《なんら》驚《おどろ》くべきことはないのである。静《しず》かに「この問題を如何《いか》に解くべきか」と考えるようにすれば、よき考えが思い浮《うか》んでくるのである。凡《およ》そどんな問題でも解答《かいとう》があるのが問題であるから、解決が見出《みいだ》せない問題なんてあるべき筈《はず》はないのである。学校の試《し》験問題《けんもんだい》でも「上《あが》って」しまったら解答を忘《わす》れてしまう。落著《おちつ》いて事を処理《しょり》すべきである。

## 神様的立場からものを考えること

「静《しず》かに落著《おちつ》いてものを考える」と云《い》うことは、一段《だん》高く上《あが》って、神様的立場からものを考えると云うことである。人間の個我《こが》の立場からものを考えていたのでは、必《かなら》ず何処《どこ》かに偏《かたよ》りがあって本当に平等公平《びょうどうこうへい》な判断《はんだん》が出来ないと云うことになるのである。誰《たれ》にも贔屓《ひいき》せず、一切《いっさい》の人々に好都合《こうつごう》に行くのが、神の平等の智慧《ちえ》のはからいであるのである。問題《もんだい》が起《おこ》って来たときには「神様この問題を神様にあずけます。神様の智慧《ちえ》を流れ入らしめ給《たま》うて、これをすべての人々の幸福《こうふく》になるように解決《かいけつ》せしめたまえ」と祈《いの》り、静かに心を受身《うけみ》の状態《じょうたい》にならしめ、「神の智慧流れ入る……」と念《ねん》じてから、その問題の解決について考えれば好《よ》いのである。

## 「幹《みき》」と云《い》う立場に立って

すべての争闘《そうとう》と葛藤《かっとう》とは、互《たがい》の心の立場が、「個我《こが》」と云《い》う狭《せま》い立場に立っているから起《おこ》るのである。譬《たと》えば大樹《たいじゅ》の「幹《みき》」と云う立場に立てば、四方八方《しほうはっぽう》に派生《はせい》（わかれて生ずる）している枝《えだ》の方《ほう》向《こう》は悉《ことごと》く異《ことな》っていても、それを許《ゆる》すことが出来るのであるけれども、個々《ここ》の枝《えだ》だけの立場に立って見れば、左に出た枝には「右の枝」の出ている方向は間違《まちが》っているように見え、右に出た枝には「左の枝」の出ている方向は間違っているように見えるであろうけれども、左右《さゆう》いずれにも枝が出ながら人類《じんるい》と云う幹《みき》は生長《せいちょう》し行きつつあるのである。生長の家が中道実相《ちゅうどうじっそう》（どちらにもかたよらぬ真実のすがた）の教《おし》えであると云うのは、「そのまま」の偏《かたよ》らない心境《しんきょう》になって、神様的立場に立って物を判断《はんだん》するからである。左にでも右にでも偏《かたよ》っている人は、時々《ときどき》生長の家を間違って判断するけれども生長の家は左でも右でもない。

## 和《わ》して同《どう》ぜざる生活

吾々《われわれ》は他《た》の人の歩《あゆ》もうとする人生の行路《こうろ》を自分の狭《せま》い立場から批判《ひはん》を加《くわ》えてそれを曲《まげ》ようとしてはならないのである。人それぞれに特殊《とくしゅ》の過去《かこ》を持ち、これから体験《たいけん》しなければならぬ「人生の経験《けいけん》」も千差万別《せんさばんべつ》であるのである。だから其《そ》の人が或《あ》る体験を得《え》んがために或る方向《ほうこう》に向《むか》って人生を歩んで行くのは、それでよいのである。吾々《われわれ》は其《そ》の道理《どうり》を知って、これから其の体験に進み行こうとする「神の幼《おさ》な児《ご》」の魂《たましい》に対して尊敬《そんけい》の念《ねん》を払《はら》うべきであるのである。吾々は他の人々の考えに対して尊敬を払う。決《けっ》してそれに対して「馬鹿野郎《ばかやろう》」とは言わないのである。併《しか》し決して悉《ことごと》くは他の人々の考えに同《どう》ずるのではないのである。「和《わ》して同《どう》ぜず」（仲よくしているが自分の個性的なものを失わない）これが本当の民主主義《みんしゅしゅぎ》の生活である。

## 祈《いの》りと実践《じっせん》と報恩《ほうおん》行《ぎょう》について

『生命《せいめい》の實相《じっそう》』（編註・生長の家の基本聖典。谷口雅春著、日本教文社発行。頭注版全四十巻、愛蔵版全二十巻）を読んでみても、それに書かれている真理《しんり》の言葉が、唯《ただ》の「から念仏《ねんぶつ》」のようでピッタリと魂《たましい》の琴線《きんせん》に触《ふ》れないような気持《きもち》がするのは、それは「祈《いの》り」が足《た》りないか、「実践《じっせん》」が足りないか、「感謝報恩行《かんしゃほうおんぎょう》」が足りないかである。人は価《あた》いを支払《しはら》っただけのものしか受取《うけと》ることが出来ないのである。アメリカへ留学《りゅうがく》しても、建築《けんちく》に時間《じかん》と生命《せいめい》と労力《ろうりょく》と金銭《きんせん》との価《あた》いを払《はら》って其《そ》の方面《ほうめん》の研究《けんきゅう》を積《つ》んで置《お》いた人は、アメリカの建築について多くのものを得《え》て帰るであろう。光明思想《こうみょうしそう》だけに価《あた》いを払って来た人は、アメリカへ行《ゆ》けば其処《そこ》の光明思想だけを得て帰るのである。同じアメリカでも其処《そこ》へ行く人の普段《ふだん》の価《あた》いの払い方で、得て帰るものが異《ことな》る。『生命の實相』を読んで本当の功徳《くどく》を得るには祈りと実践と「感謝報恩行」との価《あた》いを払わなければならぬ。

### ただ道場《どうじょう》で話を聞くだけでは……

「祈《いの》り」は単《たん》に神に懇願《こんがん》する行事《ぎょうじ》ではないのである。それは神と霊交《れいこう》するところの行事である。祈りを重《かさ》ねているうちに意識《いしき》の中に神とのつながりが目覚《めざ》めて来て、真《しん》に人間の「生命《せいめい》の実相《じっそう》」が神そのものの生命であることがわかるようになるのである。生長《せいちょう》の家本部《いえほんぶ》の練成道《れんせいどう》場《じょう》での修行《しゅぎょう》が、ただ本を読んだり講義《こうぎ》をきいたりするだけよりも効果《こうか》があるのは、それは「祈り」に始まって「祈り」に終《おわ》る生活を「実践《じっせん》」し、「感謝報恩行《かんしゃほうおんぎょう》」として、廊下《ろうか》その他の清掃《せいそう》(きよめ掃除をすること)を、奉恩金《ほうおんきん》を納《おさ》めながら実行《じっこう》するからであります。道場へ通《かよ》うと云うことを観劇《かんげき》でもする積《つも》りで、金《かね》を払《はら》ってお客様のつもりで、道場に紙屑《かみくず》を散《ち》らして帰るだけでは、それだけのお蔭《かげ》を受けるだけのことであります。「お蔭はわが心にあり」であります。

# 第十二章　愛《あい》と信《しん》と行動《こうどう》によって

## 真理《しんり》とは何ぞや

実在界《じつざいかい》にある秩序《ちつじょ》（あるべきものがあるべき所にあるジュンジョ）を真理《しんり》と云《い》う。実在界とは「ほんとうにある世界」のことである。「実相《じっそう》の世界」とも云う。現象界《げんしょうかい》は「実相の世界」の投影《とうえい》としての「あらわれ」であるが、それが投影せられる場合、フィルムの良否《りょうひ》と（よいとわるいと）レンズの良否とによって天然色映画《てんねんしょくえいが》でも、多少実物《じつぶつ》とは異《こと》った色彩《しきさい》にあらわれて来るのと同じように現象面《げんしょうめん》に不完全《ふかんぜん》な有様《ありさま》があらわれて来るのであります。フィルムの良否とレンズの良否にあたるものが、吾々《われわれ》の「心の良否」である。心の持ち方如何《いかん》によって、実在界はどんなに完全《かんぜん》であっても、現象界に映《うつ》ってくる姿《すがた》は不完全にあらわれて来るのである。「実在界にある秩序」――即《すなわ》ち真理を現象界に完全にあらわし得《え》たとき今此処《ここ》に、幸福《こうふく》な完全な世界を実現《じつげん》し得《う》るのである。

## 先《ま》ず神の義《ぎ》を求《もと》めよ

「実在界《じつざいかい》にある秩序《ちつじょ》」これを「真理《しんり》」とも、また「道《みち》」とも「理《り》」とも「義《ぎ》」とも言います。「道理《どうり》」「道義《どうぎ》」「義理《ぎり》」と云《い》う風《ふう》にそれらの文字を組合《くみあわ》せても使います。イエスがただ「神の国と神の義をもとめよ、その余《よ》のものは汝等《なんじら》に加《くわ》えらるべし」と教《おし》えたときの、神の「義」とは正《まさ》しく此《こ》の「実在界にある秩序」であります。現象界《げんしょうかい》のものは投影《とうえい》でありますから、スクリーン（映画《えいが》の映写幕《えいしゃまく》）に映《うつ》った映画の画面《がめん》みたいなもので、常《つね》にうつり易《かわ》り、変化《へんか》し、無常《むじょう》なものであります。その映画（現象界）には病気《びょうき》も映り、貧乏《びんぼう》も映り、死《し》も映ってあらわれるかも知れません。しかしそれは映画であって本当に病気や貧乏や死があるのではありません。それを映した実際《じっさい》の映画俳優《はいゆう》は、今、元気に、健康《けんこう》に裕《ゆた》かに生活しているでしょう。それと同じように吾々《われわれ》の肉体《にくたい》に病気や不幸《ふこう》があらわれても、実相《じっそう》の人間は現《げん》に健康で幸福《こうふく》であるのです。

### 問題《もんだい》を解決《かいけつ》する「愛《あい》」の公式《こうしき》

先《ま》ず「真理《しんり》」を知ることです。「実在界《じつざいかい》の秩序《ちつじょ》」を知ることです。簡単《かんたん》な実例《じつれい》で言いますと、２《ニ》×２《ニンガ》＝４《シ》を知ることです。これは実在界の算数《さんすう》上の秩序であります。数学《すうがく》上の真理ですから「数理《すうり》」とも謂《い》います。此《こ》の数学上の真理を知ってそれを正しく用《もち》いるとき、つねにどんな難問《なんもん》でも解決《かいけつ》し得《う》るように、真理を知って、その正しき秩序に従《したが》って人生問題を解決して行くとき、如何《いか》なる人生上の難問題でも解決し得《え》ないと云うことはないのである。数学上の真理は数《すう》の秩序《ちつじょ》でありますが、人生の真理 即《すなわ》ち、人間相互《そうご》の秩序と云うのは「愛《あい》」であります。数学の公式《こうしき》を当《あ》て嵌《は》めればどんな数学の問題をも解決し得るように、「愛」の公式を当て嵌めればどんな人生の難問題も解決し得るのであります。

## 水爆《すいばく》・原爆《げんばく》を不要《ふよう》とするには

「愛《あい》」のあるところ調和《ちょうわ》が生《うま》れ、和解《わかい》が成立《せいりつ》し、協力《きょうりょく》が生《しょう》じ、善意《ぜんい》と赦《ゆる》しと平和《へいわ》とが実現《じつげん》するのであります。「人類《じんるい》を愛する」と言う前に、何故《なぜ》ソ連《れん》はアメリカを愛しないのであるか、また何故《なぜ》アメリカはソ連や中共《ちゅうきょう》を愛しないのであるか。彼らは「人類」と云う抽象《ちゅうしょう》(実際のカタチをぬいた「考え」だけのもの)的《てき》なものを愛していて、具体的《ぐたいてき》なソ連人や中共人やアメリカ人を愛しないからです。憎《にく》しみによっては何事《なにごと》も成就《じょうじゅ》しないのです。具体的な人間に対して憎しみを抱《いだ》いていながら、人類を愛していると空想《くうそう》しても何の効果《こうか》もないことです。憎しみは破壊感情《はかいかんじょう》であり、自己及《じこおよ》び相手《あいて》を破壊するように内部から其《そ》の人の思考《しこう》や行動《こうどう》を導《みちび》いて行くのであります。だからソ連もアメリカも互《たが》いに憎み合っているゆえに「平和」を唱《とな》えながら原爆《げんばく》・水爆《すいばく》を懸命《けんめい》に製造《せいぞう》し続《つづ》けるのです。先《ま》ず愛せよ、そんなものは不要《ふよう》となる。

## 憎《にく》しみの心は恐怖《きょうふ》を伴《ともな》う

恐怖心《きょうふしん》は、憎《にく》しみを心に持っている人に起《おこ》る感情《かんじょう》です。「愛《あい》は恐怖《きょうふ》を克服《こくふく》する」とはこのことです。無限《むげん》に愛している者には恐怖心は起らないのです。憎しみを心に持っている者は、敵《てき》を心に有《も》っていることになるのですから、いつ敵から逆襲《ぎゃくしゅう》せられるかも知れないと思って恐《おそ》れていなければならないのです。だから憎《にく》しみを心にもっている者は、強いように見えても実《じつ》は弱く、愛を心にもっている者は、弱いように見えても実は強いのです。愛は自己中心的《じこちゅうしんてき》なものではない。本当の愛は自己中心ではないのです。「愛する」と言いながら自己中心的な行《こう》為《い》をするものは、本当は愛してはいないのです。愛は自己中心的な欲望《よくぼう》を投《な》げ捨《す》てるものでなければならぬのです。自己中心的欲望がないから恐怖《きょうふ》が無《な》いのです。何らかの自己中心的欲望があるならば、それを奪《うば》われてはならないと思って、奪う者に対して恐怖を感ずるのです。

## 天国《てんごく》を心で実現《じつげん》しましょう

「愛《あい》」がすべての問題《もんだい》を解決《かいけつ》するのは、自己中心的欲望《じこちゅうしんてきよくぼう》から来る所の憎《にく》しみや、恐怖《きょうふ》や、疑《ぎ》惑《わく》や、猜疑《さいぎ》（人の心をうたがうこと）など消極的《しょうきょくてき》な破壊的《はかいてき》な感情《かんじょう》が一掃《いっそう》されるからであります。神は愛であり、愛は最《もっと》も建設的《けんせってき》な心の力であります。愛を人生問題に応用《おうよう》するとき、すべての疑《うたが》いは晴《は》れ、争《あらそ》いは中止《ちゅうし》せられ、互《たがい》の理解《りかい》は生《うま》れ、憎《にく》み怒《いか》り等《など》の不快《ふかい》な感情は一掃され、従《したが》って、また病気《びょうき》も自然《しぜん》に治《なお》るのです。疑い、争い、無理解《むりかい》、憎み、怒りなどのことを其《そ》のままにしておいて病気を治そうなどと思うから病気が治らないのであります。どんなに裕《ゆた》かな家庭《かてい》に生活していても、またどんなに良《よ》い制度《せいど》の自由《じゆう》社会に生活していても、疑い、争い、無理解、憎み、怒りなどの破壊的心境《しんきょう》で縛《しば》られている以上《いじょう》は人間は自由になれないのです。愛があるとき到《いた》る処《ところ》に天国《てんごく》が実現《じつげん》します。

### 先《ま》ず神を、愛《あい》を、自己《じこ》より輝《かがや》かしめよ

愛《あい》は幸福《こうふく》の源泉《げんせん》である。神は何人《なんぴと》をも罰《ばっ》しないけれども、愛が欠乏《けつぼう》しているとき、神は其処《そこ》にいない（神は愛である）から自然《しぜん》に其処《そこ》に不幸《ふこう》が生《しょう》じて来るのであります。若《も》しあなたが何事《なにごと》かに失敗《しっぱい》したとき、また何らかの病気《びょうき》に罹《かか》ったときには、自分に愛が何処《どこ》かの点で欠乏しているにちがいないと反省《はんせい》して見れば屹度《きっと》それが見つかります。その時、他を責《せ》める心を捨《す》て、自

分自身が懺悔《ざんげ》の心を起《おこ》して、その愛の欠乏の心を悔《く》い改《あらた》め、お詫《わ》びの心を徹底《てってい》させるならば、その失敗《しっぱい》も成功《せいこう》に転《てん》じ、病気を健康に復《ふく》するに到《いた》るのであります。どんな幸福もみな「神」から来るのであります。成功や健康や幸福を求《もと》めるより前に、自己の内から神即《すなわ》ち愛をあらわすことから始めて御覧《ごらん》なさい。「先《ま》ず愛の実践《じっせん》を求めよ」です。

## 自己《じこ》に宿《やど》る神の智慧《ちえ》

神は愛《あい》であると共《とも》に智慧《ちえ》でありたまう。その智慧は宇宙到《うちゅういた》る処《ところ》に充《み》ち満《み》ちていたまい、同時《どうじ》にわれらの内《うち》にも宿《やど》りたまうのである。従《したが》って、宇宙の秩序《ちつじょ》を支配《しはい》している智慧と、吾らの内に宿っている智慧とは一体《いったい》であるのである。その智慧に導《みちび》かれて吾々《われわれ》が行動《こうどう》するときには宇宙の秩序に調和《ちょうわ》して万事《ばんじ》が行われるから、何事《なにごと》も順潮《じゅんちょう》にはこぶのであります。自己に宿る神の智慧は、内部的《ないぶてき》な「催《もよお》し」となって表面《ひょうめん》にあらわれてまいります。最《もっと》も簡単《かんたん》な内部的な催しは、幼児《ようじ》の内から催してくる「成長《せいちょう》したい願《ねが》い」です。これは人間に内在《ないざい》する「神の生命」が最後《さいご》には最も完成《かんせい》して、「父なる神」の如《ごと》くなろうとする内なる衝動《しょうどう》であります。誰《たれ》でも人は、神の子でありますから「神」の如《ごと》くなろうと云う衝動をもっているのであります。

## 神の智慧《ちえ》の導《みちび》きを受けるには

誰《たれ》もみな神の生命《せいめい》を内《うち》に宿《やど》し、神の智慧《ちえ》を内に貯《たくわ》えているのでありますけれども、肉体的《にくたいてき》自分の我欲《がよく》にとらわれ、物質的事物《ぶっしつてきじぶつ》に心を奪《うば》われていますと、その心の曇《くも》りによって自己内在《じこないざい》の神の智慧《ちえ》の照射《しょうしゃ》（光《ひかり》をさし照《て》らす）が不充分《ふじゅうぶん》となり、神の智慧に導《みちび》かれずして、物質獲得《かくとく》や肉体的快感《かいかん》獲得の人間欲望《よくぼう》に導かれますから、あらゆる方面《ほうめん》で失敗《しっぱい》を招《まね》くことになるのであります。多くの「神を信《しん》じたけれどもお蔭《かげ》がなかった」と言う人たちの心境《しんきょう》を見ますと、神の智慧に導かれるために「我欲《がよく》」の曇《くも》りを捨《す》てなければならないときに、我欲でもって「神様、このような物質的利益《りやく》を与《あた》えて下さいませ」と祈《いの》っているのであります。これでは光《ひかり》を蔽《おお》いながら、「明《あか》るくして下さい」と祈っているようなものですから効果《こうか》がないのであります。

## 我《が》の精神《せいしんりょく》力を否定《ひてい》するのが宗教《しゅうきょう》である

「心によって人生を支配《しはい》せよ」などと云う標語《ひょうご》は、時《とき》として大変《たいへん》な間違《まちが》った思いを人に抱《いだ》かせることがあるものなのです。「我《が》」の心の頑張《がんば》りによって人生がどうにでもなるように考えたり、「我」の精神力《せいしんりょく》によって肉体《にくたい》の健康《けんこう》がよくなるように考えすぎると危険《きけん》なのであります。そんな誤解《ごかい》を招《まね》きますから、「新興宗教《しんこうしゅうきょう》は治病《ちびょう》に精神力を濫用《らんよう》する（ムチャな使いようをする）」などと言われるのであります。宗教で病気《びょうき》が治《なお》るのは、却《かえ》って我《が》の精神力を捨《す》てることによって、無我《むが》感謝《かんしゃ》の心境《しんきょう》が神の智慧《ちえ》の発現《はつげん》を容易《ようい》ならしめ、神の生命力《せいめいりょく》を完全《かんぜん》に発揮《はっき》せしめるからであります。イエスが「我《わ》れみずからにては何事《なにごと》をも成《な》し得《え》ず」と言ったのは我《が》の精神力の否定《ひてい》であり、「天の父われにいまして御業《みわざ》を成さしめ給《たま》うなり」と言ったのは、我《が》の否定の後《のち》に顕現《けんげん》する神力《しんりょく》を讃《たた》えたのである。

## 原因《げんいん》と結果《けっか》とは平衡《へいこう》している

神は愛《あい》であり、智慧《ちえ》であり、義《ぎ》であります。義は正義《せいぎ》であり、平衡《へいこう》（つり合うこと）の原理《げんり》であります。平衡の原理と云うのは「与《あた》えれば与えられる、奪《うば》えば奪われる」と云う原理であります。それはまた原因《げんいん》・結果《けっか》の法則《ほうそく》である。それはまた受ける準備《じゅんび》が出来たら屹度《きっと》出て来ると云う法則でもある。何物《なにもの》も原因なくして結果が生《しょう》ずると云うことはないのであります。原因と結果とは平衡《へいこう》しているのであります。即《すなわ》ちバランスしているのであります。「求めよ、さらば与《あた》えられん」とイエスは教《おし》えましたが、多くの人は求めても与えられていないのです。それは、「受ける準備」が整《ととの》っていないからであります。「受ける準備」と「与えられる分量《ぶんりょう》」とは平衡《バランス》しているのです。「受ける準備」とは常《つね》に「人のためになる事物《じぶつ》を与える」ことであります。

## 与《あた》えよ、さらば与えられん

自分に何かを受けようと思うならば、自分に属《ぞく》する何物《なにもの》かを、他を利益《りやく》するために与《あた》えなければなりません。これが心の法則《ほうそく》であります。「心で人生を支配《しはい》せよ」とは、心で何か呪文《じゅもん》をとなえたり、労《ろう》せずしてただ念力《ねんりき》だけの力で何物かを得《え》ようとすることではありません。つまり、労せずして何物かを得ようと云うような「狡《ずる》い心を入れ換《か》える」ことによって、人生を支配することが、「心で人生を支配する」ことなのであります。人が地上に生《うま》れたら、人類《じんるい》が求めている要求《ようきゅう》のうちのどれかを与え得る何らかの能力《はたらき》を必《かなら》ず賦《あた》えられているのであります。その何らかの自分の能力《はたらき》を人の求めていると思われる処《ところ》へ出来るだけ放出《ほうしゅつ》するようにするならば、其《そ》の人は其の方面《ほうめん》でのスターになり、ベスト・セラーになることが出来るのです。

## 良《よ》き考えを直《ただ》ちに実践《じっせん》しましょう

「行動《こうどう》を伴《ともな》わない信仰《しんこう》は空念仏《からねんぶつ》である」と教《おし》えられています。「畳《たたみ》の上の水練《すいれん》では本当に泳《およ》げるようにはならない」とも教えられています。机上《きじょう》の空論《くうろん》は何の役《やく》にも立たないのであります。御飯《ごはん》の炊《た》きかたの講義《こうぎ》を幾度聴《いくたびき》いたからとて、現実《げんじつ》にはお腹《なか》は膨《ふく》れないのであります。文章の書き方をいくら習っても、本当に文章が上手《じょうず》になるのは、実際《じっさい》文章を書き、書きながら、その表現《ひょうげん》を工夫《くふう》することによってであります。心を持ち換《か》えて、どんな些細《ささい》なよき「思《おも》い附《つ》き」でも一つも見のがすことなく、それを行動化するように意志《いし》し、努力《どりょく》し、実践《じっせん》しなければなりません。どんな書物《しょもつ》を読んでも、「これは善《よ》い考えだ」と思われることは常《つね》に手帳《てちょう》に書きとめて置《お》いて、それを必《かなら》ず実行《じっこう》するように心掛《こころが》けて行きましょう。

## 弱き者も失望《しつぼう》してはならない

自己《じこ》の弱さを知って「我《が》」の力が打ち挫《くじ》かれたとき、眼《め》を上げて高きを見よ。其処《そこ》から降《ふ》りそそぐ神の光《ひかり》が入《い》り来《きた》るのであります。そして其処から本当の強さと云《い》うものが生《うま》れて来るのであります。傲慢《ごうまん》に自己の強さを誇《ほこ》るものは、一時《いちじ》は強いけれども、それはやがては滅《ほろ》びるところの「我《が》」の強さであります。この「我」の強さが打ち挫《くじ》かれなかったならば、永遠《えいえん》にほろびない強さと云うものは出て来ないのです。永遠にほろびない強さと云うものは、唯《ただ》「神」からのみ来るのです。フランクリン・ルーズベルトは三十九歳《さい》の時小児麻痺《しょうにまひ》に罹《かか》った。将《まさ》に世に出て功《こう》を成《な》そうとする時に彼は両脚《りょうあし》の自由《じゆう》を失《うしな》ったのでした。その病気《びょうき》の痛手《いたで》の最中《さなか》に彼は

「此世《このよ》で恐《おそ》るべきものは唯恐《ただ》れると云うことだ」と云う真理《しんり》を知って起《た》ち上《あが》ったのです。

## 恐《おそ》れたる処《ところ》のものは皆来《みなきた》る

ルーズベルトは「此世《このよ》で恐《おそ》るべきものは唯恐《ただ》れると云《い》うことだ」と云う真理《しんり》を生涯《しょうがい》のモットーとして終《つい》に大統領《だいとうりょう》にまでなることが出来たのでありますが、彼の生涯の不覚《ふかく》(失敗すること。みそこない)は、「此《こ》の世で恐るべきものは日本《にっぽん》の膨張《ぼうちょう》だ」と思ったことでした。彼はアメリカが最《もっと》も深《ふか》い愛情《あいじょう》をもって手をつなぐべき友邦《ゆうほう》が、日本であることを知らず、日本の膨張に嫉妬心《しっとしん》を感じ、事毎《ことごと》に日本の膨張を妨《さまた》げようとしたことでした。それが太平洋戦争《たいへいようせんそう》となって爆発《ばくはつ》し、多くの日本人と多くのアメリカ人とを恐るべき戦禍《せんか》の中に投《とう》じることになったのです。心の法則《ほうそく》で言うならば、旧約聖書《きゅうやくせいしょ》の「ヨブ記」においてヨブの言ったように、「吾《わ》が恐《おそ》れたること、すべて我《わ》れに襲《おそ》いかかれり」であります。人生を支配《しはい》するには恐怖心《きょうふしん》を起《おこ》してはなりません。すべて或《あ》る事物《じぶつ》を恐れる時は、蛇《へび》に睨《にら》まれた蛙《かえる》のようにその恐怖の対象《たいしょう》にみずから近づいて行くものなのです。

## 道を踏《ふ》み外《はず》してはならぬ

逆境《ぎゃっきょう》と失敗《しっぱい》とは人生に於《お》いて吾々《われわれ》の魂《たましい》と能力《のうりょく》とを訓練《くんれん》してくれる教師《きょうし》であります。最《もっと》も大切《たいせつ》なのは、その人が現在成功《げんざいせいこう》していることではなく、その成功又《また》は失敗に対して如何《いか》なる反《はん》応《のう》を起《おこ》すかと云《い》うことであります。たとい今失敗していてすらも、その人がそれに対して崩折《くずお》れてしまうことなく、脚下《きゃつか》を省《かえり》みて失敗の原因《げんいん》を知り、その失敗の原因を取り除《のぞ》いて、再《ふたた》び不《ふ》敗《はい》の立場に勇往《ゆうおう》（勇敢〈ゆうかん〉に前進する）邁進《まいしん》するならば、最初《さいしょ》の失敗は失敗ではなく、勝利《しょうり》の礎《いしずえ》を築《きず》いたと云うことになるのであります。また、たとい、その人が今成功していてさえも、その成功に心傲《こころおご》り、その成功を唯自己《ただじこ》の力であると自負《じふ》して、報恩《ほうおん》を忘《わす》れ、感謝《かんしゃ》を忘れ、道ならぬ道を傲《ごう》慢《まん》にブルドーザの如《ごと》く進んで行こうとするならば、いくら彼が強力《きょうりょく》なるブルドーザであるにしても、道ならぬ道を行く以上《いじょう》、崖《がけ》から顚落《てんらく》して破滅《はめつ》するのであります。成功する毎《ごと》に、神と周囲《しゅうい》の人々の協力《きょうりょく》とに感謝し、それに対して何らかの形で報恩する人は其の報恩が循環《じゅんかん》して永《なが》く繁栄《はんえい》が続《つづ》きます。

## 自己反省《じこはんせい》の必要《ひつよう》について

人からケチを附《つ》けられた時、欠点《けってん》を指摘《してき》された時、強く罵《ののし》られた時——悲観《ひかん》してしまったり、倒《たお》れ切って起き上《あが》る力を失《うしな》ってはならない。そんな時は自己の欠点を教えて下さる良《よ》き教師《きょうし》であると感謝《かんしゃ》すべきである。側近《そっきん》の扈従者《こじゅうしゃ》(おそばに常におともをしている者)に機嫌《きげん》とりばかりされて少しも自分の欠点に気がつかない者は結局《けっきょく》「馬鹿殿様《ばかとのさま》」に過《す》ぎない。「賞める教育《ほきょういく》」にも或《あ》る限度《げんど》がある。幼《おさな》い時から賞《ほ》められることばかりせられて、自分の弱点《じゃくてん》に気がつかないでいた者が、急に上京《じょうきょう》して大学《だいがく》を受験《じゅけん》して辷《すべ》ったと云って、非常《ひじょう》な屈辱《くつじょく》や悲観の末自殺《すえじさつ》するが如《ごと》き事が起るのは、自分自身を見る目が養成《ようせい》せられていない結果《けっか》である。現象《げんしょう》の未完成《みかんせい》をよくよく見通して、しかも内在無限《ないざいむげん》の能力発達《のうりょくはったつ》の可能性《かのうせい》を自覚《じかく》して倦《う》まず撓《たゆ》まず努力《どりょく》をする者が本当に伸《の》びるのであります。

## 想念《そうねん》は行動《こうどう》によって緻密化《ちみつか》する

すべてのものは無形《むけい》の世界で心によって思い浮《うか》べられたものが形としてあらわれるのである。家屋《かおく》の建築《けんちく》でも先《ま》ず心の世界で漠然《ばくぜん》たる構図《こうず》が出来る。しかし心に思い浮べられただけでは其《そ》の構図は漠然たるをまぬがれない。心で大体《だいたい》思い浮べたものは製図《せいず》しはじめると細部《さいぶ》の構《こう》造《ぞう》(つくりのくみたて)までハッキリ心に浮び上《あが》って来るのである。行動《こうどう》を伴《ともな》わぬ想念《そうねん》は役《やく》に立たぬのは是《これ》でも分《わか》るのである。小説《しょうせつ》を書くのでも、漠然とした大体の構想《こうそう》（色々くみあわせをかんがえる思い）が心の世界に思い浮んでくるが、実際《じっさい》細部の描写《びょうしゃ》はペンを持って書きはじめてから心の世界に思い浮ぶのである。心は行動と一体《いったい》になったときに細密《さいみつ》に（こまかくくわしく）働《はたら》くのである。何もしないで考えてばかりいる人は一輪《りん》の車で走るようなもので完全《かんぜん》には走れない。

## 環境《かんきょう》の主人公《しゅじんこう》となるには

環境《かんきょう》に支配《しはい》される者は結局《けっきょく》は奴隷《どれい》である。どんなに民主主義《みんしゅしゅぎ》の制度《せいど》が出来ても、みずからが自《みずか》らの主人公《しゅじんこう》となり得《う》る人のみが自由人《じゆうじん》である。環境とは、家庭《かてい》、父母《ふぼ》、兄弟《きょうだい》、夫又《おっとまた》は妻《つま》、教師《きょうし》、友人《ゆうじん》、召使《めしつかい》、飼犬《かいいぬ》その他の状態《じょうたい》などをひっくるめて謂《い》うことにする。誰《たれ》でもこれらの環境の中に生活しつつ、何らかの反応《はんのう》を示《しめ》しつつあるのである。如何《いか》なる環境の中に生活するかと云うことが問題《もんだい》なのではなく、如何《いか》に其《そ》れらの環境に対して反応をなすかと云うことで奴隷と主人公との区別《くべつ》が生《しょう》ずるのである。吾々《われわれ》がすべての環境を自分の魂《たましい》を教育《きょういく》するための学校であると云うことを知り、その環境が与《あた》えるところの教訓《きょうくん》を自分が主働者《しゅどうしゃ》となって、出来るだけ多く吸収《きゅうしゅう》するところの人は、環境の主人公であるけれども環境に已《や》むなく圧《お》しつけられている人は環境の奴隷である。

## 環境《かんきょう》を支配《しはい》するには

環境《かんきょう》は常《つね》に変化《へんか》しつつある。単《たん》に夫婦《ふうふ》だけの家庭《かてい》であっても、夫又《おっとまた》は妻《つま》の心の状態《じょうたい》は変化して常に異《こと》なる環境をつくりつつあるのである。そして環境と自分とは何らかの対立《たいりつ》（反対の立場で立つ）、何らかの接触《せっしょく》を生《しょう》じ、時《とき》としては調和《ちょうわ》し、時としては相剋《そうこく》（たがいにショウトツする）しつつある。そして相剋しつつある時は苦《くる》しく、調和しつつあるときは幸福《こうふく》なのである。その相剋《そうこく》を避《さ》けるためには、その対立状態から逃《に》げ出すか、それと妥協《だきょう》する（双方から主張をゆずりあう）かしなければならない。併《しか》し逃げ出すのも妥協するのも本当に問題《もんだい》を解決《かいけつ》する道ではないのである。それは、ただの負《ま》け戦《いくさ》であり、譲歩的降伏《じょうほてきこうふく》か奴隷《どれい》状態にせられるに過《す》ぎないのである。では如何《いか》にすればよいか。相手の実相《じっそう》を観《み》ることであります。実相を観るとき、その環境を自己《じこ》の欲《ほっ》する完全《かんぜん》な状態に一変《いっぺん》し得《う》るのであります。

## 実相《じっそう》を観《み》ると云《い》う意味

「実相を観る」と云《い》うのは現象《げんしょう》としてあらわれている状態《じょうたい》は如何《いか》にともあれ、相手の実の相《すがた》は「完全《かんぜん》」であることを信《しん》じて、その状態を心の眼《め》で観《み》て、それに好意《こうい》を感じ、腹《はら》を立てず、不快《ふかい》に思わず、相手の実相の完全さを尊敬《そんけい》し、感謝《かんしゃ》することであります。更《さら》に吾々《われわれ》は如何《いか》なる場合にも心が明《あか》るくなければなりません。吾々が環境《かんきょう》の不調和《ふちょうわ》な状態を見て暗《くら》い心持《こころもち》になるのは、既《すで》に環境の暗さに降伏《こうふく》せしめられた結果《けっか》であって、それでは環境の捕虜《ほりょ》であり、奴隷《どれい》であります。如何なる環境の暗黒《あんこく》に対しても、自己《じこ》の内《うち》に暗黒を照《て》らす光《ひかり》があるならば、闇《やみ》は光の前に消えるより仕方《しかた》がないのである。自己が光る程度《ていど》に従《したが》って周囲《しゅうい》が光明化《こうみょうか》されて来るのであります。先《ま》ず自己が明るくなることが必要《ひつよう》である。快活《かいかつ》は環境を明るくする一つの燈火《ともしび》であります。

## 困難《こんなん》な事件《じけん》に遭遇《そうぐう》した場合

困難《こんなん》な問題《もんだい》が出て来たときに、それを解決《かいけつ》しようと焦《あせ》る前に、先《ま》ず心の緊張《きんちょう》をゆるめて神に心を転《てん》ずることは、その問題を解決するに最《もっと》も適当《てきとう》な方法《ほうほう》であります。神想観《しんそうかん》して心の緊張をゆるめて次《つぎ》の如《ごと》く念《ねん》じなさい。「神は無限《むげん》の愛《あい》である。神の愛はすべての人と事と物とに満《み》ちて一切《いっさい》を調和《ちょうわ》せしめていたまうのである。今も現《げん》に神の愛が一切《いっさい》の人と人との関係《かんけい》、すべての事件《じけん》と事件との関係を調和せしめていたまうのである。それ故《ゆえ》自分は神の愛に自分の全身心《ぜんしんしん》を委《ゆだ》ねて何らの恐怖《きょうふ》も不安《ふあん》もないのである。神は無限の智慧《ちえ》である。神の智慧はすべての人と事と物とに満ち一切の事物《じぶつ》を調和ある解決に導《みちび》きたまうているのである。一切の事物に満つる智慧《ちえ》と、自分の内《うち》に宿《やど》る智慧とは共《とも》に神の智慧であるから互《たがい》に衝突《しょうとつ》することなく事物はスラスラと進行《しんこう》するのである。」

## 神に重荷《おもに》を乗託《じょうたく》する法《ほう》

日本《にっぽん》にも大分《だいぶ》椅子《いす》生活が多くなって来たし、正坐《せいざ》すると脚《あし》が痛《いた》いと云《い》う人があるので、椅子生活者が、神に全托《ぜんたく》する思念《しねん》をする場合の姿勢《しせい》についてエステル・フレッシュマン女史《じょし》が述《の》べている瞑想《めいそう》の姿勢を次《つぎ》に紹介《しょうかい》します――「安楽椅子《あんらくいす》に凭《もた》れかかる。出来るだけ身体《からだ》の力を抜《ぬ》いて安楽に身体《からだ》を椅子にゆだね、恰《あたか》も水中に仰向《あおむ》きに浮《う》いているような気持《きもち》になる。所謂《いわゆ》る水泳《すいえい》家《か》のやる〝浮身《うきみ》〟と云う姿勢である。水に抵抗《ていこう》したり、何らかの自分の力を用《もち》いて踠《もが》こうとすると却《かえ》って沈《しず》むのである。全身の重《おも》みを椅子にゆだねて、力を抜《ぬ》いて出来る限《かぎ》り安楽になるのである。その瞬間《しゅんかん》、あなたは自分の心に一杯《いっぱい》になっている問題《もんだい》を放《はな》たなければならない。自分を神の愛《あい》の大海《たいかい》に浮《うか》ぶ小船《こぶね》であって、その小船を容《い》れる神の大きな船があって、その大きな船に自分のすべての重荷《おもに》を移《うつ》しかえた気持になる……」以上《いじょう》の姿勢と心がまえは、重病《じゅうびょう》のため起きて坐《すわ》れない人にも結構《けっこう》です。

## 全身心《ぜんしんしん》の緊張《きんちょう》を取り去る法《ほう》

クララ・ローランド（Clara Roland）夫人《ふじん》は全身心《ぜんしんしん》の緊張《きんちょう》を取去《とりさ》る方法《ほうほう》として次《つぎ》の如《ごと》く教《おし》えています。「先《ま》ず、神に取りまかれてすっかり神の掌《てのひら》に乗った気持《きもち》で、安楽《あんらく》になり、黙念《もくねん》をもって〝力を脱《ぬ》け、放《はな》ち去れ〟（Relax and let go）と唱《とな》え、先《ま》ず頭部《とうぶ》に呼《よ》びかけて、頭の頂上《ちょうじょう》から頭部全体の筋肉《きんにく》、額《ひたい》の筋肉を弛《ゆる》める。次に、同じく黙念《もくねん》で眼《め》に対して〝力を脱《ぬ》け、放ち去れ〟と命《めい》ずる。次に頸《くび》の筋肉、舌《した》の筋肉に対して同様《どうよう》に呼びかけて完全に力を脱《ぬ》く。次は肩《かた》、両腕《りょううで》、手先《てさき》の力を脱《ぬ》く。次に背部《はいぶ》、胸《むね》、肺臓《はいぞう》、腹部《ふくぶ》、腰部《ようぶ》、両脚《りょうきゃく》、両足《りょうあし》に対して〝力を脱《ぬ》け、放ち去れ〟と命じて力を脱《ぬ》く。こうして全《すべ》ての筋肉の緊張を弛《ゆる》める練習《れんしゅう》を毎日する。最初《さいしょ》あまり長時間やらないで日日《ひにち》をかけてゆっくりやる。数日又《また》は数週間のうちにそのコツが解《わか》るでしょう。此《こ》の方法は姙婦《にんぷ》の無痛分娩《むつうぶんべん》に応用《おうよう》できる。」

## 本当に神に全託《ぜんたく》するとは

「神に一切《いっさい》を委《まか》す」のは本当に「神に一切を委《まか》す」のでなければならない。「自分の力で神に委《まか》そうと努力《どりょく》する」のであったならば、それでは自力《じりき》が半分混入《こんにゅう》していると云《い》うことになるから本当に神に委《まか》したことにならないのである。まことに神に委《まか》すのは、「自分の力で神にまかす」のではなく、自己放棄《じこほうき》して「神の力で神にまかす」と云うことにならなければならない。「自分の力」で何とか工夫《くふう》をしようと考えている限《かぎ》りに於《お》いては、どこまでも完全《かんぜん》なる他《た》力《りき》にはなり得《え》ないのである。「放《はな》つ」ことは、ただ「放つ」のであって「放つことを努力する」と云うことではない。本当に放ったとき、本当に神の力が完全にあらわれる。病気《びょうき》なども忽然《こつねん》と治《なお》り得《う》る所以《ゆえん》である。宗教《しゅうきょう》で治るのは斯《こ》うした「自己精神《じこせいしん》を抜《ぬ》く」ことであって精神力を使うことではない。

## 自力《じりき》を全《まつた》く脱落《だつらく》せしめるには

さて自己精神《じこせいしん》を抜《ぬ》いてしまって、ただ神にまかせるのにはどうしたらよいか、それにはただ「ありがとうございます」とただ感謝《かんしゃ》を唱《とな》えるがよいのである。それは黙念《もくねん》でもよいし、低《ひく》い声で、念仏《ねんぶつ》を呟《つぶや》くように「ありがとうございます」と繰返《くりかえ》すのもよいのである。ただ感謝する心には、努力《どりょく》もなければ力味《りきみ》もない。ただ神（又《また》は仏《ほとけ》）の慈悲《じひ》につつまれて、自分が無《な》くなるのである。浄土教《じょうどきょう》の人ならば唯《ただ》「尽十方唯無礙光《じんじっぽうただむげこう》（何物も邪魔することのできない光）・光明遍照十方世界《こうみょうへんじょうじっぽうせかい》。念仏《ねんぶつ》衆生《しゅじょう》（生きとし生けるもの。人間）、摂取不捨《せっしゅふしゃ》（うけとってすてない）。南無阿弥陀仏《なむあみだぶつ》」ととなえつつ尽十方《じんじっぽう》に光明の満《み》つる世界を瞑目《めいもく》のうちに観《かん》じ自分が阿弥陀仏《あみだぶつ》と一体《いったい》なるさまを観ずるのもよい。禅宗《ぜんしゅう》の人ならば、「脱《だつ》落身心《らくしんじん》・身心脱落《しんじんだつらく》」と心に唱《とな》えながら全身心《ぜんしんじん》の力を脱《ぬ》いてしまうとよいのである。身心が脱落してしまえば、何処《どこ》にも「人間的工夫《くふう》」としての造作《ぞうさ》はない。そこにはただ神があり、唯平安《ただへいあん》があるのみである。

## 宇宙《うちゅう》の呼吸《こきゅう》に一致《いっち》すること

宇宙《うちゅう》はただ一つの精神《せいしん》によって生み出され、そのただ一つの精神によって設計《せっけい》され、支《ささ》えられ、愛《あい》され、育《はぐく》まれているのである。すべての事物《じぶつ》は無機物《むきぶつ》と云《い》うものも、最高叡智《さいこうえいち》ある人間も、すべて其《そ》の宇宙のただ一つの精神を分《わか》ち与《あた》えられているのである。従《したが》ってそれが意識的《いしきてき》でないにしても、すべての生物《せいぶつ》も無機物も、その内面《ないめん》の潜在意識《せんざいいしき》の深《ふか》いところに於《お》いて一体《いったい》なのである。だから、あなたの念《ねん》ずることは、宇宙全体の生物は無論《むろん》、無生物までにも通《つう》じ、全体の動きが自然《しぜん》に、あなたの念ずることを実現《じつげん》するように回転《かいてん》するのである。欲《ほっ》する事物の実現を固《かた》く信《しん》じ念じて倦《う》むことなく、自然にめぐり来《きた》る事を悦《よろこ》んで受け、与えられた機会《きかい》に全力を尽せば、必《かなら》ずそれは実現する。受けると与える（尽《つく》す）とは呼吸《こきゅう》の如《ごと》く循環《じゅんかん》するものであるから必《かなら》ず実践《じっせん》（実際にふみ行なう）しなければならぬ。

## 運命《うんめい》を支配《しはい》するには

凡《およ》そ運命《うんめい》を支配《しはい》せんと欲《ほっ》せば、未《いま》だ現実《げんじつ》にあらわれない自分の希望《きぼう》をハッキリと心に描《えが》いて、既《すで》にそれが実現《じつげん》せりと肯定《こうてい》せよ。まだ現象的《げんしょうてき》には充分健康《じゅうぶんけんこう》でなくとも、「既に自分は、神の子であるから完全《かんぜん》に健康である」とハッキリと心に健康なる状態《じょうたい》を描くのである。すると、我々《われわれ》の肉体《にくたい》を形成《けいせい》する成分《せいぶん》は、その描かれた観念《かんねん》の姿《すがた》に排列《はいれつ》し始めるのである。つまり、心に描くことが建築《けんちく》の「青写真《あおじゃしん》」となり、その「青写真」の通りに建築材料《ざいりょう》である栄養分《えいようぶん》を、生《せい》命力《めいりょく》と云《い》う建築家が排列して、ついに心に描いた「青写真」の通りに「肉体」と云う建造物《けんぞうぶつ》を造《つく》り出してくれるのである。これと同じことが「肉体」のみならず、自分の「運命」(境遇《きょうぐう》、環境《かんきょう》、貧富《ひんぷ》の如《ごと》きもの)にも起《おこ》るのである。すべて心に描いた通りに、宇宙《うちゅう》の生命力が一切《いっさい》の要素を動かしてくれるのである。

## 心に描《えが》いた通りに「動き出す」のを止《や》めてはならない

心に描《えが》いた通りに、栄養分《えいようぶん》と云《い》う資材《しざい》が肉体《にくたい》と云う「場《ば》」に排列《はいれつ》されるように、心に描いたとおりに、境遇《きょうぐう》と云う「場」に色々《いろいろ》の要素《ようそ》が、宇宙《うちゅう》に普遍《ふへん》する法則《ほうそく》によって排列され、それがあなたの運命《うんめい》となるのである。しかし心に描いただけで何もしないで好《よ》いかと云うと、そうではない。心に描いた通りに栄養分を血液《けつえき》が運《はこ》ぶ「働《はたら》き」が起《おこ》るように、心に描いた通りに外界《がいかい》の事物《じぶつ》を運ぶ「働き」が起らなければならないのである。それは外《そと》から働きかけてくれる部分もあるし、内《うち》から催《もよお》してくる働きとなることもある。事物が自然《しぜん》に動き出すまで、自分は「動かないで好《よ》い」と云う訳《わけ》のものではない。心にハッキリ描いた後《のち》は、内からの催《もよお》しに従《したが》って勇《ゆう》敢《かん》に動き出すことが必要《ひつよう》である。

## 創造《そうぞう》の第七日は人間にまかされている

神想観《しんそうかん》をして神にまかせる心境《しんきょう》になったり、欲《ほっ》する事物《じぶつ》を念《ねん》じたりするのは、「心」にある状態《じょうたい》をつくり出すためで、その心が、生理的《せいりてき》には自律神経《じりつしんけい》に影響《えいきょう》して生理作用《せいりさよう》を変化《へんか》するが、境遇《きょうぐう》とか事業等《じぎょうとう》に於《お》いては、自分の「心」の状態は「宇宙《うちゅう》の心」と相感応《あいかんのう》するがゆえに、宇宙全体の動きが、その「心」に念《ねん》じた通りを実現《じつげん》するように働《はたら》きはじめるのである。神は無《む》限《げん》に「善《よ》きもの」を与《あた》えておられるが、その無限の「善きもの」のうちのどれを現象界《げんしょうかい》に実現するかは、人間自身の選択《せんたく》にゆだねられているのである。宇宙創造《うちゅうそうぞう》に於いて七日目《なぬかめ》に、神は休みたまい、人間にその選択をゆだねられたと云う意味は、この最後《さいご》の現象化《げんしょうか》は人間が心に描く通りにつくられると云う意味である。「アダムの生物《いきもの》に名づけたる所は皆其《みなそ》の名となりぬ」と創世記《そうせいき》にあるのはそれである。コトバ即《すなわ》ち想念《そうねん》にて名づけたる通りに万物《ばんぶつ》があらわれるのである。

## 他を侵《おか》さないで自分の自由《じゆう》が得《え》られる

民主主義《みんしゅしゅぎ》のルールは、自分に属《ぞく》するものを自分のものとし、他に属するものを他のものとして相侵《あいおか》さないことである。それは自分を生かし、他をも生かすことによって成立《なりた》つのである。すべての争《あらそ》いは他の自由《じゆう》を、自分の好悪又《こうおまた》は欲望《よくぼう》によって支配《しはい》しようとするところに起《おこ》る。他に干渉《かんしょう》し、他を縛《しば》ることはそれ自体《じたい》が一種《いっしゅ》の罪悪《ざいあく》である。自分では他を善導《ぜんどう》し、他を助けてやるつもりではあろうけれども、それは其《そ》の人の自主権《じしゅけん》を侵《おか》すことになる。人間が神の子であり、本来完全《ほんらいかんぜん》であると云《い》う実相《じっそう》を本当に信《しん》ずることが出来、その実相を拝《おが》み顕《だ》すことが出来るならば、人間の実相は本来完全であり、すべての人間は一つの大生命《だいせいめい》に支配されているのであるから、全体が一体《いったい》で相侵《あいおか》さないままで自分の自由を享楽《きょうらく》し得《う》るようになるのである。他を侵《おか》して得《え》たところの利得《りとく》は、いつの日にか、他から侵されて失《うしな》われるものである。人生には平衡《へいこう》の法則《ほうそく》と云うものが働《はたら》いている。

# 第十三章　常識《じょうしき》を超《こ》えること

## 脊椎《せきつい》カリエスも治《なお》る

吾々《われわれ》は常識《じょうしき》の世界を超《こ》えなければならないのです。常識の世界に縛《しば》られているとき、その人は進歩《しんぽ》しないのであります。常識はその時代《じだい》の一般《いっぱん》の平均的知識《へいきんてきちしき》のレヴェルに於《お》いて誰《たれ》でも承《しょう》認《にん》するところのものを承認するのであって、それ以上《いじょう》は常識を超えた世界に入《はい》るのでありま す。しかも常識と云《い》うものは、その時代及《およ》びその場所に於《お》いて認《みと》められている平均的知識であ りまして、時代と場所との双方又《そうほうまた》は一方《いっぽう》が異《こと》なりますとその平均的知識は異りますので、或《あ》る国 で或る時代には極《きわ》めて普通《ふつう》な常 識的《じょうしきてき》な出来事《できごと》であるものが、他の国又は他の人種《じんしゅ》のところへ 持って行きますと、超 常 識的《ちょうじょうしきてき》な又は非常識《ひじょうしき》な、常識外《はず》れのものとなるのであります。

たとえば、蓄音機《ちくおんき》を見たことのない南洋《なんよう》の土人《どじん》に蓄音機をもって行って見せますと、何処《どこ》に人間が入っているのであろうと、蓄音機のアチコチを探《さが》すでありましょうし、更《さら》に携帯用《けいたいよう》ラジオをもって行って、その中から多勢《おおぜい》の座談会《ざだんかい》や、無数《むすう》のオーケストラを聞かせてやれば、それは全《まった》く魔術使《まじゅつつか》いだと思うでありましょう。魔術使いと云うのは、常識では判断《はんだん》が出来ぬので奇《き》怪《かい》なる術《じゅつ》を行うのだと思うことであります。或《あ》る時代の或る国の人々には極《きわ》めて普通なことが、他の国の他の時代の人々には常識に反《はん》することだと思われるのであります。だから、そんな野蛮人《やばんじん》の世界に携帯用ラジオでも持って行って示《しめ》してやれば、それは常識に反するから「人心《じんしん》を惑乱《わくらん》（まどわし）（みだす）し、治安《ちあん》の維持《いじ》に妨害《ぼうがい》になるから、それは取締《とりしま》らなければならぬ」と云う事になるのであります。

それと同じことが戦争中《せんそうちゅう》の吾々《われわれ》の出版物《しゅっぱんぶつ》の検閲《けんえつ》にも加《くわ》えられました。脊椎《せきつい》カリエスと云《い》う病気《びょうき》は、原因《げんいん》が祖先霊《そせんれい》の迷《まよ》いと、罹患《りかん》している人の心の間違《まちが》いとの合作《がっさく》によって生《しょう》ずる精神的《せいしんてき》な疾患《しっかん》でありますから、物質的医学《ぶっしつてきいがく》では中々完全《なかなかかんぜん》に治癒《ちゆ》しないのであります。結核菌《けっかくきん》を抑制《よくせい》するストレプトマイシンとかヒドラジッドとかが発見《はっけん》されましても、それらの薬物《やくぶつ》は概《おおむ》ね血液《けつえき》を通して局所《きょくしょ》に運《はこ》ばれ、そこで効果《こうか》をあらわすのでありますが、骨結核《こつけっかく》即《すなわ》ちカリエスになりますと、これは骨《ほね》の中に結核菌が食《く》い込《こ》んでいるのでありますから、骨の中には血管《けっかん》が完全に通っていません。それで折角有効《せっかくゆうこう》な薬剤《やくざい》も骨の中に深《ふか》く侵入《しんにゅう》している結核菌を殺戮《さつりく》することは出来ないのであります。そのため医学界《いがくかい》では脊椎《せきつい》カリエスは絶対治《ぜったいなお》らぬと云うことになっていました。ところが不思議《ふしぎ》なことに、本人《ほんにん》には「人間神の子にして本来《ほんらい》病気存在《そんざい》せず」と云う事を自覚《じかく》させて置《お》き、更《さら》にそれは祖先の迷える霊の苦しみの象 徴《しょうちょう》でありますから、祖先霊の迷いを解 消《かいしょう》するために聖経《せいきょう》『甘露《かんろ》の法雨《ほうう》』を読めば治ると云うことを私が発見しまして、その通り実行《じっこう》させて見ますと、不思議に多くの脊椎《せきつい》カリエスの患者《かんじゃ》が短時日《たんじじつ》に癒《い》やされたのであります。今大阪《おおさか》にいられる河田亮太郎《かわだりょうたろう》氏《し》は鳴尾《なるお》に住んでいた頃《ころ》、脊椎カリエスで瀕死《ひんし》の患者を訪《たず》ねて其《そ》の人の枕許《まくらもと》で『甘露の法雨』を読んであげますと、患者が翌日《よくじつ》眼《め》が覚《さ》めて見ると、驚《おどろ》いたことには、カリエスのために病《や》んでいた脊椎部《せきついぶ》の皮膚《ひふ》が破《やぶ》れて、茶碗《ちゃわん》に一杯《いっぱい》ほどの膿《のう》が排《はい》泄《せつ》されていて、それ切りその脊椎カリエスが治ってしまっていたこともあります。そんな治り方は実《じつ》に常識を超《こ》えた治り方であって、何時《いつ》を境《さかい》として、何処《どこ》でどうして治ったかわからない――そこで私は、こんな場合には「脊椎カリエスが忽然《こつねん》治った」と云うような表現《ひょうげん》の仕方《しかた》で其《そ》の事実《じじつ》を『生命《せいめい》の實相《じっそう》』の中で書いたのであります。すると当時《とうじ》の内務省警保局《ないむしょうけいほきょく》の図書検閲《としょけんえつ》係《がかり》からは「脊椎カリエスというような、医学が絶対に治らぬと云うような病気が治ったと発《はっ》表《ぴょう》することは、常識を超えたことであるから人心《じんしん》を惑乱《わくらん》し、公 共《こうきょう》の福祉《ふくし》に妨害《ぼうがい》になるからよくない。脊椎カリエスの病名も伏字《ふせじ》にして『〇〇〇〇〇〇』とせよ」と指令《しれい》せられ「忽然治るなんて、そんな筈《はず》はない、ぼつぼつ治って来たと書け」と云うように発表を歪曲《わいきょく》する(ゆがめまげる)ように命《めい》ぜられたのでありました。まことに滑稽《こっけい》な話なのであります。「忽然《こつねん》」と云う熟語《じゅくご》には「忽《たちま》ち」と云う字が使ってありますから、当時の警保局の図書検閲課の人たちは、「忽然」とは「忽ち」と云う意味だと思っていられたらしいのでありますけれども、「忽然」とは「心にとまらないうちに」と云う意味で、「心」に「勿れ」と云う字が組み合わされているのであります。何時《いつ》どうして、何処《どこ》を境《さかい》として治ったか、「心にとまらないうちに」治っていることを言うのであります。通俗語《つうぞくご》で言う「ヒョッコリ治っていた」と云うような意味であります。それにしても、当時の常識で、「治らない」となっている病気の「治った実例《じつれい》」を発表することは、人心《じんしん》を惑乱《わくらん》し、社会不安《しゃかいふあん》を増大《ぞうだい》し、公共の福祉に妨害になると云うので、時《とき》の警保局は、私の著書《ちょしょ》の訂正《ていせい》を命《めい》じ、「脊椎カリエスが忽然として治った」を「〇〇〇〇〇がぼつぼつ治った」と改竄《かいざん》(文字のかきかえ)せしめたと云うようなことは、現在《げんざい》の「言論《げんろん》の自由《じゆう》」時代にくらべれば天壌《てんじょう》もただならざる相異《そうい》でありますが、兎《と》も角《かく》、そのようなことがあったのであります。

## 常識《じょうしき》も日進月歩《にっしんげっぽ》する

併《しか》し、常識《じょうしき》と云《い》うものは、日《ひ》に日《ひ》に進歩《しんぽ》し変化《へんか》するものであります。常識以上《いじょう》のことが一つでも実際《じっさい》に起《お》ったならば、何故《なぜ》そのような事実《じじつ》が起るのであるかと云うことを充分調査《じゅうぶんちょうさ》して見た上で、その原因《げんいん》をつきとめ得《え》たならば、その原因と同じ原因を再生《さいせい》せしめさえするならば、稀《まれ》にしかあらわれなかった事実が、何処《どこ》にでも任意《にんい》にあらわす事が出来るようになるのであります。それは例《たと》えば、ラザフォードがアルファ粒子《りゅうし》をもって或《あ》る物質原子《ぶっしつげんし》を射撃《しゃげき》して原子核《げんしかく》を破壊《はかい》することに成功《せいこう》した。しかしその当時《とうじ》は、原子の破壊と云うことは常識に反《はん》することであったのであります。併《しか》し、それと同じ条件《じょうけん》を人工的《じんこうてき》につくることが出来るならば、任意に原子を崩壊《ほうかい》して、その余剰《よじょう》エネルギーを放散《ほうさん》せしめ得《う》ると云うことを信《しん》じ（これは当時の「原子」は物質の根本単位《こんぽんたんい》で崩壊せしめ得《え》ないものだと云う常識に反していた）その超常識的《ちょうじょうしきてき》なことを実験《じっけん》に実験を重《かさ》ねているうちに、現在《げんざい》の原子力利用《げんしりょくりよう》の科学的発明《かがくてきはつめい》を完成《かんせい》することが出来るようになったのであります。

ラザフォードの実験以来《いらい》、ウラニウム原子をアルファ粒子によって射撃すれば原子が崩壊してそのために驚《おどろ》くべき分量《ぶんりょう》のエネルギーが放出《ほうしゅつ》されると云うことが分《わか》って来て、それがやがて常識となりましたが、しかし、そのエネルギーはあまりにも巨大《きょだい》であるがためにそれを武器《ぶき》とか実用《じつよう》とかには供《きょう》し得ないに相違《そうい》ないと云うことが当時の常識になっていたのであります。

そのうちに大東亜戦争《だいとうあせんそう》がはじまりました。そして日本とアメリカとは戦《たたか》わなければならなくなったのであります。日本では「原子力はあまりに巨大であるからそれを人間が支配《しはい》して武器になし得《う》ると云うようなことは常識を超《こ》えた問題《もんだい》である」と云うので原子爆弾《げんしばくだん》の製造《せいぞう》を研究《けんきゅう》しなかったのであります。ところが米国《べいこく》では、当時の「原子力はあまりに巨大で人間の支配力を超えたものである」と云う常識的な判断《はんだん》を超えて、その原子力を自分の目的意志《もくてきいし》によって支配しようと企《くわだ》て、ついにその原子力を自己の目的（当時は日本を攻撃《こうげき》するための武器とする目的）の方向《ほうこう》に支配することを考えついて、ついに原子爆弾を発明したことは既《すで》に述《の》べた通りであります。これは、その非人道的計画《ひじんどうてきけいかく》について批難《ひなん》すべきは別問題《べつもんだい》として、兎《と》も角《かく》、当時の日本人よりも、当時のアメリカ人の方が常識に支配されないで、常識以上のことを考えていたので、ついに原子力の開発《かいはつ》が可能《かのう》になったのであります。

　これを科学以外《いがい》の倫理道徳《りんりどうとく》の問題に致《いた》しましても、時《とき》の予言者《よげんしゃ》が郷里《きょうり》に容《い》れられないのは、その地方の風俗習慣信仰上《ふうぞくしゅうかんしんこうじょう》の常識から一歩進んだことを述べたからであります。ガリレオ・ガリレーやコペルニカスが天動説《てんどうせつ》を排《はい》して地動説《ちどうせつ》を唱《とな》え出したために時の宗教《しゅうきょう》の権威者《けんいしゃ》から迫害《はくがい》を受けたのも、当時の常識に反していたからであります。キリストが「我《わ》れ神の子なり」と宣言《せんげん》して十字架《じゅうじか》にかけられたのも、当時の常識に反していたからであります。併《しか》し、今やその常識に反したキリストの教《おし》えが世界の人口の三分の一を風靡《ふうび》しているのでありますから、常識を超《こ》えたもののみが、よく人類《じんるい》を救済《きゅうさい》し得《う》ると云うことがわかるのであります。今や「人間・神の子」の教えは、キリスト教のようにイエスのみを神の子とせず、「全人類を神の子」と称《しょう》する生長《せいちょう》の家《いえ》の教えによって全世界を風靡《ふうび》しつつあるのでありまして、これも現代《げんだい》のキリスト教《きょう》の常識には反するのでありますけれども、実際《じっさい》この教えによって人類が善導《ぜんどう》され、救《すく》われ行《ゆ》きつつある事実《じじつ》は否定《ひてい》することが出来ないのであります。

## 物質《ぶっしつ》は「無《む》」である

人間の常識《じょうしき》では、「人間は肉体《にくたい》である」と言います。併《しか》し生長の家では「人間は物質《ぶっしつ》に非《あら》ず、肉体に非ず」と言い、「物質は無《む》である」「肉体は心の影《かげ》である」と言います。全《まった》く常識に反《はん》したことであります。併《しか》し、この常識に反した宣言《せんげん》が段々《だんだん》、科学者《かがくしゃ》にも認《みと》められて、「物質は崩壊《ほうかい》して物質でなくなる」ことが原子力《げんしりょく》の研究《けんきゅう》で明《あき》らかにされて来たのであります。そして肉体方面《ほうめん》では、「精神分析《せいしんぶんせき》」や「精神身体医学《せいしんしんたいいがく》」の発達《はったつ》によって、生長の家で説いたところの「肉体は心の影である」と云う非常識《ひじょうしき》な教《おし》えが、だんだん常識となって来つつあるのであります。

人生を進歩《しんぽ》へと指導《しどう》して行く力は、常に常識を超《こ》えた新しい啓示《けいじ》を神より受けた人の大胆《だいたん》なる叫《さけ》びによって導《みちび》かれて行くのであります。

## 進歩《しんぽ》して変《かわ》る科学《かがく》と永遠《えいえん》に変らぬ真理《しんり》

さればと言って、何でも新しい考えが常《つね》に進歩的《しんぽてき》だと云《い》う訳《わけ》ではありません。この点は充分《じゅうぶん》反省《はんせい》しなければとんだ間違《まちがい》や、行《ゆ》き過《す》ぎを生《しょう》ずるのであります。たとえば「忠義《ちゅうぎ》や孝行《こうこう》は必要《ひつよう》でない、それは封建思想《ほうけんしそう》である」と云うが如《ごと》き考え方であります。進歩すべきものと、進歩すべからざるものとがあります。新しいからとて、新流行《しんりゅうこう》のものは、次《つぎ》の新流行によって取って代《かわ》られるのであります。しかし真理《しんり》は最《もっと》も古くして常《つね》に新しいのであります。民主主義《みんしゅしゅぎ》の元祖《がんそ》のように言われているアメリカでも忠誠《ちゅうせい》(royalty《ロイヤルティ》)と云うことは尊《とうと》ばれているのであります。それは魂《たましい》が一旦誓《いったんちか》ったことに対して終始一貫《しゅうしいっかん》かわらざることであります。ひとたび父と仰《あお》いだら、終始一貫父として、かわらざる純情《じゅんじょう》(純粋な感情)をささげることであります。ひとたび主君《しゅくん》と定《さだ》めたら終始一貫かわらざる誠心《まごころ》を捧《ささ》げることであります。ひとたびアメリカ国民《こくみん》となったら終始一貫アメリカ国民としての誠心《まごころ》を尽《つく》すことであります。それはまた、ひとたび自分の良人《おっと》と定《さだ》め妻《つま》と定めたら終始一貫、良人として妻として純情を捧《ささ》げる貞潔《ていけつ》にも通《つう》ずるのでありま す。終始一貫とは「ひとすじの道」であり、この「ひとすじの道」が通ずることによって

「人たるの道」が完成《かんせい》し、人間が互《たがい》に信頼《しんらい》し合えるのである。昨《さく》は日本を祖国《そこく》とし、今《こん》はアメリカを祖国とし、明日《あす》はソ連《れん》を祖国とするように「ひとすじの道」がくだけてしまったら、人間に節操《せっそう》と云うものがなくなります。また昨《さく》はAを妻とし、今《こん》はBを妻とし、明日《あす》はCを妻とするようでは人間に貞操《ていそう》と云うものがなくなり、ただ肉体《にくたい》の快楽関係《かいらくかんけい》や、物質的利害《ぶっしってきりがい》関係で昨《さく》是今非《ぜこんひ》を繰返《くりかえ》して一定《いってい》の道徳規準《どうとくきじゅん》がなく、人と人とは、これでは迚《とて》もかわらざる信頼関係にあり得ないのであります。

吾々《われわれ》は科学《かがく》に於《お》いては常識を超《こ》えて常に前進《ぜんしん》しなければなりませんが、人倫《じんりん》（人の道）関係においては「常にかわらざる一《ひと》すじの道」を守らなければならないのであります。天文学《てんもんがく》や物理学《ぶつりがく》は釈尊《しゃくそん》の蓮華蔵世界説《れんげぞうせかいせつ》や地水火風空的《ちすいかふうくうてき》物理学から較《くら》べると、霄壌《しょうじょう》（天と地）も啻《ただ》ならざる程《ほど》進歩しておりますが、その倫理学《りんりがく》や哲学《てつがく》は必《かなら》ずしも進んでいない。そして実践的道徳性《じっせんてきどうとくせい》に到《いた》っては、却《かえ》って退歩《たいほ》しているのであります。爰《ここ》に現代《げんだい》の危機《きき》があるのであります。不殺生《ふせっしょう》はモーセの十誡《じゅっかい》にも、釈尊所説《しょせつ》の十善《じゅうぜん》の徳行《とっこう》のなかにもありますが、科学のみ進歩して、原子爆弾《げんしばくだん》や水素《すいそ》爆弾で大量殺戮《たいりょうさつりく》の計画《けいかく》が著々《ちゃくちゃく》として進められております。また「姦淫《かんいん》するなかれ」はモーセも説《と》き釈尊も「邪婬《じゃいん》」（正しくない男女関係）を「十悪《じゅうあく》」の中にお加《くわ》えになりましたし、キリストも「女を見て色情《しきじょう》を起《おこ》すものは既《すで》に姦婬《かんいん》せるなり」とまで極言《きょくげん》せられましたが、物質科学の進歩に従《したが》って、「人間とは感覚《かんかく》を備《そな》えたる肉体的物質なり」と云うような人間観《にんげんかん》が行われ、その物質である肉体と肉体とが互《たがい》の快感《かいかん》のために触《ふ》れるのが何故《なぜ》悪《わる》いか――と云うような十七歳《さい》の少女の抗《こう》議《ぎ》(さからってリクツを言う)文《ぶん》まで発表《はっぴょう》されるようになりまして、人類の性道徳《せいどうとく》の頽廃《たいはい》(くずれすたれる)は釈迦《しゃか》キリスト時代よりも更《さら》に悪化《あっか》しつつあるのであります。そしてこれが「キンゼイ報告《ほうこく》」やその他の科学的報告によって常識化されつつあるのであります。吾々《われわれ》は更《さら》にこの際《さい》現代の常識から飛躍《ひやく》(とびあがる)して「人間は肉体に非《あら》ず、人生の目的は肉体の快楽のためにあらず、人間とは霊《れい》なり、人生の目的は霊の進歩《しんぽ》のためである」と云う釈尊《しゃくそん》の時代から終始一貫《しゅうしいっかん》して渝《かわ》らざる「ひとすじの道」に帰るべき事を提唱《ていしょう》する(問題をひっさげて出す)のであります。常識――それに従《したが》ってはならない。吾《われ》らは常に神の声をきいて、それに従って行《ゆ》かなければならないのであります。

# 第十四章　眼《め》をひらいて光《ひかり》を見る話

## 心の眼《め》をひらく

『放送人生読本《ほうそうじんせいどくほん》』の中にある渡辺英三郎《わたなべえいざぶろう》先生のところに或《あ》る日女の人から手紙が来たのであります。その手紙にはこう書いてありました。

「自分の妹が目がわるくて数年間盲目《もうもく》になっています。これを何とか治《なお》して貰《もら》えないものでしょうか。先生をこちらからお訪《たず》ねしたいと思いますが、盲人《めくら》のこととて暗《くら》い気持《きもち》でいて家を出たがらないものですから、すみませんが日曜にでも来て下さいまして妹に話してやって下さいませんか。」

深切《しんせつ》な渡辺英三郎先生は、請《こ》われる（たのまれる）ままに、その家を訪問《ほうもん》してお出《い》でになりまして、その盲目《めくら》のお嬢《じょう》さんに「人間神の子、本来《ほんらい》（もとからもともと）盲《めくら》は無《な》い」と云う話をなさったのであります。相手はまだ若《わか》い二十位《はたちくらい》のお嬢さんでありましたが目が見えないのに悲観《ひかん》(くらくかんがえる)して、部屋の隅《すみ》にいつ敷《し》き直《なお》したかわからないような寝床《ねどこ》でホコリにまみれて寝《ね》ているのでした。渡辺先生は深切《しんせつ》に次のような意味《いみ》(わけ。わけあい)の話をなさいました。

「眼《め》が見えないというのは、天地《てんち》の光《ひかり》を見ないからであります。天地の光と云《い》うのは天地間のありとあらゆる吾々《われわれ》のためになるものは日光《にっこう》でも、水でも、大地《だいち》でも、食物《しょくもつ》でも天地の恵《めぐみ》だと云うことです。その天地の恵を有《あ》りがたく感謝《かんしゃ》して受ける心を『天地の光を見る心』と云うのです。天地の光を見る心になれば、自分の心の眼《め》が開《ひら》ける。心の眼がひらけると、肉体《にくたい》は心の影《かげ》でありますから肉体の眼もひらける。そして見えるようになるのですよ。だから、これからあんたはすべてのものに感謝するようにしなさい。どんな些細《ささい》な(ちいさなすくない)恵《めぐみ》でも有難《ありがた》く受けるようにしなさい。有難く受けたら、ただ有難いと、心で思っているだけでなしに、これを行《ぎょう》じ(おこなう。じっこうする)なければならない。眼がわるくて思うように動けないにしても、その感謝を形にあらわすためにそれを動作《どうさ》にあらわして実行《じっこう》するようにしなければなりません。感謝するという心があれば、必《かなら》ずそれを行《おこな》いにあらわして、掃除《そうじ》をするとか、布団《ふとん》をたたむとか、誰《たれ》かのためになることを実行しなければならない。そうでなければ本当に感謝したことにならないのですよ」こんな話をして渡辺先生がお帰りになったあとで、今まで盲目《めくら》を悲《かな》しみ、天を恨《うら》み、人を憎《にく》んでいた心を捨《す》てて、その娘《むすめ》さんは起《お》き上《あが》り布団にお礼《れい》を言って片附《かたづ》け、手さぐりで顔を洗《あら》って出て来て、幼《おさな》い弟を愛撫《あいぶ》しているうちに、その眼が見え出したのであります。

この体験談《たいけんだん》の中で最《もつと》も注目《ちゆうもく》（心をそそいで見る。きをつける）すべき点は、このお嬢《じよう》さんが自分の不幸《ふこう》のみに心が捉《とら》えられずに、感謝《かんしや》と愛《あい》とを実践《じつせん》しはじめたときに視力《しりよく》（目でみるちから）が恢復《かいふく》（もとのとおりにかえる）したと云うことであります。真理《しんり》（ほんとうのどうり。ただしいこと）を知るということと「行《ぎよう》ずる」と云うことが離《はな》れておりましたならば、これは単《たん》に頭脳《ずのう》（あたま。のうずい）の働《はたら》きだけになってしまって、生命《せいめい》全体の働きにならないから効果《こうか》（きめ）があらわれないのであります。「真理を知る」ことが生命全体のハタラキになりました時には、ここに自然《しぜん》に行《ぎよう》ずるというハタラキが出て来るのであり、また生命全体のハタラキになるとき、宇宙大生命《うちゆうだいせいめい》（ホシも、太陽も、月も、人間も、みなを、このようにあらしめている大きなイノチ）と一体《いつたい》になりますから宇宙全体の生命《いのち》に生かされて、病気《びようき》も治《なお》り、目も見えるようになるのであります。真理はそれを知ったら全生命で行《ぎよう》じなければならない。知行合一《ちぎようごういつ》――知《ち》と行《ぎよう》と信《しん》と行《ぎよう》とが一つになってしまうことが必要《ひつよう》なのであります。知と行と、信と行とが一つにならなかったら、頭脳《ずのう》の知恵《ちえ》で悟《さと》ったとか悟らないとかいくら言ってみても、理窟《りくつ》は上手《じようず》で、説教《せつきよう》して他《ほか》の人を導《みちび》くことが幾《いく》ら上手でも、これではまだ本当ではないのであります。つまり真理を知ることが行《ぎよう》ずることになった時に生命全体の働きになるわけであります。「人は心で思う通りになる」と云うことは真理でありますけれども、「私は健康《けんこう》だ」と思っても、なかなか健康にならぬと言う人もある。それは、頭脳で思うだけで、その思うことを全生命で実行しないからであります。「私は健康だ」と全生命で知り、全生命で行《ぎょう》じているような人ならば必ず本当にこの通りになるのであります。『生命の實相』を読んで真理はわかったけれども、御利益《ごりやく》が得られないというような人は、真理が頭脳だけで空廻《からまわ》りをしていて、行《ぎょう》ずると云うことをおろそかにしているのであります。行ずるところに、実相円満完全《じっそうえんまんかんぜん》の世界から無限《むげん》の生命でも無限の智慧《ちえ》でも湧《わ》き出て来て道がひらけてくるのであります。

## 糸のもつれは解《と》けないが髪《かみ》のもつれは解ける

どんな難《むつ》かしい問題《もんだい》でも実相《じっそう》からの無限《むげん》の智慧《ちえ》がひらけて来たら解《と》けない問題はないのであります。糸のもつれはなかなか解けないもつれが沢山《たくさん》あるのであります。これは糸には生きた生命《せいめい》がない。と云うことは実相世界からの無限の智慧が生命のない糸には流《なが》れ込《こ》んで来ないからであります。皆《みな》さんが糸屑《いとくず》をくしゃくしゃにして、引張《ひっぱ》って御覧《ごらん》になりますと、くしゃくしゃにもつれてしまってどうしてももつれの解けないことがありましょう。どんなにしても解けないのです。ところが吾々《われわれ》の髪《かみ》の毛《け》は、洗《あら》うときに、どんなにクシャクシャに掻《か》き廻《まわ》して混《こん》乱《らん》させて置《お》いても、櫛《くし》を通して見ますとあまりもつれないですっと梳《くしけず》ることが出来ます。縫《ぬい》糸《いと》を髪の毛のようにグシャグシャに掻《か》き乱《みだ》したら、絶対《ぜったい》くしゃくしゃにもつれてしまって中々《なかなか》解けないのでありますけれども、髪の毛はすらすらと解けてしまうのです。ここに生命の不思《ふし》議《ぎ》（言うに言われぬ力があること）と云うものがわかると思うのです。つまり生命のないものは、渋滞《じゅうたい》（スラスラゆかぬこと。しぶり、とどこおる）して、もつれて滞《とどこお》ってすらすらとならないのです。髪の毛は生きているから生きているものはすらすらともつれないで櫛《くし》でもスラスラと通って行くのです。

髪の毛と同じことで、生命というものが吾々《われわれ》の行《おこない》の中に現《あらわ》れて来なかったら、何事《なにごと》も、もつれて旨《うま》く行《ゆ》かないのであります。真理《しんり》を知るだけで、その中に生命というものが出て来ないで、頭だけに教《おし》えが印象《いんしょう》されて「ああ自分はわかった」と思っているだけでは、それでは物《もの》事《ごと》のもつれが解けて来ない、やはり実際《じっさい》知ったことを実行するところから物事が解決《かいけつ》してくるのです。

## 心の眼《め》がひらいて、肉体《にくたい》の眼がひらく

渡辺英三郎《わたなべえいざぶろう》先生が、次《つぎ》の日曜日にその盲目《めくら》のお嬢《じょう》さんはどうなっているかと思って訪《たず》ねてお出《い》でになったら、お嬢さんはニコニコして、玄関《げんかん》へ迎《むか》えて出られました。この前、はじめて

行った時にはとても暗《くら》い表情《ひょうじょう》して、陰惨《いんさん》（暗《くら》いみじめな）極《きわ》まる、まるで地獄《じごく》の国から来た亡者《もうじゃ》のような容貌《ようぼう》をしていた娘《むすめ》さんが今は実《じつ》にニコヤカな顔になって、目なんかも非常《ひじょう》に明《あか》るく輝《かがや》いた光《ひかり》を帯《お》びていました。そうして「先生、私の目は見えるようになりました。治《なお》りました」と言われるのです。渡辺先生の方がびっくりしてしまったのです。

「あれからどうなさって治ったのですか」とたずねますと、その娘さんは、

「私は目は見えないけれども、先生の被仰《おっしゃ》るとおりを行《ぎょう》じました」と言うのです。「先生の被仰ることに感激《かんげき》（心をふるわせて、ふかく感ずる）いたしまして、感謝《かんしゃ》を行じなければならぬと思いまして、先生がお帰りになると、早速寝床《さっそくねどこ》をたたんで、箒《ほうき》を持って掃除《そうじ》をしました。目が見えないけれども、御飯《ごはん》食べたら自分の茶碗《ちゃわん》を手さぐりに丁寧《ていねい》に洗《あら》って台所から出て来ますと、弟が〝姉《ねえ》ちゃん今日《きょう》は綺麗《きれい》な顔しているのですね〟と言いますから、坊《ぼう》やは善《よ》い子だねと弟を抱《だ》いて愛慰《あや》していますと、ふと弟の顔が見えて来たのです」と言うのです。此処《ここ》が大切《たいせつ》なところであります。目が見えるようになるために、台所の仕事《しごと》をしたというのではないのです。ただ感謝のために行《ぎょう》じたと言うのです。つまり「目が見えたらしよう」とか、「こうしたら目が見えるだろう」と思って功利的《こうりてき》な考えでやるのでは、中々《なかなか》お蔭《かげ》が戴《いただ》けないのです。ところがもう既《すで》に我《われ》らは与《あた》えられている。その恵《めぐ》みに対して感謝の心を起《おこ》していると自然《しぜん》にお蔭が得《え》られるのです。

# パウロの眼《め》はどうして治《なお》らなかったか

昔《むかし》、パウロと云《い》う学者《がくしゃ》がイエスを排斥《はいせき》（おしのける。しりぞける。）して其《そ》の伝道《でんどう》を妨《さまた》げ、イエスの弟子《でし》たるキリスト教徒《きょうと》を迫害《はくがい》（害を加える。苦しめしいたげる）したのでありますが、「真理《しんり》」に対して眼《め》をとじ、又《また》、他の人々の眼をふさいだ報《むく》いとして盲目《めくら》になったのであります。盲目になりましてから、パウロは大《おお》いに心を更《あらた》めましてイエスを信《しん》ずるようになりますと、片目《かため》だけ見えるようになりましたが、一方《いっぽう》の眼《め》はかすんでよく見えません。それでパウロはキリストに祈《いの》って、「どうぞ此《こ》の目を見えるようにして下さい」と祈っておりました。それはイエスが亡《な》くなられてから後《のち》のことでありますが、キリストの姿《すがた》が空中《くうちゅう》に現《あらわ》れて来ました——これは『聖書《せいしょ》』の「使徒行伝《しとぎょうでん》」にある話ですが——キリストの姿が空中に現れて「我《わ》が恵《めぐ》み汝《なんじ》に足《た》れり」と言うお声がきこえてまいりました。その意味は「もう既《すで》にお前には充分恵《じゅうぶんめぐみ》がやってあるのだ」と云う意味だったのです。それは「既《すで》にお前には完全《かんぜん》な目が与《あた》えてあるのだ。もう見える筈《はず》だ」と仰《おっ》しゃったことなのでした。それなのにパウロはそう云う風《ふう》には取らなかったのです。「此《こ》の目が見えないのはこれでいいのだ。それで充分の恵《めぐみ》だ。この目が少し見えたり、またかすんで見えなかったりするのは、自分の身体《からだ》にメートルがついているようなもので、自分の眼の状態《じょうたい》（ありさま）によって、自分の心境《しんきょう》（心のありさま）を反省《はんせい》することが出来るので、これで有《あ》りがたいのだ」と満足《まんぞく》してしまったのであります。パウロはこれを「肉体《にくたい》のメートル」とは言わないで「肉体の棘《とげ》」であると言いました。「肉体に棘《とげ》」がささっていますと、ちょっと姿勢《しせい》を崩《くず》したりしますと、その棘《とげ》がチカチカと刺《さ》す。それと同じように、自分の心の動き方が間違《まちが》っていると眼が一層《いっそう》見えなくなるようになって、自分の心境を測《はか》るメートルになる。こうして心を反省するために附《つ》いている「肉体の棘《とげ》」だから、この棘《とげ》があることが恵《めぐみ》なのだ。片目がよく見えてないことが恵《めぐみ》なのだと云うように解釈《かいしゃく》したのであります。即《すなわ》ち「眼《め》の病気」を「神様からの与えもの」として、そのままアルとみとめて、却《かえ》って「眼の病気」を歓迎《かんげい》する心になりましたから、パウロは一生《いっしょう》涯《がい》その片目は完全には治《なお》りませんでした。

## 既《すで》に人間は神さまから完全《かんぜん》につくられている

ところが、渡辺英三郎《わたなべえいざぶろう》先生に導《みちび》かれた娘《むすめ》さんはそういう意味にとらないで、「我《わ》が恵《めぐ》み汝《なんじ》に足《た》れり」というのは、「お前は神様がそんな眼《め》の見えない身体《からだ》を与《あた》えたように誤解《ごかい》しているが、そうではない、お前には完全な恵《めぐみ》が、完全な眼《め》が与えてあるのだよ。既《すで》にお前の眼は見えるのだよ」と素直《すなお》に神の恵《めぐみ》を受取《うけと》ったからであります。

パウロのように、この眼が見えないと云う「肉体の棘《とげ》」を与えられているのは自分の反省《はんせい》の資料《しりょう》として神から与えられているのであるから、この病気《びょうき》そのものが有難《ありがた》いのであるというような工合《ぐあい》に、「病気」を神の恵《めぐみ》として受取る宗教《しゅうきょう》もありますが、これでは「病気」と云うものを神の造《つく》ったものとして受取るから治《なお》らないことになるのであります。こう云う「病気」のような「苦難《くなん》」を神の恵《めぐみ》として有《あ》りがたく受ける気持《きもち》を「受難礼讃《じゅなんらいさん》」と言いまして、不幸災難《ふこうさいなん》を呼《よ》びよせる心でありますから、そんな心を持たないようにしなければなりません。兎《と》に角吾々《かくわれわれ》は、神と云うものを吾々に不幸災難を与えるような残虐《ざんぎゃく》な（ざんこくな。むごたらしい）方《かた》ではない、無限《むげん》に愛深《あいふか》き方であると云うことを素直《すなお》に信《しん》じることが大切《たいせつ》です。神の無限の愛を素直に信じたとき、そこから健康《けんこう》な生命《せいめい》が出て来るのであります。

素直ということは無我《むが》です。何にも自分の偏《かたよ》った考えがないことです。何も心に偏《かたよ》りがなくなったら、ここに神の生命というものが出て来るのです。色々《いろいろ》人間知恵《ちえ》の勝《すぐ》れた人は理窟《りくつ》を言うのです。理窟を言うけれども、そしてそんな理窟は自分では正しいと思っていてもそんな理窟は必《かなら》ずしも正しくないのです。素直な心になったとき、本当の神の正しい智慧《ちえ》が出て来るし、健康な生命も出て来るのであります。

『生命《せいめい》の實相《じっそう》』第四巻（編註・頭注版では第7巻）生活篇《せいかつへん》の「背水《はいすい》の陣《じん》（川を背にしてテキとたたかうと、にげることが出来ないので、すすむばかりのカマエを云う）を布《し》け」と云うところに、「汝《なんじ》の病《やまい》今既《すで》になきことを信《しん》ぜよ。断々乎《だんだんこ》として病なきことを信じて汝《なんじ》の病床《びょうしょう》を蹴《け》って起《た》て」と云うように書いてあります。もう病気《びょうき》はないのであると信ずるのです。これは病気だけのことじゃないのであります。すべての不幸《ふこう》は今既にないのであり、すべての善《よ》きものは既に与えられているのです。「我《わ》が恵《めぐ》み汝《なんじ》に足《た》れり」と神は仰《おお》せられているのです。今吾々《われわれ》はそれを素直に受けなければならないのです。それなのに、吾々は時々《ときどき》パウロのように「この苦《くる》しみは私の魂《たましい》を反省《はんせい》せしめたまうために神が与《あた》え給《たま》うたものである」などと考えて不幸《ふこう》の原因《げんいん》を神に帰《き》して、自分自身が自分の心の思いで不幸を引寄《ひきよ》せていると云うことを知らないのは誠《まこと》に残念《ざんねん》なことであります。

## エデンの楽園《らくえん》のたとえ

神の造《つく》りたまうた人間には、本来《ほんらい》、不幸《ふこう》も苦《くる》しみもないのであります。神は人間を神の象《かたち》のごとく完全《かんぜん》に造りたまうて「エデンの楽園《らくえん》」（仏教で言うゴクラク世界にあたる。実相の世界のことです）に置《お》きたまうたと『創世記《そうせいき》』に書いてあるのであります。実相《じっそう》（ほんとうのすがた）に於《お》いては、人間は既《すで》に「エデンの楽園」の中に置かれているのであります。それなのに『創世記』の物語では、蛇《へび》が出て来て、あそこに「知恵《ちえ》の樹《き》」という樹があって林檎《りんご》のような美味《おい》しい果《み》が生《な》っている、あの知恵の樹《こ》の果《み》を食べたなら、お前は神様のように賢《かしこ》くなるよ、と教《おし》えたのです。この「蛇」と云うのは「人間のサカシラだった(かしこぶる)知恵」のたとえであって、既《すで》に神から無限《むげん》の善《よ》きものを与《あた》えられ、既に神の生命を与えられ、神の相《すがた》を与えられて、何の不足《ふそく》も不自由《ふじゆう》もなく生きているのが人間なのに、「そのまま有難《ありがた》い」と素直《すなお》に受けとることをしないで、まだ何か足《た》らんように思って、人間知恵を出すのです。これが最初《さいしょ》の迷《まよ》いであります。これをキリスト教《きょう》では「知恵《ちえ》の樹《こ》の果《み》を食《く》う」と言い、仏教《ぶっきょう》では「無明縁起《むみょうえんぎ》(えんによっておこる。いんねんで出てくる)」と言うのであります。「無明《むみょう》」と云うのは「まよい」と云うことで、「まよい」によって一切《いっさい》のものが起《おこ》ってきたのであると云うのが仏教の無明縁起《むみょうえんぎ》であります。「迷《まよ》いは何処《どこ》から来たか」という問《とい》がよくあり、これは仏教でも問題《もんだい》になっていることですが、「迷い」と云うものは「知恵の樹《き》」の果《み》をたべて「そのままの神の智慧《ちえ》」を失《うしな》ったところから来たのです。即《すなわ》ち「お前は神の子で、完全《かんぜん》だぞ、健康《けんこう》だぞ」と神様から言われたのを、「そんなことあるものか」と素直に受けないところから来たのであります。素直になって無我《むが》になって「人間は神の子だ完全だ」と云う神の宣言《せんげん》をそのまま受け容《い》れたならば、そうすると「迷い」も何もないのです。ところが「神様だって間違《まちが》うかも知れぬのだ、神様よりもこの知恵の樹《こ》の実《み》を食べた方がうんと賢《かしこ》くなるかも知れん」と云うような考えであります。こんな考え方から人間はエデンの楽園《らくえん》を追放《ついほう》されて苦しまなければ生活出来ないようになったと『創世記《そうせいき》』には書いてあるのです。「エデンの楽園」即《すなわ》ち「極楽《ごくらく》」みたいな世界に帰ってくるには、「人間は神の相《すがた》に造《つく》られている立派《りっぱ》な人間である、病気《びょうき》不《ふ》幸災難等《こうさいなんとう》……何ひとつないのである」と言われた神の言葉を信《しん》じて、悪いことがあらわれて来ても、「これは心の迷《まよ》いで、こう見えるだけだ。こんな悪い有様《ありさま》は、神様の造られた世界には断《だん》じてないのだ」と、その悪い有様を心で見ないで、神のつくりたまうた「善《ぜん》ひとすじの世界」ばかりを神想観《しんそうかん》（心をしずめて、神を見る法。『生命の實相』第四巻〈編註・頭注版では第8巻〉にくわしく出ています）して、心で見つめるようにしますと、やがて、本当に神のつくりたまうた「善ひとすじの世界」が肉眼《にくがん》で見える世界にもあらわれて来るのであります。

# 第十五章　治癒《ちゆ》を求《もと》める人のために

## みずから高く昇《のぼ》る者のみ高くあげらる

人、苟《いやしく》も平凡《へいぼん》なる（特にすぐれない（ふつうであって））才能《さいのう》で終《おわ》ることに満足《まんぞく》せず、衆《しゅう》に抜《ぬき》んでて人類《じんるい》のために尽《つく》そうと云《い》う決意《けつい》を有《ゆう》するならば、自己《じこ》の能力《のうりょく》を最大限《さいだいげん》に発揮《はっき》する方法《ほうほう》を知らなければならないのである。そのためには人は自己に宿《やど》る神の力を現象界《げんしょうかい》に引出《ひきだ》す方法を知らなければならない。内部《ないぶ》に宿る「無限力《むげんりょく》」をどれ程《ほど》引き出すことが出来たかの程度《ていど》に応《おう》じて、その人の現実《げんじつ》的《てき》力に差等《さとう》が出来るのである。成功《せいこう》の力でも健康《けんこう》の力でも、その力を引き出すのは同じ原理《げんり》による。水源《すいげん》は神であり、出口は人間である。水源は既《すで》に無限に高いのであるが、出口が低《ひく》ければ無闇《むやみ》に高く噴泉《ふんせん》は上《あが》るものではないのである。出口も或《あ》る程度まで高くしなければ高い処《ところ》の間《ま》に合う訳《わけ》には行かぬのである。階下《かいか》の水道《すいどう》の蛇口《じゃぐち》では二階にはとどかない。みずからの出口の水準《すいじゅん》も上げることが第一である。出口とは自己の信仰《しんこう》である。

水道の蛇口を二階まで引いて見ても、水が上って来ないのは何故《なぜ》であるか。それは屹度《きっと》途中《とちゅう》の鉛管《えんかん》があまり細くて水の流れる面積《めんせき》が狭《せま》いからである。或《あるい》は其処《そこ》に何かものが詰《つま》っているかも知れない。信仰が如何《いか》に高くとも、心《こころ》の鉛管《えんかん》（心を水道のパイプにたとえたのである）が広々《ひろびろ》していない者は、水の出ようが少《すくな》いのである。更《さら》にその心のパイプに恐怖心《きょうふしん》や劣等感《れっとうかん》や取越苦労《とりこしくろう》の不純物《ふじゅんぶつ》が詰《つま》っている場合には、いくら水源地《すいげんち》が高くとも、またいくら高い階段《かいだん》の宗教《しゅうきょう》を信じていようともその効《こう》果《か》は少《すくな》いのである。心が広くなるには、多勢《おおぜい》の人々を赦《ゆる》さなければならないのである。しかし自分自身の濁《にご》るのを赦《ゆる》してはならないのである。自分のパイプを通る水が濁《にご》っていては、今後益々水垢《ますますみずあか》がたまってパイプが詰《つま》るばかりである。

## 心の力によって癌《がん》も治《なお》る

一九五二年新年号日本版《にっぽんばん》の『リーダーズ・ダイジェスト』誌《し》には三度精神力《みたびせいしんりょく》によって癌《がん》を征服《せいふく》した海軍将校《かいぐんしょうこう》の実話《じつわ》が載《の》っていた。精神力と云《い》ってもそれは祈《いの》りの力である。いつの時《じ》代《だい》にも、祈りと信仰《しんこう》の力によって癒《いや》された実例《じつれい》は沢山《たくさん》あるのである。その癒《いや》しは決《けっ》して偶然《ぐうぜん》の産物《さんぶつ》ではないのである。生長《せいちょう》の家《いえ》では多数の実例がある。そんな奇蹟《きせき》とも思えるようなことがどうして起《おこ》るかと云えば、それは宇宙《うちゅう》に満《み》ちている法則《ほうそく》のうちの「癒《いや》しの法則」に自然《しぜん》に適合《てきごう》(ピッタリ合う)したのである。宇宙には、重力《じゅうりょく》の法則もあれば、流体力学《りゅうたいりきがく》の法則もあるように、霊的《れいてき》な癒しの法則もある。然《しか》らば如何《いか》にして彼らは此《こ》の「癒しの法則」に適合することが出来たのであろうか。およそ祈り及《およ》び信仰は心の働《はたら》きである。彼らの心の或《あ》る状態《じょうたい》が宇宙の癒しの法則に適合したのである。

## 祈《いの》りの効果《こうか》は自己《じこ》の心の内《うち》にある

癒《いや》しの法則《ほうそく》に適《かな》うためには、自分の信仰《しんこう》の熱度《ねつど》が昂《たか》まらなければならないのである。恰《あたか》も、水が蒸気《じょうき》となって空中《くうちゅう》高く上《あが》るには、その熱度が昂《たか》まらなければならないのと同様《どうよう》である。信仰の熱度が昂まるためには繰返《くりかえ》し祈《いの》ること、又《また》、繰返し聖書《せいしょ》又は聖経《せいきょう》を読み、他の人が癒《いや》された実例《じつれい》に接《せっ》しなければならない。特《とく》に祈る前に、癒《いや》された実例が沢山《たくさん》載《の》っている書物《しょもつ》(例《たと》えば、『生命《せいめい》の實相《じっそう》』とか、『光明《こうみょう》の健康法《けんこうほう》』とか)を読んで置《お》いてから祈ると云うようにするならば、祈っている時精神状態《せいしんじょうたい》、信仰《しんこう》状態を高める結果《けっか》となり、その祈りの効果《こうか》が多いのである。祈りの効果は自己の心の中にあるからである。

## 汝《なんじ》の信仰《しんこう》の電圧《でんあつ》を高めよ

或《あ》る程度《ていど》まで電圧《でんあつ》が高まらないと、ラジオの受信機《じゅしんき》もラジオの放送《ほうそう》をきくことが出来ない。戦後《せんご》、電力不足時《でんりよくふそくじ》の夕方の食事時《しょくじどき》のように、電圧が低《ひく》いときにはラジオの放送があっても殆《ほとん》どきこえないように、神様の愛《あい》の放送、癒《いや》しの霊波《れいは》が来ていても、信仰《しんこう》の電圧が高まらないと、その神の電波《でんぱ》を感受《かんじゅ》することが出来ない。吾々《われわれ》は信仰の電圧を高めることが必要《ひつよう》なのである。「若《も》し芥子種《からしだね》ほどの信《しん》だにあらば、この山に動いて海に入《い》れと云《い》うと雖《いえど》も、必《かなら》ず成《な》らん」とキリストは言ったのである。人間は「肉体《にくたい》」的存在《てきそんざい》（肉体としてあるもの）のように見えているけれども、実際《じっさい》は心によって肉体が造《つく》られるのであるから、その人の心の状態《じょうたい》が癒《いや》されない限《かぎ》りは肉体は癒されないのである。

## 自己《じこ》又《また》は他人《たにん》を癒《いや》すには

宗教《しゅうきょう》は肉体《にくたい》を治《なお》すのではないのであって、心の傷《きず》を癒《いや》し、間違《まちが》った方向《ほうこう》にそれていた心の癖《くせ》を正しきに導《みちび》くのである。そうする事によって、無意識《むいしき》（気がつかない心。せんざい意識）の心が司《つかさど》っていた生理《せいり》作用《さよう》が癒《いや》されることになるのである。それには、自《みずか》ら教《おし》えを聴《き》き又《また》は、読みして自分の心を正しく観《み》る方法《ほうほう》と、他《ほか》の人の「祈《いの》り」、又は「観《かん》」によって、自分自身の心が癒《いや》される方法とがあるのである。いずれにしても、自分(又は其《そ》の人)を正しく「完全《かんぜん》なる神の子」として観得《みう》る程度《ていど》に従《したが》って、自分又は其《そ》の人の心が正しくなり、肉体《にくたい》も亦健康《またけんこう》になるのである。(「観《かん》」とは「心で観《み》る」ことである。自己又はその人の「完全なる神の子」の相《すがた》を観《かん》ずる方法は『生命の實相』第四巻観行篇《かんぎょうへん》〈編註・頭注版では第8巻〉に詳細《しょうさい》に記《しる》されている)

## 健全《けんぜん》なる自己《じこ》を再発見《さいはっけん》せよ

兎《と》も角《かく》、本当の自己《じこ》を再発見《さいはっけん》しなければならぬ。本当の自己を再発見したときに、「ニセモノの病《や》める自分」から脱却《だっきゃく》する(ぬけだす)ことができるのである。不健康《ふけんこう》はニセ物の様相《ようそう》(かたち)に過《す》ぎない。何処《どこ》に不健康があるか、何処《どこ》を病菌《びょうきん》が侵《おか》しているか。そのようなニセ物をいくら追《つい》究《きゅう》しても本物《ほんもの》は出て来ない。病気《びょうき》をいくら追究しても健康は出て来ない。健康を求《もと》めるならば生命《せいめい》を追究せよ。健康は生命のみから来るのであって、病気と云う不完全《ふかんぜん》な状態《じょうたい》を心に描《えが》いている限《かぎ》りは、その心の波長《はちょう》が不完全であるから、不完全なもののみを感受《かんじゅ》して、病気を再現《さいげん》するにすぎないのである。常《つね》に「生命」の本質《ほんしつ》は「神」であり、神より生《うま》れたるものであるから健康のほかはないと念《ねん》ずるようにするが好《よ》い。

## 心を無量寿《むりようじゆ》のものに直結《ちよつけつ》せよ

病気《びようき》（又《また》はその他一切《いつさい》の不幸《ふこう》）から自己《じこ》を解放《かいほう》するためには、心が病気に捉《とら》えられて、病気の虜《とりこ》となってはならない。吾々《われわれ》は病気を心から忘《わす》れ、病念《びようねん》に縛《しば》られなくなる程度《ていど》に従《したが》って健康《けんこう》となることが出来るのである。次《つぎ》に必要《ひつよう》なことは、病気と心の結《むす》びつきを断《た》ち切った後《のち》には、心を「神」に直結《ちよつけつ》することである。「神」とは一切《いつさい》の処《ところ》に満《み》ちて、無形《むけい》にして、しかもよく一切のものを生み出したまうた神秘《しんぴ》なる力――即《すなわ》ち大生命《だいせいめい》である。それは一切生命の根元《こんげん》であるから無量寿《むりようじゆ》である。無量寿如来《によらい》と言っても好《よ》い。その無量寿如来のいのちが自分に宿《やど》って生きているのであり、そのいのちこそ「本当の自分」であるから、決《けつ》して病《や》むことはないと知ることである。

## 現象世界《げんしようせかい》（感覚にあらわれて見える世界）は映画《えいが》にすぎない

吾々《われわれ》の生活の本地《ほんじ》（もとの世界）は、無量寿仏《むりようじゆぶつ》の世界、即《すなわ》ち極楽浄土《ごくらくじようど》にあるのである。極楽浄土にいる観世音菩薩《かんぜおんぼさつ》、普賢菩薩《ふげんぼさつ》、勢至菩薩《せいしぼさつ》……等々《とうとう》の諸仏諸菩薩《しよぶつしよぼさつ》が皆様《みなさま》の本体《ほんたい》であるのである。その諸仏《しよぶつ》である皆様は決《けつ》して病《や》むなどと云《い》うことは無《な》いのであるけれども、皆さん自身は一種《いつしゆ》の創《そう》作力《さくりょく》をもっていて、自分の心で脚本《きゃくほん》をつくり、現世《げんぜ》という「映《うつ》しの世界」に「心の波動《はどう》」によって映画《えいが》を映し出すのである。そしてみずからその出演俳優《しゅつえんはいゆう》となって悲喜劇《ひきげき》を演《えん》じているのである。画面《がめん》に於《お》いては病人《びょうにん》を演出《えんしゅつ》し、貧乏《びんぼう》を映写《えいしゃ》しようとも、俳優そのものは病気でもなく、貧乏でもない。これは心の波動の演ずる所作事《しょさごと》に過《す》ぎないのである。貴方《あなた》は今既《すで》に幸福《こうふく》なのである。

## 既《すで》に幸福《こうふく》なる自己《じこ》の「実相《じっそう》」を自覚《じかく》せよ

今既《すで》に幸福《こうふく》であり健康《けんこう》である自分の「実相《じつのすがた》」と、心の波《なみ》の演《えん》ずる所作事《しょさごと》(仮相《かりのすがた》又《また》は夢《ゆめ》)に過《す》ぎないところの「病気《びょうき》」とを切《き》り離《はな》して、自分の健康な実相《じっそう》を観《み》ることが必要《ひつよう》である。しかし、夢《ゆめ》の中には夢の法則《ほうそく》がある。その夢の中の法則に従《したが》って、仮相《かりのすがた》なる病気が、仮《か》りに治《なお》った相《すがた》を現《あらわ》すこともあり得《う》るのである。即《すなわ》ち、現象《げんしょう》世界の法則で、薬剤《やくざい》や注射《ちゅうしゃ》によって、その現象の肉体が健康になるが如《ごと》きはそれである。それに対して何ら反対《はんたい》する理由《りゆう》はないのである。併《しか》し、それは「病気」の夢から「健康」の夢に移《うつ》るに過ぎない。真《しん》の健康は、健康を夢みることではなくて、最初《さいしょ》から健康なる「神の子・人間」の実相を自覚して、その自覚の表現《ひょうげん》として健康なる自己が顕《あらわ》れる事である。

## 神は「内部《ないぶ》からの癒《いや》す力」である

吾々《われわれ》は如何《いか》なる宗派《しゅうは》の神又《また》は仏《ほとけ》に対しても尊敬《そんけい》をささげるのである。すべての神又は仏は、本来《ほんらい》一つの神の応化身《おうけしん》（相手に応じてバケてあらわれたすがたの神）として見奉《みたてまつ》るからである。一神即多神《いっしんそくたしん》、一仏即一切仏《いちぶつそくいっさいぶつ》であるからである。「真理《しんり》」は宇宙《うちゅう》に普《あまね》く存在《そんざい》し、時《とき》と処《ところ》と人《ひと》とに応《おう》じて其《そ》の教《おし》えをなし給《たま》うからである。如何《いか》なる病気《びょうき》の治《ち》癒《ゆ》も、神の癒《いや》しから出て来る。神以外《いがい》に真《しん》に癒すものはないからである。人が或《あ》る信仰によって病気が治るのは「神われを救《すく》いたまう」と云う信仰から恐怖心《きょうふしん》が除《のぞ》かれるからである。恐怖の念《こころ》が内部《ないぶ》からの「癒す」力の出口をふさいでいたのが取去《とりさ》られるからである。「内部の癒す力」――即《すなわ》ち「生命の力」を神と呼《よ》ぶのである。医術《いじゅつ》は、外部《がいぶ》から、生命力の発現《はつげん》を妨《さまた》げるものを取除《とりのぞ》いたり、解毒《げどく》したりする働《はたら》きをするのであるが、医術にたよった後《のち》は神にまかせきりの心境《しんきょう》になることが必要《ひつよう》である。恐怖心や疑《うたが》い心《ごころ》を持っていると順潮《じゅんちょう》に自然良能《しぜんりょうのう》（学ばないでも、よくできる自然のハタラキ）がはたらかないのである。

## 自分が許《ゆる》さねば病気《びょうき》にならぬ

「神の生命《せいめい》（無量寿《むりょうじゅ》の生命）われに流れ入りてわが生命となりたまうたのである。神の生命は、わが内《うち》にましまして、われを『癒《いや》す力』となっていられるものである。自分を癒す力は自分の内に備《そなわ》っているのである。だから、自分自身が許《ゆる》さない限《かぎ》りは、その無量寿《むりょうじゅ》の生命の完全《かんぜん》なる発現《はつげん》（即《すなわ》ち健康《けんこう》）を妨《さまた》げる力は、決《けっ》して自分に入《はい》って来ることは出来ないのである」このように毎朝夕《まいあさゆう》、心に深《ふか》く念《ねん》じて、自己《じこ》に宿《やど》る癒《いや》す力をよび出すようにすれば、心に病念《びょうねん》（病気の思い）を思い浮《うか》べる隙《すき》がなくて病気にかからなくなるのである。病気になるのは、自分自身が、たとい、一寸《ちょつと》の心の隙であるにせよ、自分が病気になることを許《ゆる》したのである。即《すなわ》ち「人に同情《どうじょう》して欲《ほ》しい心」「人に訴《うった》えて愛《あい》してほしい心」「寝床《ねどこ》の中で安逸《あんいつ》を貪《むさぼ》りたい心」「家庭《かてい》生活が面倒《めんどう》なので、死んでしまいたい心」「お前のために、こうなったと、人に難癖《なんくせ》つけたい心」など色々《いろいろ》な心の隙《すき》がある。

## 不幸《ふこう》を歎《なげ》く心を捨《す》てよ

「健康《けんこう》になりたい意志《いし》」のほかに、漠然《ばくぜん》（ハッキリしない）とした「不幸《ふこう》を歎《なげ》きたい感情《かんじょう》」が人間にはある。それゆえ、芝居《しばい》の悲劇《ひげき》を観《み》たがる人の数は衰《おとろ》えないし、益々増加《ますますぞうか》の傾向《けいこう》があるのである。「不幸を歎きたい感情」は直接《ちょくせつ》「想念《そうねん》」に結《むす》びついて、その不幸の状態《じょうたい》を自働的《じどうてき》につくりあげる。「健康になりたい」のは意志であるが、深《ふか》い感情から浮《うか》び上《あが》った「病気《びょうき》」の想念は、意志よりも強力《きょうりょく》である。そして「健康になりたい意志」を打ちまかして、病気をつくる。そして病気を歎《なげ》き、不幸を歎き、以《も》って「不幸を歎きたい感情」を満足《まんぞく》させるのである。真《しん》に幸福《こうふく》となり、健康《けんこう》となるためには、このような「不幸を歎きたい感情」を一掃《いっそう》（サッとはき清める）しなければならない。

## 病気《びょうき》の際《さい》には自己《じこ》の精神《せいしん》を分析《ぶんせき》せよ

病気《びょうき》に罹《かか》るには、何らかの程度《ていど》（ほどあい ぶんりょう）又《また》は形に於《お》いて「病気になりたい意志《いし》」があって、病気になることを許《ゆる》して、生命力《せいめいりょく》を歪《ゆが》んだ形にあらわしているのであるから、自分の精神《せいしん》を自己分析《じこぶんせき》して見れば、大抵《たいてい》自分の内《うち》にある此《こ》の「卑怯な魔物《ひきようなまもの》」（病気を種《たね》にして、同情《どうじょう》されたいとか、休みたいとか、遊んでいたいとか、面倒《めんどう》なこの世界から逃避《とうひ》したいとか云う意志）のあることがわかるのである。こんな魔物がいるのに、病気だと云って安静療法《あんせいりょうほう》を処方《しょほう》でもしようものなら、まるで魔物の思う壺《つぼ》にはまって、魔物に餌《え》を与《あた》えたと同じようなものである。そんな場合には、魔物の要求《ようきゅう》に断然応《だんぜんおう》じないで、逆《ぎゃく》にぐんぐん自分を健康者《けんこうしゃ》そのものとして、働《はたら》かせることによって、病気の魔物が退散《たいさん》する（しりぞい てにげる）のである。

## 創造力《そうぞうりょく》に一定《いってい》の形を与《あた》えるのは想念《そうねん》である

宇宙《うちゅう》には創造力《そうぞうりょく》（ものを創《つく》り出す力）が充《み》ち満《み》ちている。吾々《われわれ》自身の心がその創造力を生み出すのではない。創造は神の御手《みて》（道《みち》―Way《ウェイ》）即《すなわ》ち法則《ほうそく》にある。法則によって万物《ばんぶつ》があらわれる。その法則にあてはめて如何《いか》なる形をあらわしめるか、「心の雛形《ひながた》」を提供《ていきょう》するのが「想念《こころのおもい》」である。「想念《そうねん》」で何を想《おも》うかによって、創造する力に、「何をつくるか」の雛形を提供するのである。人間は「何も思わない」と思っている時にも、潜在意識《せんざいいしき》（気がつかぬ習慣《しゅうかん》の心）は何かを思っている。或人《あるひと》は習慣的《しゅうかんてき》に「病気《びょうき》」を思っているし、或人《あるひと》は習慣的に「成功《せいこう》」を思っているし、或人は、腹《はら》が立って、人の「不幸《ふこう》」を思っている。これらの気のつかない思いは、其人《そのひと》に夫々《それぞれ》「病気」や、「成功」や「不幸」を創《つく》り出さしめる。

## 精神統一《せいしんとういつ》の必要《ひつよう》

吾々《われわれ》の想念《こころのおもい》が、常《つね》にふらふら動いて、つねに異《こと》なることを思い浮《う》かべているならば、カメラをふらふら動かしながら写真《しゃしん》をとるようなものであって、色々《いろいろ》の形が二重写《にじゅううつ》しになってハッキリした形があらわれない。だから、今、「健康《けんこう》」を思い浮《うか》べ、次にまた「病気《びょうき》」を思い浮べ、今日《きょう》「成功《せいこう》」の念《ねん》に心ときめき、明日《あす》「失敗《しっぱい》」の恐怖《きょうふ》で心おののいているような事では、必《かなら》ずしも健康や成功が実現《じつげん》する訳《わけ》ではないのである。事物《じぶつ》が現象面《げんしょうめん》にあらわれて来るには、或《あ》る時間《じかん》は心のカメラ（想念《そうねん》）（写真機、想念（心の思い）にたとえたもの）を一定《いってい》の方向《ほうこう》に向けて置《お》く必要《ひつよう》がある。即《すなわ》ち、精神統《せいしんとう》一《いつ》と云うことが必要である。単《たん》なる十五分間の祈《いの》りが、あとの二十三時間四十五分の心の状態《じょうたい》で無駄《むだ》になることは無理《むり》ではないのである。

## あなたの祈《いの》りは何故《なぜ》実現《じつげん》せぬか

神想観《しんそうかん》でも「祈《いの》り」でも、これらは一種《いっしゅ》の精神統一《せいしんとういつ》の技術《ぎじゅつ》であり、一定《いってい》の目的観念《もくてきかんねん》（目的とする思い）を純粋《じゅんすい》に一定時間持続《じかんもちつづ》ける為《ため》の方法《ほうほう》である。「祈り」を「神様に泣《な》きつくこと」だと考えてはならない。泣きつくような悲《かな》しい思いで神に祈る人の祈りがきかれないで、「神も仏《ほとけ》もあるものか」と云う歎《なげ》きにかわることが多いのは、自分の「悲惨《ひさん》」を心に思い浮《うか》べながら祈るからである。自分の「悲惨」を心に浮べながら「祈る」即《すなわ》ち「精神統一」していると、益々宇宙《ますますうちゅう》の法《ほう》則《そく》に「悲惨」を創造《そうぞう》するように「心の雛型《ひながた》（卵のカラからヒナがうまれるように、そのカタから何でも出て来るモトの型。もけい）」を提供《ていきょう》していると同じことになるのである。吾々《われわれ》は想念《おもい》で「雛型《ひながた》」を造《つく》る。すると「法則」がその通りのものを造り出してくれるのである。

## よき信仰《しんこう》を養成《ようせい》するには

キリストが、信仰《しんこう》があれば山でも動くと言われたのは、「信仰」と云うものは持続的《じぞくてき》な（つづいている。かんだんなき）一定《いってい》の想念《そうねん》であるからである。しかもそれが単《たん》なる想念ではなく感情《かんじょう》に結《むす》びついて、潜《せん》在意識《ざいいしき》の一定の傾向《けいこう》になっているから、信仰によって描《えが》かれた想念は、持続的で強力《きょうりょく》にいつまでも魂《たましい》の底《そこ》にそれを想《おも》っているからである。「自分は神の子だから必《かなら》ず今日《きょう》もよいことが来る。よい事が来る」と朝起きたとき二十遍唱《べんとな》えよ。将《まさ》に眠《ねむ》りを催《もよお》して来たときにも二十遍唱えよ。更《さら》に仕事《しごと》の合間《あいま》合間に時々《ときどき》数回ずつこれを唱《とな》えて潜在意識《せんざいいしき》に印象《いんしょう》せよ。現在《げんざい》よい事がなくともそんなことはどうでもよい。潜在意識に「善《よ》い事が来る」と云う観念《かんねん》を植《う》え附《つ》けさえすれば好《よ》い。これがあなたに好《よ》き運命《うんめい》を決定《けってい》する種子《たね》を蒔《ま》くことになるのである。

## 心の法則《ほうそく》によって運命《うんめい》を変《へん》ずるには

宇宙《うちゅう》の動きは法則《ほうそく》によって行われる。吾々《われわれ》は法則を変更《へんこう》することは出来ないし、法則によって起《おこ》りつつある事柄《ことがら》を、法則以外《いがい》の方法で防《ふせ》ぎ止めることは出来ない。水素《すいそ》と酸素《さんそ》と合《あわ》して水となるのを手で防ぎとめることが出来ないようなものである。だから吾々《われわれ》は起りつつある運命《うんめい》を防ぎとめるためには、心の法則を利用するより道はないのである。即《すなわ》ち心に「よいこと」を描《えが》いて、それを潜在意識《せんざいいしき》に印象《いんしょう》し、「よいこと」を常《つね》に、気づかない時にも、心の中に念《ねん》じつづけている癖《くせ》をつけるようにすることである。善《よ》き事を常に想像《そうぞう》せよ。

## 「自分」を心で縛《しば》ってはならぬ

凡《あら》ゆる縛《しば》りの中で、心の縛りが一番つよい縛りである。自分を苦《くる》しめるものは自分の心の縛りである。天国《てんごく》も地獄《じごく》も心の中にあるのである。どんなに物質的《ぶっしつてき》に富《と》んでいる人でも、気楽《きらく》な条件《じょうけん》にある人でも、誰《たれ》かを憎《にく》んで赦《ゆる》さなかったり、自分の心に何か気が咎《とが》める念《こころ》のある人は苦しい苦しい気がするものである。他《ひと》を赦《ゆる》さない限《かぎ》りは、その人は自分の心を自分で縛《しば》っている事になっているのである。また、自分自身を神の子として赦《ゆる》さない限りは、その人は自由《じゆう》になれないのである。過去《かこ》の過誤《あやまち》を思うな。過去は既《すで》に無《な》いのである。今日《こんにち》、神の子として新生《しんせい》せよ。「自分は神の子として今日《きょう》から新たに新生したのであるから決《けっ》して再《ふたた》び悪《わる》い癖《くせ》を繰返《くりかえ》すことはない」と念《ねん》ぜよ。

## 人間の運命《うんめい》は変化《へんか》し得《う》る

人間は神の子であるから、如何《いか》なる運命《うんめい》を持つべきかに就《つ》いて自己選択《じこせんたく》（自分でえらんだもの）の自由《じゆう》がある。人間は貧《まず》しい家に生《うま》れる人もあるし、富《と》んだ家に生れる人もあるし、健康《けんこう》に生れる人もあるし、虚弱《きょじゃく》の体質《たいしつ》に生れる人もある。これらは自己選択ではなくて宿命《しゅくめい》であると考えられるのであるが、実《じつ》は過去世《かこぜ》の生活に於《お》いて想念《そうねん》したところのものが、現世《げんぜ》の出発《しゅっぱつ》にあらわれて来たのであるからやはり自己の自由選択であると云うことが出来るのである。現在《げんざい》の運命は過去《かこ》の自己の想念の具象化《ぐしょうか》（形にあらわれたもの）であるから、それを現在の想念で修正《しゅうせい》したり、変更《へんこう》したりすることは出来るのである。しかし「神の子」たる人間の本性《ほんせい》（実相《じっそう》）は破壊《はかい》することは出来ない。常《つね》に、実相に於いては円満完全《えんまんかんぜん》である。

## 本当のあなたは霊的《れいてき》人間である

神の子として「神の完全《かんぜん》な像《すがた》」に造《つく》られたのが霊的《れいてき》人間（神には肉眼で見える形はないが、その眼に見えない完全な内容を霊的形にあらわしたのが霊的人間である）であって、これが本当の貴方《あなた》自身である。その完全なる「霊的人間」の表面《ひょうめん》に自分の心で描《えが》いた衣裳《いしょう》を纏《まと》ったその外見《がいけん》が、肉眼《にくがん》で見える人間なのである。肉体的《にくたいてき》な外見は、心の波《なみ》でつくった衣裳に過《す》ぎないのであって、それは美醜《びしゅう》、貧富《ひんぷ》さまざまの相《すがた》を現《あらわ》しているけれども、中味《なかみ》の人間（本当の貴方自身）は「神の子」たる霊的人間である。これを「仏性《ぶっしょう》」とも云い、「神性《しんせい》」とも云うのである。「あなたは神の子です」と云うときは、この「本当の人間」を指《さ》しているのである。それは既《すで》に豊《ゆた》かに完全《かんぜん》であって、貧《まず》しかったり病弱《びょうじゃく》だったりすることは決《けっ》してないのである。

## 真《しん》に永遠不滅《えいえんふめつ》の幸福《こうふく》を発見《はっけん》するには

信仰《しんこう》や、神想観《しんそうかん》によって、貧乏《びんぼう》や病気《びょうき》が消えるのは、人間の表面《ひょうめん》の装《よそお》いの奥《おく》にある「霊的《れいてき》人間」の完全《かんぜん》さ、豊富《ほうふ》さを心に観《かん》ずることによって、自己《じこ》の「真実《しんじつ》の自分」を発見《はっけん》するからである。「真実の自分」の発見によってのみ、人間は永遠《えいえん》に死なず、病《や》まず、貧《まず》しからざる自己を見出《みいだ》すことが出来るのである。自己を肉体《にくたい》として見る立場から、色々《いろいろ》の処置《しょち》や方法《ほうほう》によって、自己を健康化《けんこうか》し金《かね》を儲《もう》け、人生を享楽《きょうらく》することも出来るけれども、それは「肉体的な立場」即《すなわ》ち暫定的《ざんていてき》な立場からであるから永遠性はないのである。あらゆる人生の不幸を癒《いや》す恒久的《こうきゅうてき》な（いつまでもかわらない）方法は「真実の自分」である神の子を発見するよりほかはないのである。

## 先《ま》ず大慈悲《だいじひ》を行《ぎょう》ぜよ

音楽《おんがく》にも、数学《すうがく》にも、電気《でんき》にも、……その他如何《いか》なる物にも法則《ほうそく》があるのである。されば健《けん》康《こう》を支配《しはい》する法則もなければならないのである。聖書《せいしょ》には「先《ま》ず神の国を求《もと》めよ、其《そ》の余《よ》のものは、汝《なんじ》らに加《くわ》えらるべし」と教《おし》えているのである。神の国とは何処《どこ》にあるかと云《い》えば「汝《なんじ》の内《うち》にあり」と又《また》聖書は言う。自己《じこ》の内に宿《やど》る神の子なる「真実《しんじつ》の自分」こそ「神の国」なのである。この「真実の自分」の発見《はっけん》こそ自己の神性《かみごころ》の発見であり、仏心《ぶつしん》の発見である。「仏心とは大慈悲心是《だいじひしんこれ》なり」と仏典《ぶってん》にはあり、「神は愛《あい》なり」と聖書にはある。愛を行《ぎょう》じ、大慈悲を行じ、惜《お》しむことなく他《ひと》のために働きつとめる時、自然《しぜん》に富《とみ》も健康《けんこう》も得《え》られるのである。

## 奪《うば》う心の者は奪われる

人から富《とみ》を奪《うば》って、富《と》もうと思ってはならぬのである。聖書《せいしょ》は「与《あた》えよ、さらば与えられん」と教《おし》えているのである。ランプは自己《じこ》の内《うち》にある油《あぶら》によって光《ひか》るのだとイエスは教えているのである。他《ひと》から奪うことによって富もうと思う者は「自己は貧《まず》しい」と常《つね》に心の底《そこ》で想念《そうねん》しつつある者であるから、その「貧しい」想念が具象化《ぐしょうか》して貧乏《びんぼう》になるのである。このことをイエスは「持たざる者は尚《なお》奪わる」と教えている。他《ひと》に与えようと欲《ほっ》する者は、「自己は既《すで》に富《と》めり」と云う念《ねん》で、そうするのであるから、その「富めり」と云う念の働《はたら》きによって、自然《しぜん》に「富」が引寄《ひきよ》せられて来るのである。

## 実相《じっそう》を観《かん》ずる治療《ちりょう》

「実相《じっそう》を観《かん》ずる」ことによって全《すべ》ての不幸《ふこう》（病気《びょうき》を含《ふく》む）を癒《いや》すのは、自分又《また》は相手の実相の完全《かんぜん》さをただ観ずるのであって、相手に思念《しねん》を送るのではないのである。思念を送る療法《りょうほう》は「思念療法《しねんりょうほう》」と称《しょう》せられるものであって、相手の病気をみとめて、それに「健全《けんぜん》なる想念《そうねん》」又《また》は「健康《けんこう》の念《ねん》」を送るのである。だから病気の念と、健康の念との二元的争闘《にげんてきそうとう》（もともと二つの対立から来るあらそい）がある。しかし実相を観《かん》ずる場合は、実相のみ実在《ほんとうにある》として、仮相《かりのすがた》の病気を無視《むし》して、本来《ほんらい》の完全さのみを観ずるのであるから、一元的《いちげんてき》である。だから思念を凝《こ》らすと云うようなこともない。ただ相手の完全さを観《み》るのであるから、話しているうちに治《なお》ってしまうこともある。

## 人間の第一印象《だいいちいんしょう》

各人《かくじん》は、それぞれ特有《とくゆう》の心的雰囲気《しんてきふんいき》（心から発散する何となき空気のような感じ）を持っているものである。その雰囲気と云うものは、先ず第一印象《だいいちいんしょう》でハッとわかるものである。香《こう》を焚《た》いている部屋に近づくと、突《とつ》然《ぜん》として快《こころよ》い薫香《くんこう》の匂《にお》いを感ずるようなものである。しかしその室《しつ》にじっと坐《すわ》っていると、もうその匂いがあまり感じられなくなずる。これと同じように第一印象は強く相手の雰囲気を感る。これは大抵胡魔化《たいていごまか》されることはないものである。処《ところ》が其人《そのひと》と長く談《はな》しているうちには、最初《さいしょ》の雰囲気的な人間の体臭《たいしゅう》（その人それぞれの肉体のにおい）が忘《わす》れられて、相手の言葉に引着《ひきつ》けられ、最初の印象が悪《わる》かったにも拘《かかわ》らず、善《よ》いような気がして相手に瞞《だま》される事もある。第一印象は、相手の性《せい》格判断《かくはんだん》（あいての性質人格などを判断する）に確実《かくじつ》な指標《しひょう》（それをしめすキジュン）となる。

## 雰囲気《ふんいき》をよくするには

人間の雰囲気《ふんいき》と云《い》うものは、潜在意識《せんざいいしき》に蓄積《ちくせき》されたる大多数の想念《そうねん》の発散《はっさん》せる水蒸気《すいじょうき》のようなものである。自分の雰囲気をよくする道は自分の想念の蓄積を出来るだけ善《よ》くするより仕方《しかた》がない。人は知《し》らず識《し》らず、雰囲気によって反撥《はんぱつ》（はねかえす）したり、引着《ひきつ》けられたりするものである。最初大変《さいしょたいへん》よい雰囲気を持っていたものが、その人の想念が変《かわ》ると、急に其《そ》の人の雰囲気が悪《わる》くなった実例《じつれい》もある。人から愛《あい》され、良《よ》き協力《きょうりょく》を得《え》ようとするには是非《ぜひ》自分の雰囲気をよくしなければならぬ。雰囲気がものを言い、雰囲気が仕事《しごと》をする。どんなに唇《くちびる》が旨《うま》いことを喋《しゃべ》っても雰囲気は内部《ないぶ》の自分を暴露《ばくろ》する。「神の愛われに流れ入りて愛の霊光燦然《れいこうさんぜん》と輝《かがや》き給《たま》う」この思念《しねん》は貴方《あなた》の雰囲気をよくします。

## 運命《うんめい》を構造《こうぞう》する力

人間の雰囲気《ふんいき》を構成《こうせい》する（くみたてる）力も想念《そうねん》であるが、性格《せいかく》を構成し、肉体《にくたい》の健不健《けんふけん》を形成《けいせい》し、更《さら》に運命《うんめい》を形成する力も想念である。だから、雰囲気と、肉体と、運命とは互《たがい》に相似《そうじ》（たがいににている）関《かん》係又《けいまた》は相関的《そうかんてき》（たがいにかんけいする）連絡《れんらく》をもっていると云《い》うことが出来る。恐怖《きょうふ》、怒《いか》り、嫉妬《しっと》、貪欲《とんよく》の如《ごと》き想念は、凡《およ》そ「神性《しんせい》」なる実相《じっそう》をくらまし包《つつ》んでいる罪《つみ》（神性隠蔽《いんぺい》・神なる本性をくらましている）であるが故《ゆえ》に、それは病気《びょうき》を起《おこ》す原因《げんいん》になっているのである。これらの原因を取除《とりのぞ》くことが、神性隠蔽（罪）を取除く事になり、自然《しぜん》に完全健康《かんぜんけんこう》なる自分をあらわす事にもなる。殊《こと》に憎《にく》んでいる人、怨《うら》んでいる人、腹《はら》をたてている相手をゆるす心になるだけでも病気が即座《そくざ》に癒《い》えた実例《じつれい》がある。愛《あい》と赦《ゆる》しは「神」の癒《いや》す力の発露《はつろ》であるからである。

## 実相《じっそう》の完全《かんぜん》さのみを見よ

健康《けんこう》と豊《ゆたか》さと美《うつく》しさと調和《ちょうわ》とは人間が「神の子」としての生得《せいとく》（もってうまれた）の賜《たまもの》である。現象《げんしょう》が如何《いか》にあろうとも、実相《じっそう》に於《お》いては、あなたは今健康であり、富《と》んでおり、若々《わかわか》しく、美しく、調和した生活環境《かんきょう》をもっているのである。その事実《じじつ》に目覚《めざ》めることが霊《たましい》の洗礼《せんれい》（きよめ。宗教的ミソギ）である。心を変えて、心の目を覚《さ》まして実相を見るのである。悪《わる》い現象は仮《か》りの相《すがた》であって、仮りの相《すがた》は実在《じつざい》ではないのであるから、いくらあらわれていても、糸瓜《へちま》が下《さが》っているのを幽霊《ゆうれい》の姿《すがた》と見るように、そんなものは無《な》いのであるから引っかかることは要《い》らぬのである。そんなものは見ず、聞かず、喋《しゃべ》らず、黙殺《もくさつ》してしまって、ただ実相の完全《かんぜん》さのみを見れば、やがて実相の完全さのみが現《あらわ》れて来るのである。

## 観《み》る通りにあらわれる

「目覚《めざ》めよ、眠《ねむ》れる汝《なんじ》の実相《じっそう》よ、併《しか》して実相たる神性《キリスト》が汝《なんじ》の上に輝《かがや》きわたれ」これがユニティ教校《きょうこう》の教祖《きょうそ》チャールス・フィルモアが病人《びょうにん》を癒《いや》すときに心に念《ねん》じた公式的《こうしきてき》な思念《しねん》の言葉であったとも言われている。彼は盲目《もうもく》でも聾《つんぼ》でも医学上《いがくじょう》の如何《いか》なる不治症《ふちしょう》でも、思念してやることを拒《こば》んだことはなかったと云《い》う。フィルモアにとっては「神と偕《とも》なれば不可能《ふかのう》なことなし」と信《しん》じていたからである。彼の思念は、（仮《か》りに思念と爰《ここ》で言ったが、）相手に完全《かんぜん》な神性《しんせい》が既にあることを心で観《み》るのであるから神想観《しんそうかん》と云う方が適切《てきせつ》であるのである。そして多くの奇蹟《きせき》が起《おこ》った。「併《しか》し奇蹟ではない。若《も》し奇蹟と云う語が自然《しぜん》の法則《ほうそく》に対する背反《はいはん》を意味するならば」とフィルモアは言っている。「霊的治療《スピリチュアル・ヒーリング》は、人間が神が彼に斯《か》くあるべく意図《いと》された自然の姿《すがた》であるところの健康《けんこう》なる実相《じっそう》（事実《じじつ》）を単《たん》に認《みと》めるだけである」とも言っている。だから思念の伝達《でんたつ》と云うよりも、こちらが彼の実相を観《み》るのである。すると観る通りにあらわれるのであって、相手を治療《ちりょう》するのではなく、こちらの心の中で今迄《いままで》観なかった（即《すなわ》ち包《つつ》んでいた）罪《つみ》に対し、「観《み》る」と云う手術《しゅじゅつ》が行われるのである。癒《いや》しはこちらの心の中にあるのである。

# 第十六章　健康《けんこう》と長寿《ちょうじゅ》への心の設計《せっけい》

## 人間の永生《えいせい》の希望《きぼう》は実現《じつげん》する

誰《たれ》でも長生《ながいき》したいと云《い》う切《せつ》なる希望《きぼう》をもっているのは何故《なぜ》であろうか。吾々《われわれ》の魂《たましい》の底《そこ》にかくも切なる願《ねが》いが宿《やど》っていると云うことは、既《すで》にその人の内部《ないぶ》に長生《ながいき》の本質《ほんしつ》(又《また》は実相《じっそう》)が宿っているからなのである。誰でも健康《けんこう》で美《うつく》しく愉《たの》しくありたいのも、人間の本来《ほんらい》の実相が健康で美しくあるからである。それにも拘《かかわ》らず長生《ながいき》する人が少《すく》なく、いつまでも健康で美しくつづく人が少いのは何故《なぜ》であろうか。それは自然《しぜん》の法則《ほうそく》を破《やぶ》るからである。自然とはそのままである。そのままは美しく完全で健康であるのに、そのままを破壊《はかい》するからである。第一、人間の食物《しょくもつ》が自然のそのままを破壊して、穀類《こくるい》は皮《かわ》を剥《む》き、必要《ひつよう》なビタミンと鉱物質《こうぶつしつ》とを捨《す》て去っている。

## 生命《せいめい》は自然界《しぜんかい》の法則《ほうそく》を利用《りよう》する

自然界《しぜんかい》の法則《ほうそく》は、それがたとい物質界《ぶっしつかい》の法則であってもそれに叛逆《はんぎゃく》したり、蹂躙《ふみにじ》ってもならない。生命《せいめい》は自然界のものを素材《そざい》(もとの材料)とし、自然界の法則を利用《りよう》して、無機物以上《むきぶついじょう》のものを造《つく》りあげる。生命は、素材がないときそれは形の世界に姿《すがた》を直《す》ぐにはあらわすことが出来ない。生命は先《ま》ず「無《む》」の世界からもっとも微小《びしょう》な素粒子《そりゅうし》(原子をくみたてている一層小さいもの)をつくり、その素粒子を組合《くみあわ》せて水素等《すいそとう》の簡単《かんたん》な原子《げんし》を作り、それからより一層複雑《いっそうふくざつ》な原素《げんそ》をつくり、それを法則によって組合せて複雑な生命体《せいめいたい》をつくる。若《も》し吾等《われら》が素材をおろそかにするならば、生命は、最《もっと》も簡単な元素《げんそ》を作る最初《さいしょ》の段階《だんかい》からその仕事《しごと》をはじめねばならないから、急の間《ま》には合わないことになる。生命の働《はたら》きはたゆみないが、最も簡単なる段階から徐々《じょじょ》に目的《もくてき》とする形態《けいたい》を造り上げる。適当《てきとう》な素材を与《あた》えて、或《あ》る時間経過《じかんけいか》(すぎゆくこと。時間のたつこと)を待《ま》つことが必要《ひつよう》である。自然は一足《いっそく》跳《と》びと云うことをしないのである。

## 栄養学《えいようがく》も無視《むし》してはならない

ここに生命《せいめい》の宿《やど》った朝顔《あさがお》の種子《しゅし》があるとする。その種子の中には、既《すで》に一定《いってい》の「花の形」

が、眼《め》には見えねども「理念《りねん》」として存在《そんざい》するのである。しかしその「理念」が形の世界にあらわれるには、適当《てきとう》な土、日光《にっこう》、水、温度《おんど》、その他肥料的成分《ひりょうてきせいぶん》と云うような素材《そざい》を与《あた》えて、或《あ》る時間経過《じかんけいか》を待《ま》たなければならない。即《すなわ》ち、資材《しざい》と時間とが必要《ひつよう》である。唯物論《ゆいぶつろん》から急激《きゅうげき》に唯《ゆい》心論《しんろん》に転向《てんこう》して来た人の中には、資材も時間も全然無視《ぜんぜんむし》して、心で念《ねん》ずるだけで成就《じょうじゅ》すると思うのは結局《けっきょく》、飯《めし》をくわずに「腹《はら》がふくれる」と念じて「栄養《えいよう》がとれる」と考えるのと同じで、あまりに行《ゆ》き過《す》ぎである。想念《そうねん》は「無《む》」のエーテルからでも造《つく》ることが出来るが、最初《さいしょ》は簡単《かんたん》な素粒子《そりゅうし》――それを組み合せて水素のような簡単な原子《げんし》――を徐々《じょじょ》に造るのであるから、急に肉体《にくたい》の栄養成分《えいようせいぶん》（複雑《ふくざつ》な分子《ぶんし》の複合体《ふくごうたい》）を「無」のエーテルから造れと云《い》っても無理《むり》である。だから自然の与えたそのままの完全食《かんぜんしょく》を毀《こわ》してはならない。

## そのままを大切《たいせつ》にせよ

「栄養学《えいようがく》を無視《むし》してはならない」と云《い》うと、直《す》ぐ栄養学にとらわれ、カロリーやビタミン学説《がくせつ》に捉《とら》われ、食膳《しょくぜん》の貴《とうと》い食物《しょくもつ》を食事毎《ごと》に批判《ひはん》して、これはカロリーが不足《ふそく》、これはビタミンが不足と、心に不足ばかりを思い浮《う》べて食事をする人があるけれども、これは実《じつ》に愚《おろ》かなことである。大抵《たいてい》の食物は、その自然《しぜん》をこわさずに蜜柑《みかん》は皮《かわ》そのままで、野菜《やさい》も皮そのままで、穀類《こくるい》も皮そのままで（或《あるい》は半搗《はんつき》又《また》は七分搗《ぶづき》で）食《しょく》すれば、あらゆる成分《せいぶん》は時節《じせつ》そのままで一切《いっさい》の栄養分《えいようぶん》がそろっているのである。多少の栄養分に過不足《かふそく》はあっても、人間の生理機構《せいりきこう》には、余裕《よゆう》（ゆとり）があって調節《ちょうせつ》（分量をかげんする）し得《う》るようになっているから、こころを平和《へいわ》にして、感謝《かんしゃ》して拝《おが》んで食べれば大丈夫《だいじょうぶ》である。

## 感謝《かんしゃ》して食《しょく》すること

消化液《しょうかえき》の分泌《ぶんぴ》や、栄養《えいよう》の分配《ぶんぱい》や、ビタミンの吸収《きゅうしゅう》は、心の作用《さよう》によって支配《しはい》されているから不満足《ふまんぞく》や不平《ふへい》や、憤《いきどお》りや、悲《かな》しみや、恐怖心《きょうふしん》を持ちつつ食事をしては、折角《せっかく》栄養満点《まんてん》の食《しょく》物《もつ》をとっても、それを吸収される率《りつ》は減《げん》ずるのである。この点が、人間の肉体《にくたい》が、ただの無機《むき》物《ぶつ》の試験管《しけんかん》と異《こと》なるところである。だから、肉体を健全《けんぜん》に発達《はったつ》させ維持《いじ》するための資材《しざい》として、栄養物《えいようぶつ》をいくら口からなげ込《こ》んでも、消化、吸収、同化《どうか》が不完全《ふかんぜん》であれば、それは腐敗《ふはい》して腐敗毒素《どくそ》に変化《へんか》するだけである。物質的自然界《ぶっしつてきしぜんかい》のそのままを毀《こわ》さなくとも、精神的《せいしんてき》そのまま（心の平和）をこわしたら、消化液の分泌《ぶんぴ》は不完全となり、血液《けつえき》の中の毒素は増加《ぞうか》し、胃腸《いちょう》の平滑《へいかつ》筋《きん》（胃腸の筋肉の名前）は弾力《だんりょく》を失《うしな》い、複雑《ふくざつ》な栄養素《えいようそ》ほど却《かえ》って人体《じんたい》を害《がい》する食毒《しょくどく》をつくることになる。感《かん》謝《しゃ》の念《ねん》はあらゆる心の中で最《もっと》も平和な念であるから感謝して食すれば分析上《ぶんせきじょう》から栄養少《すくな》い食事からでも、なお多くの栄養がとれるのである。禅宗《ぜんしゅう》の僧侶《そうりょ》が実《じつ》に淡白《たんぱく》な野菜料理《やさいりょうり》ばかりたべていても長寿《ちょうじゅ》する人が多いのでもわかるのである。

## 病気《びょうき》は自己破壊《じこはかい》の欲望《よくぼう》がつくる

多くの人たちは、自分の病気《びょうき》が自分の心で造《つく》ったものであることを知らない。大抵《たいてい》の家庭《かてい》に於《お》いては家族《かぞく》はみんな同一《どういつ》の食物《しょくもつ》をとっているのが普通《ふつう》である。そうした場合にその内《うち》の一人又《また》は二人だけが病気に罹《かか》るならば、それは栄養素《えいようそ》の欠乏《けつぼう》ではないことは明《あきら》かである。たべた栄養素を如何《いか》に消化《しょうか》し吸収《きゅうしゅう》し、その吸収した成分《せいぶん》を、如何《いか》に如何なる形に自分の肉体組織《にくたいそしき》の上に配列《はいれつ》するかと云うことは各人《かくじん》の心がこれを決定《けってい》する。その「心」と云うのは、脳髄《のうずい》で考えている現在意識《げんざいいしき》のことではない。潜在意識《せんざいいしき》の底《そこ》にある「観念《かんねん》」の形に、吸収された栄養分が排列される。そして潜在意識の底に自己破壊《じこはかい》の観念のある者は、自己破壊の相《すがた》に吸収した成分を排列して、細胞組織《さいぼうそしき》をつくる。胃潰瘍《いかいよう》や悪性腫瘍《あくせいしゅよう》はそれである。烈《はげ》しい感情《かんじょう》の暴風《ぼうふう》や、耐《た》えがたい感情の抑圧《よくあつ》のつづいたのちにこれらの病気は起《おこ》るのである。

## 自己破壊《じこはかい》の心

自己《じこ》の内《うち》に隠《かく》されたる自己破壊《はかい》の観念《かんねん》、感情《かんじょう》、欲望等《よくぼうとう》は、現在意識《げんざいいしき》（気がついてハッキリ思いうかべている心）の自己防《ぼう》衛的《えいてき》な企画《きかく》を内部《ないぶ》から覆《くつがえ》して行《ゆ》くのであるから、自分では健康《けんこう》になろうとしながら、病気《びょうき》をつくり不幸《ふこう》をつくるように、其人《そのひと》自身の無意識動作《むいしきどうさ》を導《みちび》いて行くのである。無意識動作のうちには、生理作用《せいりさよう》も、知《し》らず識《し》らずに偶然《ぐうぜん》にやる行いもある。わざと失敗《しっぱい》するような仕事《しごと》に手を出したり、わざと機械《きかい》の歯輪《はぐるま》の間に手をつっ込《こ》んで指《ゆび》を切られたり、ほかに自動車《じどうしゃ》があるのに、わざわざ衝突《しょうとつ》する自動車に乗って怪我《けが》するたぐいである。わざとと言っても、現在意識ではそんなことをするつもりはない。潜在意識《せんざいいしき》と云う「気のつかぬ」心がワザとやるのだから始《し》末《まつ》が悪《わる》い。メニンジャーは之《これ》を『おのれに背《そむ》くもの』*と名づけた書《しょ》の中で無数《むすう》に実例《じつれい》を挙《あ》げているのである。爪《つめ》を咬《か》む習慣《しゅうかん》や、中には自分の眼《め》の球《たま》まで指でえぐり出す患者《かんじゃ》の異常《いじょう》な実例《じつれい》まで掲《あ》げられている。

## 胃癌《いがん》を作る心

自分に自己《じこ》破壊《はかい》の心があるかないかを知ろうと思ったならば、自分が朝起きたとき機嫌《きげん》がよいか、悪《わる》いかを自己反省《はんせい》して見ると好《よ》い。同じ景色《けしき》や人の顔を見ても、それを愉《たの》しく愉快《ゆかい》に見える人には自己破壊の心はない。同じ景色や人の顔を見ても不快《ふかい》な暗黒面《あんこくめん》だけが眼《め》について、無性《むしょう》に腹立《はらだ》たしくなるような時には、自己破壊の心が動いている。自己破壊の心が動いている時には、「類《るい》をもって集《あつま》る」の法則《ほうそく》に従《したが》って破壊的なものが集って来《き》、自己が思わずやる行動が自己を傷《きず》つけることになるから注意《ちゅうい》しなければならない。ムシャクシャした気持《きもち》の人が酒《さけ》や煙草《たばこ》をやめたくても止《や》まらないのは、潜在意識《かくれたこころ》が自己破壊を促《うなが》しているのだ。こんな人がよく胃癌《いがん》を自分で造《つく》るのである。煙草が癌を造るのではなくて、煙草の麻酔的作用《ますいてきさよう》を必要《ひつよう》とするようなイライラした感情《かんじょう》が、癌をつくることになるのである。

## 朝起きて気持《きもち》の悪《わる》いときは

朝起きたときの気持《きもち》は大切《たいせつ》である。それは前夜の就寝時《しゅうしんじ》の気持に左右《さゆう》されることもある。兎《と》も角眠《かくねむ》りしなには神想観《しんそうかん》によって「神の愛《あい》と平安《へいあん》とが自分に流れ入って睡眠中《すいみんちゅう》に、我《わ》がいのちの疲《つか》れを癒《い》やし、われを健《すこ》やかならしめ給《たま》う」と祈《いの》りの言葉を深《ふか》く自分の潜在意識《せんざいいしき》に印象《いんしょう》してから眠ることが大切である。そうして眠れば翌朝《よくちょう》は極《きわ》めて良《よ》い気持で眼《め》ざめるのであるが、それでも何らかの原因《げんいん》で眼がさめたとき、軽《かる》い頭痛《ずつう》やイライラしそうな心を感ずるならば、それに心を集注《しゅうちゅう》すれば、自己破壊《じこはかい》の方向《ほうこう》に心を集注することになるから、しずかに坐《ざ》して神想観して心を光明面《こうみょうめん》に転《てん》ずるが好《よ》い。神想観の方法《ほうほう》を知らない人は、神の生命《せいめい》を吸《す》い込《こ》む気持で深呼吸《しんこきゅう》をするだけでも効果《こうか》がある。

## 憎《にく》しみの観念《かんねん》を洗浄《せんじょう》せよ

想念《こころのおもい》は一種《いっしゅ》の創造力《つくるちから》であるから、不快《ふかい》を想《おも》えば想うほど不快を造《つく》ることになるから、一刻《いっこく》も速《はや》く、不快から心を転《てん》じて気持《きもち》をよくしなければならぬ。しかし不快が起《おこ》るには起る過去《かこ》の想念感情《そうねんかんじょう》の爆発力《ばくはつりょく》が内部《ないぶ》に溜《たま》っているのであるから、それを形にあらわして吐《は》き出し浄《きよ》めるような運動又《うんどうまた》は体操《たいそう》又は大声の発声《はっせい》をすることは効果《こうか》がある。イエッと気合《きあい》をかけながら木刀《ぼくとう》や竹刀《しない》を振《ふ》りまわす運動も鬱結《うつけつ》した(内にこもってたまっている)不快感情を雲散《うんさん》せしむるには効果《こうか》がある。憎《にく》んでいた人と見立てて、柱《はしら》を擲《なぐ》る方法《ほうほう》や、憎みを文字に書きあらわす観念洗浄法《かんねんせんじょうほう》も時として効果がある。最《もっと》も好《よ》いのは神想観《しんそうかん》によって、憎みが無《な》く唯《ただ》「愛《あい》」のみの世界を観《かん》ずるが好いが、兎《と》も角《かく》これらの方法で、心を浄《きよ》めずにいて、一時的な錠剤《じょうざい》などで頭の不快を晴《は》らしては病気《びょうき》を将来《しょうらい》に持越《もちこ》すことになる。

## 自己憐憫《じこれんびん》の心を捨《す》てよ

病気《びょうき》の治《なお》りにくい原因《げんいん》は、病気によって自分を自己憐憫《じこれんびん》する(自分をかわいそうだと思う)ようになるからである。自己憐憫は、メニンジャー博士《はくし》の所謂《いわゆ》る「おのれに背《そむ》くもの」であって自己破壊《はかい》の感情《かんじょう》である。自己を破壊しなければ、自己を憐《あわれ》み、愛撫《あいぶ》することは出来ない。それは一種《いっしゅ》のナルシスムス（自己恋愛症《じこれんあいしょう》）（ギリシャ神話にあるナルシサスが、自分の水にうつる姿に見とれて死んだと云う故事にもとづく。〈拙著『人間性の解剖』参照〉）の変形《へんけい》である。そして治すつもりで服《の》む薬剤《やくざい》で、化学的《かがくてき》に却《かえ》って自己破壊を遂《と》げ病気を憎悪《ぞうあく》しながら自己を益々《ますます》憐《あわ》れんで愛撫《あいぶ》するのである。憐れなる慢性病患者《まんせいびょうかんじゃ》の多くはこれである。自己憐憫の感情は同時《どうじ》に他よりの憐れみを求める。そのために苦痛《くつう》を誇大《こだい》して訴《うった》えたい要求《ようきゅう》が内部《ないぶ》から起《おこ》って来る。そして絶《た》えず苦痛を訴え、その言葉の力によって、病状《びょうじょう》を増大《ぞうだい》し、症状《しょうじょう》の大《だい》なるを欲《ほっ》するが故《ゆえ》に益々潜在意識《せんざいいしき》が病気を拡大《かくだい》するのである。

## 肉体《にくたい》の懶《なま》け者に心ゆるすな

人間の生命《せいめい》は「神の子」であるけれども、その「生命」が使うところの「肉体《にくたい》」と云《い》う道具《どうぐ》は頗《すこぶ》る懶《なま》け者である。それは働《はたら》いたり勉強《べんきょう》したりするよりも、じっとしていて美《うつく》しい物を観《み》たり、美味《おい》しい物を食べたりしたい動物《どうぶつ》である。大抵《たいてい》の慢性病者《まんせいびょうしゃ》で安静療法《あんせいりょうほう》を必要《ひつよう》とするような患者《かんじゃ》は、その人の潜在意識《せんざいいしき》が「この病気になれば懶《なま》けられる」と云うことを知っていて、内部《ないぶ》からの病気を造《つく》っているのである。この言葉をきいて「ああ私は悪《わる》かった」と気がついて早速《さっそく》起《た》ち上《あが》る人は治《なお》るけれども、そんな馬鹿《ばか》なことがあるものかと腹《はら》を立て、反抗心《はんこうしん》を起《おこ》す人は治らないのである。反抗心や反撥心《はんばつしん》の起る人は、心の奥底《おくそこ》にある痛《いた》いところに触《ふ》れられたからであって、その自己憐憫《じこれんびん》の自己破壊《はかい》の手品《てじな》の種《たね》にさわられたくないのである。

## 部屋の雰囲気《ふんいき》を明《あか》るく健康《けんこう》に

幼児期《ようじき》に、ちょいと病気《びょうき》のようだと言ってはすぐベッドに安臥《あんが》させるような習慣《しゅうかん》を親がつけると、青年期以上《いじょう》になって病弱《びょうじゃく》なまけ癖《ぐせ》の人間になってしまうことがある。これは一種《いっしゅ》の精神習慣《せいしんしゅうかん》であって肉体《にくたい》の病気ではないのである。いつも病弱でなよなよしているかと思うと、舞踏会《ぶとうかい》だのマージャンだのと云《い》うと元気《げんき》が出て来るのである。病床《びょうしょう》を常《つね》に敷《し》いて疲《つか》れて来たら横《よこ》になれるようにして置《お》くと、病床の「ここに入《はい》れ！」と云って無言《むごん》の暗示《あんじ》（さいみんじゅつてきなめいれい）がいつまでも病気を作る原動力《げんどうりょく》になって病気の治癒《ちゆ》をおくらせるのである。さらに薬瓶《くすりびん》や痰壺《たんつぼ》を常に眼《め》の前に置いておけば「お前は病気だぞ」と常に暗示されていると同じことである。昼間《ひるま》は決《けっ》して寝床《ねどこ》を敷《し》いてはならないし、見える所に薬瓶《くすりびん》や痰壺《たんつぼ》を置くものではない。健《けん》康《こう》になるには部屋全体を健康の雰囲気《ふんいき》で満《み》たさねばならない。

## 健康《けんこう》を心で奮起《ふんき》せよ

健康《けんこう》は自分自身の心がつくるのである。諺《ことわざ》に「おのれに勝つ者が最大《さいだい》の勝者《しょうしゃ》である」と言われている。「おのれに背《そむ》くおのれ」があり、その「おのれ」を征服《せいふく》したとき、「本当のおのれ」なる完全《かんぜん》なる生命《せいめい》の実相《じっそう》があらわれるのである。多くの俳優《はいゆう》や、音楽家《おんがくか》や、講演者《こうえんしゃ》は出演《しゅつえん》を約束《やくそく》して置《お》いて、病気《びょうき》のために出演しなかったら、観客《かんきゃく》や聴衆《ちょうしゅう》に対する公約《こうやく》に背《そむ》くことになるので、少し位《くらい》肉体《にくたい》が苦痛《くつう》を訴《うった》えても肉体を克服《こくふく》して予定通《よていどお》り出演するのである。私なども一年も前から講習会《こうしゅうかい》の予定《よてい》が定《さだ》まっており、講習会地元《じもと》では宣伝費《せんでんひ》や会場費《かいじょうひ》に数万円を投《とう》じて準備《じゅんび》しているのであるから、肉体が何と苦情《くじょう》を言おうとも、それを克服して出演しなければならぬのである。こう云う世界では過労《かろう》のために生命を縮《ちぢ》めると云うことは却《かえ》ってないのである。

## 病気《びょうき》の時ほど健康《けんこう》を想像《そうぞう》せよ

吾々《われわれ》の肉体《にくたい》組織《そしき》は心に従《したが》ってその新生細胞《しんせいさいぼう》が作られつつあることを知るならば、心に「病気《びょうき》」の観念《かんねん》を描《えが》いてはならないことは明《あきら》かである。観念通りに栄養物《えいようぶつ》が排列《はいれつ》せられて細胞組織となるのである。病気を想像《そうぞう》してはならない。寒《さむ》い風《かぜ》にあたったからとて風邪《ふうじゃ》を想像してはならないし、咳《せき》が出たからとて肺結核《はいけっかく》や肺炎《はいえん》を想像してはならない。病的《びょうてき》組織を想像すればその通りに栄養分《えいようぶん》が配列《はいれつ》せられて病的組織を造《つく》るのである。だから病気の自覚症《じかくしょう》状《じょう》があらわれた時ほど、「健康《けんこう》」の観念を心に描《えが》き、「健康」の肉体組織を心に描いて、その通りの肉体の新生細胞を配列するようにしなければならないのである。「毎年梅雨《つゆ》になると私は胃腸《いちょう》が悪《わる》くなるのだ」などと考えては、其《そ》の時期《じき》が来ると其の通りになる人もあるのである。

## 健康《けんこう》の最大要件《さいだいようけん》は精神力《せいしんりょく》を振起《しんき》するにある

健康《けんこう》を保持《ほじ》し、長寿《ちょうじゅ》生活を営《いとな》むための第一の条件《じょうけん》は、人間の生命《せいめい》は「神の子」であって、自《じ》主独立性《しゅどくりつせい》のものであって、温度《おんど》や季節《きせつ》の変化《へんか》や、食物《しょくもつ》の成分《せいぶん》の如何《いかん》によって侵害《しんがい》されるものではないと断乎《だんこ》として信《しん》ずることである。それは、肉体《にくたい》と云《い》う物質面《ぶっしつめん》に対してはたとい稍々《やや》非科《ひか》学的《がくてき》であろうとも、斯《か》く信ずることが心理学的《しんりがくてき》には、人体細胞《じんたいさいほう》の抵抗力《ていこうりょく》を増《ま》し、新生《しんせい》細胞を健全《けんぜん》に組織《そしき》する原動力《げんどうりょく》になるのである。一寸《ちょっと》した肉体の不快感《ふかいかん》に暗示《あんじ》されて、その病的又《びょうてきまた》は憂鬱《ゆううつ》な観念《かんねん》の奴隷《どれい》又は被支配者《ひしはいしゃ》になってはならない。気分《きぶん》が健康を支配するのはみずから求《もと》めて冷水浴《れいすいよく》や断食《だんじき》をした場合には却《かえ》って健康を増進《ぞうしん》するのに、他動的《たどうてき》に冷《つめ》たい水を浴《あ》びせられて風の中に立っていたり、食糧欠乏《しょくりょうけつぼう》で止《や》むを得《え》ず断食した場合などに著《いちじる》しく体力を消耗《しょうこう》するので明《あきら》かである。

### 有益無害菌《ゆうえきむがいきん》も人間の心に従《したが》って有害無益菌《ゆうがいむえききん》となる

黴菌《ばいきん》の毒性《どくせい》さえも精神力《せいしんりょく》によって変化《へんか》するのである。精神力で黴菌性《ばいきんせい》の病気《びょうき》が治《なお》るのはその理由《りゆう》によってである。昭和《しょうわ》二十七年一月十三日の朝日新聞岩手版《あさひしんぶんいわてばん》には、盛岡病院院長敷波《もりおかびょういんいんちょうしきなみ》義雄氏《よしおし》が「大腸菌《だいちょうきん》の中から、赤痢《せきり》、チフス菌《きん》などと同様《どうよう》の症状《しょうじょう》を起《おこ》す大腸菌を発見《はっけん》した」と云《い》うことを日本細菌学会《にっぽんさいきんがっかい》で嘗《かつ》て発表《はっぴょう》されたものが目にとまり、フランス巴里《パリー》のパストゥール細菌研究所《さいきんけんきゅうじょ》ニコル教授《きょうじゅ》から資材《しざい》を送って貰《もら》いたいと言ってきたことが報《ほう》ぜられている。ヨーロッパではこの研究が盛《さか》んであり今まで無毒《むどく》の大腸菌から毒性大腸菌族《ぞく》の病菌《びょうきん》に変生《へんせい》した二十五種類《しゅるい》の菌が既《すで》に発見されたと云う。私はズッと以前《いぜん》から『神癒《しんゆ》への道』(編註・日本教文社発行)と云う著書《ちょしょ》に、有益《ゆうえき》無毒の菌が人間の心の変化によって有害有毒菌《ゆうがいゆうどくきん》に変化すると云うことを書いて置いたが、それが医科学者《いかがくしゃ》の方《ほう》から確《たし》められて来たのである。

### 黴菌《ばいきん》が有害《ゆうがい》となるのは人間の心の影響《えいきょう》がある

時々《ときどき》、「神様の造《つく》り給《たま》うた世界にはバイキンなど無《な》いのですから恐《おそ》れてはなりません」と説《せっ》教《きょう》するお母《かあ》さんがあるけれども、これは間違《まちが》いなのである。バイキンとは微生物《びせいぶつ》（ごく小さいいきもの）のことであって、微生物も神の生命《せいめい》を享《う》けて生《うま》れて来たものとしてたしかに有《あ》るのである。しかし人間に寄生《きせい》して有毒《ゆうどく》なる働《はたら》きをする様相《すがた》は本来《ほんらい》の様相《すがた》ではないのである。たとえば大腸菌《だいちょうきん》は消化器《しょうかき》の最後《さいご》の階梯《かいてい》（だんかい）に於《お》いてその醱酵作用《はっこうさよう》によって最後《さいご》の消化過程《かてい》を完成《かんせい》し、同時《どうじ》にビタミンBを醸造《じょうぞう》し出す働きをするために神が造り給うたものである。然《しか》るにその菌《きん》の宿主《やどぬし》である人間が、憎《にく》み怒《いか》り怨《うら》み等《とう》、他を害《がい》する悪念《あくねん》を起《おこ》すと、人間の精神《せいしん》の波動《はどう》はバイキンのそれよりも強力《きょうりょく》であるから、その害悪《がいあく》の精神波動の影響《えいきょう》で黴菌《ばいきん》が毒性《どくせい》を持つようになるのである。

## 肉体《にくたい》の奴隷《どれい》とならず、肉体の主人公《しゅじんこう》となれ

自分が自分の主人公《しゅじんこう》となり、自分が自分の肉体《にくたい》を支配《しはい》し、肉体をして自分を支配せしめてはならないのである。あなたの肉体が色々《いろいろ》の条件《じょうけん》や弁解《べんかい》や口実《こうじつ》をもって、働《はたら》きたくない、もう少し休ませて下さいと言っても、そんなことに耳を藉《か》してはならないのである。あなたの召使《めしつかい》である肺臓《はいぞう》に、心臓《しんぞう》に、胃腸《いちょう》に、すべての器官及《きかんおよ》び組織《そしき》に、あなたは激励的《げきれいてき》に呼《よ》びかけて、

「お前はなまけようと思っているけれども懶《なま》けてはならぬ。お前は神の子として完全《かんぜん》に作られており、決《けっ》して疲《つか》れないように作られているのであるから、いくら働いても疲れないのである」と暗示《あんじ》するが好《よ》いのである。その暗示の方法《ほうほう》については私は詳《くわ》しく『健全《けんぜん》の真理《しんり》』の本の基礎篇及《きそへんおよ》び生活応用篇《せいかつおうようへん》の中で説明《せつめい》しておいたのである。兎《と》も角簡単《かくかんたん》に言えば前記《ぜんき》のように心で肉体に呼びかけ呼び掛《か》け、肉体の器官を駆使《くし》するが好《よ》いのである。

## 「病気《びょうき》を欲《ほっ》する心」を自己診断《じこしんだん》して捨《す》てよ

「病気《びょうき》を欲《ほっ》する意志《いし》」が病気をつくるのである。それはなまけたい心や、人に同情《どうじょう》や憐《あわれ》みを求《もと》める心のほかに、「自分は普通《ふつう》の人よりこれだけ重荷《おもに》を課《か》せられている」と云《い》う殉教者《じゅんきょうしゃ》（教《おし》えのために死する者）的自尊心《てきじそんしん》であることもある。そんな場合には、その病人《びょうにん》は病気になっている事を人に吹聴《ふいちょう》しなければ満足《まんぞく》出来ないのである。そんな人は普通なら気にかけないほどの軽《かる》い不快感《ふかいかん》を、大袈裟《おおげさ》に吹聴《ふいちょう》して人に訴《うった》える。「どうです御気分《ごきぶん》は？」と問うと、「今日《きょう》は大変気持《たいへんきもち》が宜《よろ》しいのです」と答えれば好《よ》いところを、「どうも相変《あいかわ》らず面白《おもしろ》くありません」と云う風《ふう》に答えたいのである。これがその人の精神的《せいしんてき》病気なのである。それを肉体的《にくたいてき》病気だと思い違《ちが》えて治療《ちりょう》しているところに、病気が長びくのである。心が次《つぎ》へ次へと病気を作るからである。

## 病気《びょうき》の口実《こうじつ》を「他」に求《もと》めてはならない

季節《きせつ》によって起《おこ》ったり、悪化《あっか》したりする病気《びょうき》は、実際《じっさい》は精神的原因《せいしんてきげんいん》の方が多いのである。一寸《ちょっと》の温度《おんど》や湿度《しつど》の変化《へんか》で、肉体《にくたい》は自己《じこ》調節《ちょうせつ》を過《あやま》って病気を悪化したりするようには脆弱《ぜいじゃく》(もろく、よわいこと)に造《つく》られていないのである。それにも拘《かかわ》らず季節で病気が再発《さいはつ》したり悪化するのは、同一条件《どういつじょうけん》(縁《えん》に触《ふ》れる)と同一原因《げんいん》が動き出して来るのであるが、その原因の第一は、心に病気を思い起して、心がその季節を自分の病的口実《びょうてきこうじつ》の最良《さいりょう》なるものとして捉《とら》えるからである。つまり「時候《じこう》の変《かわ》り目」を病気の原因であると口実をつくり、病気になりたい意志《いし》を満足《まんぞく》するのである。彼らは内心《ないしん》(潜在意識《せんざいいしき》)には病気は自分の心が作っていると知っているから、出来るだけそれを見破《みやぶ》られたくないので、鵜《う》の目、鷹《たか》の目で口実を見つける。そして偶々此《たまたまこ》の場合は、季節が病気の口実になったのである。

## 人間が偉大《いだい》になるには

若《も》しあなたが人生に於《お》いて、何か偉大《いだい》なる仕事《しごと》をなし遂《と》げ、人類《じんるい》に対して、なにか益《えき》を与《あた》えようと思うならば、自分が自分の主人公《しゅじんこう》になって、肉体《にくたい》の色々《いろいろ》の口実《こうじつ》にだまされてはならないのである。『生命《せいめい》の實相《じっそう》』第四巻（編註・頭注版では第7巻）生活篇《せいかつへん》にある「今、断々乎《だんだんこ》として病《やまい》なき事を信《しん》じて起《た》て！」と云《い》う激励《げきれい》の語で、病苦《びょうく》を無視《むし》して起ち上《あが》って同時《どうじ》に病気が消滅《しょうめつ》してしまった人が多くあるのは、この病気を口実《こうじつ》とし、病気に甘《あま》える心を奮然《ふんぜん》として抛《な》げ捨《す》てるところから起《おこ》るのである。だから肉体《にくたい》がどんな口実を造《つく》ろうとも、病気だと訴《うった》えようとも、生きている間は、人のために尽《つく》すのが肉体のつとめだからと信じ、今起ちて、今まで生かされていた人類に対する感謝報恩《かんしゃほうおん》のつもりで出来るだけの仕事をする決心《けっしん》をすれば、病気は忽《たちま》ちに消えるのである。

## 使命《しめい》に邁進《まいしん》して感謝報恩《かんしゃほうおん》をつくせよ

昭和《しょうわ》二十七年一月下旬《げじゅん》のＮＨＫの放送《ほうそう》座談会《ざだんかい》で鳩山一郎氏《はとやまいちろうし》が「生長《せいちょう》の家《いえ》の本を読んで人生に対する心構《こころがま》えが一変《いっぺん》し、まだ私が此《こ》の世に生きている使命《しめい》があるなら尽《つく》させて頂《いただ》きたいと云う感謝報恩の気持《きもち》になったときに急に病状《びょうじょう》がよくなった」と云う意味のことを言っていられたのであるが、この「私が此《こ》の世に生きている使命があるなら尽させて頂きたい」と云う謙虚《けんきょ》な心持《こころもち》（自分をむなしくし（てへりくだる心））こそ、神を自分に招《よ》び迎《むか》える心持なのである。人間が地上に生《うま》れたのは、或《あ》る使命遂行《しめいすいこう》のためであってベッドの上に臥《ね》ているためではないのである。使命を果《はた》さないで寝床《ねどこ》の上でなまけていて、これまで人様《ひとさま》から色々お世話《せわ》になった御恩《ごおん》に対して、少しでも感謝報恩の働《はたら》きをさせて頂きましょうと云う心持になれない者は、霊界《れいかい》へ転任命令《てんにんめいれい》が出るほかはないのである。

## 昼は出来る限《かぎ》り肉体《にくたい》を垂直《すいちょく》に保《たも》つこと

昼は日《ひ》の世界、火の燃《も》ゆる原因《げんいん》の世界であるから、肉体《にくたい》もその原理《げんり》に従《したが》って姿勢《しせい》を縦《たて》にしている方が好《よ》いのである。病苦《びょうく》に疲《つか》れて自分の力で坐《すわ》れない者は、布団《ふとん》にもたれるか、柱《はしら》にもたれるかしてたえられるだけは縦の姿勢にしておれば、床《とこ》ずれも出来ず、治《なお》りが早いのである。昼間《ひるま》、柱に身体《からだ》をむりに縛《しば》りつけて貰《もら》って、一心《いっしん》に「病気《びょうき》の無《む》」を念《ねん》じて重症《じゅうしょう》の脊椎《せきつい》カリエスが治った人もある。喀血《かっけつ》なども、常《つね》に仰臥《ぎょうが》の姿勢をとっていると、同一箇所《どういっかしょ》が鬱血《うっけつ》(血が内にとどこおる)して却《かえ》って喀血しやすいのである。昼間、身体《からだ》を縦にしていると、始めて夜間身体を横《よこ》にすることが休息《きゅうそく》になるのである。身体《からだ》を横にばかりしていると、同じ姿勢で同一筋肉《きんにく》ばかりが働《はたら》かされ却《かえ》って疲労《ひろう》を感ずるのである。人間は肉体の奴隷《どれい》とならず肉体を駆使《くし》することを考えねばならぬ。

## 感謝報恩《かんしゃほうおん》の仕事《しごと》は強壮剤《きょうそうざい》である

自分は成功者《せいこうしゃ》だと云《い》う信念《しんねん》で、成功者のする如《ごと》く実践《じっせん》する者が真《しん》に成功するのと同じように、自分は健康者《けんこうしゃ》だと信《しん》じて、肉体《にくたい》のだるさや疲労感《ひろうかん》に拘《かかわ》らず、健康者と同様《どうよう》に仕事《しごと》にはげむ時は真に健康者となるのである。仕事に熱中《ねっちゅう》するときは病気《びょうき》の感覚《かんかく》を忘《わす》れる。これが「病気」を心に描《えが》かないことになり、仕事によって「健康」の自信《じしん》を得《え》て健康を回復《かいふく》することにもなるのである。実践《じっせん》は自信を増《ま》すのだ。長く病臥《びょうが》していた者は、起《た》ち上《あが》るのに恐怖心《きょうふしん》を有《も》っている。そして起ち上らない限《かぎ》り、この恐怖はとれない。起ち上って見る実践によって健康の自信や体力の自信を得て本当に健康になるのである。やって見たら出来た！　それが自信を増《ま》し、その自信が生命力《せいめいりょく》への興奮剤《こうふんざい》となり、病気を癒《いや》すのである。病人《びょうにん》よ、今直《す》ぐ立上《たちあが》って何か仕事を感謝報恩《かんしゃほうおん》のために励《はげ》めよ。

## 力の極限《きょくげん》を超《こ》えた時、又《また》力が出る

水泳《すいえい》の選手《せんしゅ》でも、ランニングの選手でも、もうこれ以上《いじょう》は泳《およ》げない、これ以上は、走れないと云う極限《きょくげん》の時が来る。その時に強《し》いて泳ぎ、強いて走っていると、また新たに力が湧《わ》き出て来て、ヘビーをかけることが出来るのである。病人《びょうにん》もそのようなものである。病気《びょうき》に甘《あま》えていると力が出ないが、体力の極限を超《こ》えたときに新たなる力が湧《わ》き出てくるのである。心理学者《しんりがくしゃ》は通常《つうじょう》の人は自分の二十五パーセントの力しか普通《ふつう》に出していないで、それで一応《いちおう》極限だとしてそれ以上力を出さないのだと言っている。「極限を超える」とはその二十五パーセントを超えることである。その時関節炎《かんせつえん》で動けない人が「イザ火事だ」と云う時に駈歩《かけあし》で走る力が出て来るのと同じことである。病気を忘《わす》れるほど切迫《せっぱく》した事態《じたい》が起《おこ》ると不思議《ふしぎ》に力がでるものである。

## 病気《びょうき》のままでも仕事《しごと》をせよ

普通人《ふつうじん》と同じように二十五パーセントの力の極限《きょくげん》で、一応全力《いちおうぜんりょく》を尽《つく》したと思っているような事ではその人間は平凡人《へいぼんじん》で、天才的《てんさいてき》な力を発揮《はっき》することは出来ないのである。病気《びょうき》に屈従《くつじゅう》する者は、敵《てき》に捕《とら》えられて捕虜《ほりょ》となり、その奴隷《どれい》となるようなものである。敵との戦争《せんそう》では、全力（実《じつ》は二十五％）以上《いじょう》を出し得《え》ない方《ほう》が敗《やぶ》れるのである。病気との戦《たたか》いも同様《どうよう》である。実際《じっさい》病気であっても無数《むすう》に立派《りっぱ》な仕事《しごと》を成《な》し遂《と》げた人もある。高山樗牛《たかやまちょぎゅう》、正岡子規《まさおかしき》、石川啄木《いしかわたくぼく》、宮沢賢治《みやざわけんじ》、チャールス・ダーウィン等《とう》……枚挙《まいきょ》にいとまないのであるが、これらの人々が、気《き》分《ぶん》が爽《さわや》かになったら仕事をしようなどと考えていたならば結局《けっきょく》、何の業績《ぎょうせき》も地上に残《のこ》すことが出来なかったに相違《そうい》ないのである。又地上に残す何者《なにもの》かを創《つく》ろうと云う努力《どりょく》そのものが生命《せいめい》の強壮剤《きょうそうざい》となるのである。

## 二十五パーセント以上《いじょう》の力を出しなさい

或《あ》る年の暮《くれ》、福岡《ふくおか》の講習会《こうしゅうかい》の際《さい》、福岡市六月田町《むつきだちょう》にある星村旅館《ほしむらりょかん》にとまったのであるが、この旅館は星村医学博士《いがくはくし》の未亡人《みぼうじん》の経営《けいえい》する処《ところ》である。良人《おっと》の医博《いはく》の生きていられた間《あいだ》は、この夫人《ふじん》が朝に一回、夕方に一回心臓病《しんぞうびょう》の発作《ほっさ》を起《おこ》して、良人に注射《ちゅうしゃ》をして貰《もら》わなければ治《なお》らなかったのである。ところがその時の三ヵ月前に良人が死亡《しぼう》したのである。夫人は、自分の力で生活費《せいかつひ》を是非《ぜひ》ともかせがなければならないと決心《けっしん》した。そして旅館をはじめたのである。それ以来《いらい》、一度も心臓病の発作を起すことなく、肉体《にくたい》は頑健《がんけん》（丈夫なこと《ひじょうに》）にまるまると肥《こ》えていられるのである。決心して起《た》ち上《あが》るとき、二十五％の極力以上《きょくりょくいじょう》の力が出て来たのである。病気《びょうき》は必要《ひつよう》に応《おう》じて自分で作ることも出来るし、必要に応じて自分で無限《むげん》にのばすことも出来るのである。

## 依頼心《いらいしん》を捨《す》てる時健康《けんこう》となる

頼《たよ》るべき良人《おっと》はいない、独立《どくりつ》せねばならぬと云う気持《きもち》になれば、奥様《おくさま》は健康《けんこう》になれるのである。会社を休んで家《うち》へ帰って臥《ね》られる処《ところ》があると思うから依頼心《いらいしん》で病気《びょうき》や老齢《ろうれい》に屈従《くつじゅう》してしまうのである。肉体《にくたい》が疲労《ひろう》や病気を訴《うった》えるとき「私が会社（又《また》は商店《しょうてん》又は工場《こうじょう》）へ出勤《しゅっきん》しなかったら、誰《たれ》も私の代理《だいり》をしてくれる人がないから、自分は全責任《ぜんせきにん》をもって出勤しなければならぬ」と決心《けっしん》して仕事《しごと》に赴《おもむ》け。其処《そこ》から星村夫人《ほしむらふじん》のような健康が得《え》られるのである。耐《た》えられなくなったときには、「ああ例《れい》の二十五％の極限《きょくげん》が来た。これを超《こ》えれば残《のこ》りの七十五％の力が出る」と思って頑張《がんば》れ。何もしないでベッドの上で長生《ながいき》しているよりも、七十五％の最後《さいご》の力をしぼり出して、何事《なにごと》かを此《こ》の世に残《のこ》して早く死ぬ方が人間と生《うま》れて、却《かえ》って生《い》き甲斐《がい》があるのではないか。

## 毅然《きぜん》として立て

心に不幸《ふこう》を思うなかれ、失敗《しっぱい》を思うなかれ、人の悪意《あくい》を思うなかれ、不快《ふかい》を思い出すなかれ、憎《にく》みを捨《す》てよ。悲《かな》しみから心を転《てん》ぜよ、病気《びょうき》から心を転ぜよ。病状《びょうじょう》を人に訴《うった》えるな。病気を見詰《みつ》めてはならない。他《ひと》を嫉妬《しっと》してはならない。他《ひと》の幸福《こうふく》をわが幸福として喜《よろこ》べ。すべてを感謝《かんしゃ》せよ。事物《じぶつ》の光明面《こうみょうめん》のみを見よ。互《たがい》に憎《にく》み合う者、又《また》は仲《なか》たがいせる者あらば直《ただ》ちに仲直りせよ。仕事《しごと》を嫌《きら》ってはならない。同情《どうじょう》を求《もと》め、憐憫《あわれみ》を求めてはならない。又自己憐憫《じこれんびん》してはならない。自他《じた》の罪悪《ざいあく》をかぞえてはならない。他をもゆるし、自己をも赦《ゆる》すべし。「さばきは子にゆだねられたり」とキリストは言っている。神の子たる貴方《あなた》は自分自身の罪《つみ》をも赦《ゆる》す力を与《あた》えられているのである。毅然《きぜん》として立て。自分自身の主人公《しゅじんこう》となれ。そして神の子は如何《いか》なる場合にも完全《かんぜん》に支配者《しはいしゃ》であることを信《しん》じ、肉体《にくたい》のなまけたい誘惑《ゆうわく》に打ち勝つべし。これが健康《けんこう》への黄金律《おうごんりつ》である。

## 神の御意《みこころ》に乗ること

人生の行路《こうろ》に於《お》けるすべての摩擦《まさつ》、不安恐怖《ふあんきょうふ》、苦痛《くつう》、不快《ふかい》、病気《びょうき》、貧乏《びんぼう》……等《とう》は悉《ことごと》く神の御心《みこころ》の中にある秩序《ちつじょ》（実相《じっそう》の秩序）に一致《いっち》しない心の持ち方、行動等によって起《おこ》るのである。これからのがれる唯一《ゆいいつ》の道は自分の心の持ち方と行動とを実相《じっそう》の秩序に合わすことである。例《たと》えば海で船を漕《こ》ぐ場合に、海の波《なみ》の秩序に合致《がっち》して船をやれば、所謂《いわゆ》る「波に乗る」と云う状態《じょうたい》で頗《すこぶ》る快適《かいてき》で動揺少《どうようすくな》く気持《きもち》よく早く目的地《もくてきち》に到着《とうちゃく》することが出来るのである。波に逆《さから》い風に逆えば、苦難《くなん》と努力《どりよく》多くして進行《しんこう》すること頗《すこぶ》る遅々《ちち》たるものである。人生は宇宙大生命海《うちゆうだいせいめいかい》の波である。宇宙大生命の御心《みこころ》なる波に逆《さか》ってみたとて、片々《へんぺん》たる小船《こぶね》に過《す》ぎないような一個《いっこ》の人間が大海《たいかい》を乗り切ることは出来ないではないか。御意《みこころ》の波に乗るこそ賢《かしこ》けれだ。

## 内部《ないぶ》の生命力《せいめいりよく》を神として拝《おが》め

ただ神の御意《みこころ》に一致《いっち》する生活を送ろうとすることのみを心掛《こころが》けよ。神を自己《じこ》の味方《みかた》とせよ。然《しか》らばあなたは世界で最《もっと》も強力《きようりよく》なる者を味方とすることになるのである。自分の力で自分の身体《からだ》が出来たのではない。人間の頭脳《ずのう》の知恵《ちえ》では、どんな内臓《ないぞう》の一部分も組立《くみた》てることは出来ないのである。内部《ないぶ》の生命力《せいめいりよく》がそれを造《つく》ったのである。内部の「生命力」こそ「神」である。その生命力に感謝《かんしや》せよ。恐怖《きようふ》することなくその生命力に乗托《じようたく》(その上にのって、スッカリまかせること)せよ。さすれば如何《いか》なる病《やま》いでも癒《い》えるであろう。今まで多くの人は「神」を自分の外《そと》にある不可抗力《ふかこうりよく》だと考えて来た。それ故《ゆえ》に科学者《かがくしや》は、そのような神を迷信《めいしん》として排斥《はいせき》したのである。しかし神はあなたの内《うち》に、内部の生命力として宿《やど》っているのだ。それを自覚《じかく》せず、それを礼拝《らいはい》しないから生命力が働《はたら》かないのだ。

## 無視《むし》するものは消えてしまう

病気《びょうき》に罹《かか》っても病気を無視《むし》してしまいなさい。それが却《かえ》って健康《けんこう》の道であります。病人《びょうにん》は病気の徴候《ちょうこう》(きざし。ようだい)や、苦痛《くつう》の状態《じょうたい》をくどくどと人に、或《あるい》は医者《いしゃ》に、説明《せつめい》して同情《どうじょう》や共鳴《きょうめい》を得《え》たがるものでありますが、その事自体《じたい》が既《すで》に「心の病気」であります。そんなにも病気の徴候に心が恋着《れんちゃく》する(まつわりつく)……そのこと自身が、本人《ほんにん》の潜在意識《せんざいいしき》が病気に吸着《きゅうちゃく》していることをあらわしているのです。病気を人に訴《うった》えることだけでも止《や》めるようにして御覧《ごらん》なさい。それだけでも、貴方《あなた》は一層健康《いっそうけんこう》になります。決《けっ》して自分の身体《からだ》を弱いと思ってはなりません。弱いのは、あなたの心が肉体《にくたい》を完全《かんぜん》に支配《しはい》する権利《けんり》を、自己放棄《じこほうき》(自分ですてる)したからに過《す》ぎません。断《だん》じてあなた自身が肉体の主人公《しゅじんこう》である権利を主張《しゅちょう》して、肉体をしてあなたを支配せしむる事勿《なか》れ。

## 恐《おそ》るることを止《や》めよ

恐怖《きょうふ》すれば、恐怖した相手に征服《せいふく》せられるのです。病気《びょうき》を恐怖すれば病気に征服せられるであろう。黴菌《ばいきん》を恐怖すれば黴菌に征服せられるでしょう。病気と普通《ふつう》考えられているものは、自然療法《しぜんりょうほう》が内部《ないぶ》から健康《けんこう》を回復《かいふく》せんがために、不浄物《ふじょうぶつ》(きたないもの)を焼《や》き(発熱《はつねつ》)、不浄物を排泄《はいせつ》する(内から外へ出す)(咳《せき》、喀痰《かくたん》、下痢《げり》、発疹《はっしん》、発汗等《はっかんとう》)ところの自浄作用《じじょうさよう》なのであります。それは味方《みかた》であって敵《てき》ではない。味方をおそれて敵と誤認《ごにん》するところに、病気が永引《ながび》くことになるのであります。(詳《くわ》しくは、『生命《せいめい》の實相《じっそう》』第一巻及《および》第二巻〈編註・頭注版では第1、第2、第3、第4巻〉を参照《さんしょう》せられよ)恐《おそ》れなければ速《すみや》かに自浄作用を完成《かんせい》して病気は癒《い》えるのであります。恐怖すれば細胞《さいぼう》は萎縮《いしゅく》し、血沈速度《けっちんそくど》は早くなり、血管《けっかん》は収縮《しゅうしゅく》して血圧《けつあつ》は高くなり、恐れた相手の病気や病菌《びょうきん》に征服せられてしまいます。

## 健康《けんこう》のための原則《げんそく》

健康《けんこう》になるためには、あまり肉体《にくたい》に就《つ》いて思い煩《わずら》わないことです。本当に健康な人は却《かえ》って肉体のことなど思っても見ないものです。精神《せいしん》が愉快《ゆかい》で、使命感又《しめいかんまた》は愛情《あいじょう》のために仕事《しごと》に邁《まい》進《しん》していて肉体のことを忘《わす》れている時ほど却《かえ》って健康でいられるのであります。胃袋《いぶくろ》でも健康なときには胃袋を忘れています。胃袋が精神にひっかかるようになったときには、既《すで》にその人は胃病《いびょう》であります。肉体の健康を維持《いじ》するためには、消化《しょうか》のことなど考えず、適当《てきとう》の分量《ぶんりょう》をよろこんで楽《たの》しく食べ、適当に肉体を運動又《うんどうまた》は労働《ろうどう》させ、新鮮《しんせん》な空気を吸《す》い、適当に日光《にっこう》に触《ふ》れ、肉体を適当に清潔《せいけつ》にし、あとは、肉体のことに少しも心を集注《しゅうちゅう》することなく、仕事《しごと》を楽しくやり、すべての人と仲《なか》良く、常《つね》に感謝《かんしゃ》しておれば好《よ》いのであります。

## 善《よ》いことばかりを話しなさい

心で想《おも》うことが万物《ばんぶつ》をつくるのでありますから、自分の好《この》まない状態《じょうたい》を心に想わないようにすることが大切《たいせつ》であります。談話《だんわ》の中に悲観的《ひかんてき》な要素《ようそ》のあることを話さないようになさい。話せば、心の中に悲観的なものを思い浮《うか》べますから、結局《けっきょく》、それがあらわれて来るようになります。病人《びょうにん》のことや、身体《からだ》の苦《くる》しいことや、人の悪意《あくい》や、失敗《しっぱい》や、不景気《ふけいき》の話や、その他面白《おもしろ》からぬことを話してはなりません。話せば言葉の力で心が汚《よご》れ、心が汚れれば、それだけあなたの周囲《しゅうい》に悪《わる》いことが現《あらわ》れてまいります。話すときには少しでも人々の心に喜《よろこ》びや、光明《こうみょう》が湧《わ》いて来ることのみを話しなさい。言葉が喜びや光明を伝《つた》えれば、あなたの身辺《しんぺん》に喜びや光明が集《あつま》ってまいります。

## 前途《ぜんと》に希望《きぼう》をもって生活せよ

希望《きぼう》に満《み》ちて生活する者の想念《そうねん》は若《わか》いのです。過去《かこ》を振返《ふりかえ》ってグズグズ泣《な》き言《ごと》を言ったり「昔《むかし》は善《よ》かったな」と過去に生きる者は老人《ろうじん》の特徴《とくちょう》であります。常《つね》に前途《ぜんと》に希望をみとめて、明《あか》るく、朗《ほが》らかに前進又前進《ぜんしんまた》する者の心は若いのです。若い心の者は常に肉体《にくたい》も若いのです。菊《きく》池寛《ちかん》は『文藝春秋《ぶんげいしゅんじゅう》』の経営《けいえい》を放棄《ほうき》して今迄《いままで》の多忙《たぼう》な仕事《しごと》を捨《す》てたのち間《ま》もなく霊界《れいかい》に転住《てんじゅう》しました。久米正雄《くめまさお》は雑誌《ざっし》『人間』の経営を他に譲《ゆず》って生活の多忙がなくなると間《ま》もなくこれも霊界に旅立《たびだ》ちました。希望と仕事の多忙とはあなたの身体《からだ》を若返《わかがえ》らせるのです。「病気している暇《ひま》がない」と云う諺《ことわざ》がありますが、「老衰《ろうすい》している暇がない」と云うようにお成《な》りなさい。此《こ》の世は使命《しめい》を果《はた》すために来たのですから仕事が無《な》くなれば霊界へ転任《てんにん》です。

## 人間は本来健康《ほんらいけんこう》である

生命《せいめい》は神より来《きた》るものでありますから、健康《けんこう》で常《つね》に若《わか》く元気溌剌《げんきはつらつ》としているのが本来《ほんらい》の相《すがた》であります。不健康《ふけんこう》や、老衰《ろうすい》や、元気のなさは、本来の相《すがた》ではなく、どこか間違《まちが》ったところがあると言わなければなりません。その間違《まちがい》は人間の心にあるのでありまして、神は決《けっ》して病気《びょうき》や、苦痛《くつう》や、不幸《ふこう》をお造《つく》りにはなりません。一つには人間自身の心が人間自身の苦痛を造るのであります。心に病気を描《えが》いてはなりません。心に人を憎《にく》んだり、慍《おこ》ったり、悲《かな》しんだり、嫉《しっ》妬《と》したり、暗《くら》い陰気《いんき》な心を持ってはなりません。これらは心の方面《ほうめん》から自然界《しぜんかい》の法則《ほうそく》を破《やぶ》ったのであります。二つには、物質面《ぶっしつめん》から自然界の法則を破ってはなりません。わざと酒類《さけるい》を貪《むさぼ》ったり、ヒロポンを服《の》んだりするのは物質方面からの自然界の法則を破ることになります。

## 肉体《にくたい》を若《わか》く美《うつく》しく

あなたが常《つね》に若《わか》く、元気で、愉快《ゆかい》な生涯《しょうがい》を送ろうとお考えになりますならば、あなたはどんな想念《そうねん》の世界に住んでおられますか、その想念の種類《しゅるい》に気をつけて下さい。想念こそあなたの肉体《にくたい》に決定的《けっていてき》な鑿《のみ》のあとを刻《きざ》むのです。釈迦《しゃか》が「三界唯心《さんがいゆいしん》」と説《と》き、キリストが「汝《なんじ》の信仰《しんこう》汝を癒《いや》せり」と言い、ラスキンが「汝《なんじ》自身を楽《たの》しき想念の巣《す》たらしめよ。想念こそ一切《いっさい》の不幸《ふこう》を防《ふせ》ぐ防壁《ぼうへき》だ」と説いた所以《ゆえん》であります。あなたの身体《からだ》には若々《わかわか》しい弾力《だんりょく》がありますか。それが若《も》しなかったら、心を頑固《がんこ》にしないで、もっと柔軟《じゅうなん》に弾力ある状態《じょうたい》に保《たも》ちなさい。あなたの皮膚《ひふ》に美《うつく》しさやうるおいが足《た》りませんか。ではあなたの心を美しく、愛《あい》とうるおいとを持つようになさいませ。乾《かわ》いた心は肌《はだ》を乾《ひから》びさせます。愛はうるおいの心であり、肉体のうるおいを増《ま》すのです。

## いつまでも若《わか》くあるには

あなたの肉体《にくたい》は、たといあなたが何歳《さい》であろうとも、今現《げん》に新しき養分《ようぶん》をもって、新しき細《さい》胞《ほう》をつくり、新しき組織《そしき》をつくりつつあるのであります。その新しくつくるための模型《もけい》となり「型《かた》」となるのがあなたの思いそのものなのです。「六十歳」「六十歳」「老衰《ろうすい》」「老衰」と常《つね》に思っておりますと、今つくりつつある肉体の新組織も、「六十歳」の型にならって、「老衰」の模型にならってつくられますから、ひからびた皺《しわ》くちゃの皮膚《ひふ》となってあらわれましょう。常に「私は若《わか》いのだ」と想《おも》うようになさいませ。そして「若者《わかもの》」そのものとして行動《こうどう》することです。いくら「私は若いのだ」と心で念《ねん》ずるようにしましても、いざ行動するときに「私は老人《ろうじん》だもの」と尻込《しりご》みするようでは根本《こんぽん》の想念《そうねん》がやはり老衰しています。

## 謙《へりくだ》りて神智《しんち》の流入《りゅうにゅう》を受けよ

神の智慧《ちえ》を受けんとするには、先《ま》ず自己《じこ》が空《から》っぽにならなければならない。だからイエスは、「およそ神の国に入《い》る者は、この幼児《おさなご》の如《ごと》きものなり」と教《おし》えているのである。人間知恵《ちえ》が行《ゆ》き詰《づま》ってしまって、もうどうにもならなくなったときに、忽然《こつねん》として神の導《みちび》きがあるのも其《そ》の為《ため》である。人間の治療法《ちりょうほう》が行き詰って、もうどうにもならなくなったとき、忽然《こつねん》として、神癒《しんゆ》（神の力にて病気のなおること）が起《おこ》ることがあるのも其《そ》の為《ため》である。「自分が」「自分が」と自己慢心的《じこまんしんてき》な考えは時として、自殺的《じさつてき》な結果《けっか》を惹起《ひきおこ》す。「自分が」と力《りき》む心が、神智《しんち》と神の生命《せいめい》の流れ入るのを妨《さまた》げることになるのである。宗教界《しゅうきょうかい》にも、科学界《かがくかい》にも、実業界《じつぎょうかい》にも、「わしが」「わしが」で鼻高々《はなたかだか》としているために一層《いっそう》高き神智の流入が妨げられている人が随分《ずいぶん》ある。

## 心に一物《いちもつ》も把《つか》まない人が自由人《じゆうじん》である

自由人《じゆうじん》とは、我武者羅《がむしゃら》に自分の我《が》を主張《しゅちょう》しそれを実行《じっこう》しようと固執《こしゅう》する(かたくしがみつく)人では決《けっ》してないのである。頑固《がんこ》に我武者羅に、自分を固執する人は、折角《せっかく》、神の智慧《ちえ》が流れ入ろうと思っても、それを鎖《とざ》してしまうことになる。だからそれは自由人ではなくて、自縄自縛《じじょうじばく》(自分のナワで自分をしばること)人《じん》であると言うべきである。自分を自縄自縛して、まことに狭《せま》い窮屈《きゅうくつ》な人間にならしめながら、それを自分の自由だと高慢《こうまん》な心をもっている人もあるのである。本当の自由人とは何にも把《つか》まなくなった、空手《くうしゅ》の人を云うのである。空手であれば、いつでも自由自在《じざい》に欲《ほっ》するものを把むことが出来るのである。かかる人こそ本当の自由人であって、物によって縛《しば》られず、事によって縛られず、自分自身によっても縛られないのである。

## 就眠前《しゅうみんぜん》には心を平和《へいわ》に明《あか》るくしなさい

どんなに疲《つか》れていても、あなたの心が昂奮《こうふん》(たかぶる)したり、イライラしたり、腹《はら》が立ったり、悲《かな》しい間は寝床《ねどこ》の中には入《はい》らない方があなたの健康《けんこう》のためであります。眠《ねむ》りしなの心の状態《じょうたい》は、睡眠中《すいみんちゅう》もはたらいている潜在意識《せんざいいしき》の方向《ほうこう》を決定《けってい》するものであります。そして潜在意識は宇宙意識《うちゅういしき》につながっておりますから、夜じゅう思いつめている潜在意識中の暗《くら》い思いは、宇宙意識に感応《かんのう》して、宇宙のあらゆるところから、類似《るいじ》の暗い想念《そうねん》の波動《はどう》を引き寄《よ》せ、それを感受《かんじゅ》し、それを貴方《あなた》に於《お》いて実現《じつげん》することになります。だから眠る前には、是非《ぜひ》ともすべての暗い考え、悲しい想《おも》いを捨《す》てて、祈《いの》り又《また》は神想観《しんそうかん》をし、すべての人の罪《つみ》を赦《ゆる》し、心の重荷《おもに》をとってから眠ることです。

## 道を説《と》くことは人を救《すく》うことである

源左《げんざ》は法語《ほうご》（真理のはなし）をすることは人を救《すく》うことであり、それは自分が功徳《くどく》を積《つ》まして貰《もら》うことであるから、法語をさせて貰いたいために見知らぬ人の荷物《にもつ》をも持たせていただくのであった。そして、

「あねーさん、あねーさん、是《これ》を持たせてもろうた代《かわ》りに有難《ありがた》い話を聞いて下されや」と道すがら法語をなし、ようこそ、ようこそとお念仏《ねんぶつ》しては法語して坂を下《くだ》るのであった、と妙好人《みょうこうにん》伝《でん》の八十八頁《ページ》には書かれております。人に道を説《と》くことは、そして人を救うことは、自分が

功徳を積まして頂《いただ》くことですから、こちらから労働奉仕《ろうどうほうし》でもして話させて頂く位《くらい》の心にならねばならないのです。教《おし》えを説きはじめるとすぐ先生顔《せんせいがお》に傲慢《ごうまん》な（えらがる）態度《たいど》に出る人がありますが、たかぶる心は老衰《ろうすい》のもとであります。

## 汝《なんじ》の悩《なや》みを神にあずけよ

多くの人達《ひとたち》は、平和《へいわ》な睡眠時間《すいみんじかん》をとらないために、長時間眠《ねむ》っていながら尚《なお》くたびれているのです。寝床《ねどこ》へはいるときには、是非《ぜひ》昼中《ひるじゅう》又《また》は仕事《しごと》時間中のいろいろの悩《なや》みから完全《かんぜん》に解放《かいほう》されなければなりません。睡眠中の生活を全然《ぜんぜん》昼間《ひるま》の悩みから遮断《しゃだん》（さえぎりたちきる）してしまうのです。寝床へ入《はい》ったら何にも仕事のことや家庭《かてい》のいざこざの事などは考えないのです。問題《もんだい》が残《のこ》っていても寝床の中で考えて解決《かいけつ》しようなどとは考えないで、その問題を神様に預《あず》けてしまうのです。その預け方を教《おし》えましょう。

「神様、あなたは無限《むげん》の愛《あい》と智慧《ちえ》とを持っていらっしゃいます。だから、どんな問題でも解決出来るのです。この問題を、神様あなたに預けます。その間《あいだ》に時期《じき》が来て参《まい》りましたら此《こ》の問題を解決してくださいませ」

こう祈《いの》って、心を空《から》っぽにして、神に托《まか》せて眠ってしまうのであります。

## 腹立《はらだ》てるな、貴方《あなた》の寿命《じゅみょう》が縮《ちぢ》まる

ひとが悪《わる》いからといって腹《はら》を立ててはならない。何故《なぜ》なら、あなた自身の生命《せいめい》があまりにも尊《とうと》いからです。腹を立てて相手を憎《にく》めば、相手はその憎みの心の波《なみ》を反映《はんえい》して、あなたに反感《はんかん》を持つばかりで、決《けっ》して相手はよくなりません。相手を良《よ》くし、又《また》は自分のためになる人にするには、こちらが相手に好感《こうかん》を持たねばなりません。互《たがい》の心は映《うつ》り合うものなのです。その上、腹を立てたり、人を憎んだりしますと、血液《けつえき》の中に毒素《どくそ》が出来、あなたの寿命《じゅみょう》が、腹の立った程度《ていど》に随《したが》って、或《あるい》は一ヵ月、或は一年間、或は十年間、縮《ちぢ》まることになります。それは一種《いっしゅ》の慢性自殺《まんせいじさつ》です。人が悪いからといってあなたの尊い生命《いのち》を自殺させるには及《およ》ばないでしょう。あなたの眉《まゆ》を左右《さゆう》に伸《の》ばしなさい。眉と眉との間をひろげなさい。そしてもっと朗《ほが》らかになりなさい。

## 病気《びょうき》を克服《こくふく》するには恐怖心《きょうふしん》を捨《す》てなさい

健康《けんこう》は不安《ふあん》、恐怖《きょうふ》、悲哀《ひあい》、憤怒《ふんぬ》、悔恨《かいこん》などの動揺《どうよう》する心によっては得《え》られないのです。絶対《ぜったい》安静《あんせい》が必要《ひつよう》だと云《い》われている病気《びょうき》でも、肉体《にくたい》を絶対安静にせねばならぬと云う恐怖心に捉《とら》われておりますと、少々の動きでも、その心配《しんぱい》恐怖のために心臓《しんぞう》はドキドキして来るのです。ところで恐怖心をなくせよと言いましても、恐《おそ》れてはならないと思えば思うほど恐れると云うことにもなり勝《が》ちであります。だから恐怖をなくするためには正しき物の考え方に帰らねばならない訳《わけ》です。正しき物の考え方こそ人生を幸福《こうふく》にする唯一《ゆいいつ》の道であります。病気の人は『続々甘《ぞくぞくかん》露《ろ》の法雨《ほうう》』（生長の家の聖経のうちの一つ）を朗々《ろうろう》とお読みなさい。病気が本来《ほんらい》ないことがわかり、恐怖心がなくなります。其処《そこ》から病気が消滅《しょうめつ》するのです。

## 一寸《ちょっと》信《しん》じて直《す》ぐ疑《うたが》うのは本当に信じたのではない

ユダヤ第一の賢王《けんおう》と云《い》われたソロモン王《おう》は「われに智慧《ちえ》を与《あた》え給《たま》え」と言って祈《いの》って、世界最大《さいだい》の賢者《けんじゃ》となり、同時《どうじ》に富者《ふうじゃ》となりました。そして「人は自分の『思う処《ところ》』のものとなる」と云う格言《かくげん》を残《のこ》しました。不幸《ふこう》が来ているのに、その不幸が自分の「思い」から映《うつ》っているのに、その不幸が、外《そと》から来ると思って、他《ひと》を恨《うら》んでいるのでは、いつまでも本当の原因《げんいん》を絶滅《ぜつめつ》していないから、その不幸は消えません。自分自身が善《よ》くなって御覧《ごらん》なさい。相手がよくなるのです。相手を「神の子」だと信《しん》ぜよと言われたから信じて金《かね》を十万円貸《か》してやったら返さないで損《そん》をした。いくら信じてもその通りにならぬと言う人があります。何かの事情《じじょう》で返せないと、すぐ相手を神の子でないと疑《うたが》うのでは、始めから相手を「神の子」として信じているとは言えますまい。人を「悪《わる》い人」だと見る心はあなたの健康《けんこう》を害《がい》する心だとお知りなさい。

## 心の中に敵《てき》を忍《しの》び込《こ》ませるな

二十四時間《じかん》のうちたった一遍《いっぺん》くらいは心の重荷《おもに》をおろしたらどうですか。すっかり事業《じぎょう》の事も、お金《かね》の事も、名誉《めいよ》のことも、きれいに忘《わす》れて軽々《かるがる》とした気持《きもち》で寝床《ねどこ》に入《はい》ったらどうですか。これから毎日そうなさったらあなた達《たち》の寿命《じゅみょう》は平均《へいきん》二十年は伸《の》びるでしょう。あなたの心の中に敵《てき》を思うことは、あなたの心の中に敵を忍《しの》び込《こ》ませることになるのです。敵が憎《にく》ければ憎いほど、其《そ》の敵を心の中へ忍び込ませてはならないでしょう。あなたの心の中へは「想《おも》うもの」が入《はい》って来るのです。「喜《よろこ》び」を思えば「喜び」が入って来ますし、「敵」を思えば「敵」が入って来るでしょう。地獄《じごく》と云うのは「敵」に攻《せ》められている状態《じょうたい》です。「敵」を心の中に忍び込ませて、自分の心をそんなに責《せ》めて善《よ》いものでしょうか。

## 心が平和《へいわ》にならぬ時には

腹《はら》が立って仕方《しかた》がない時、どんなに心を平和《へいわ》にしようと思ってもそれが出来ない時には、何か心を平和にする本を読むことです。『生命《せいめい》の實相《じっそう》』をお読みなさい。中でもその第四巻（編註・頭注版では第7巻）の「生活篇《せいかつへん》」をお読みなさい。心が明《あか》るくなります。『青年の書』（編註・谷口雅春著、日本教文社発行）をお読みなさい。これは必《かなら》ずしも青年ばかりが読むべき本ではありません。これを読めば心が純粋《じゅんすい》になり、青年的な純粋な浄《きよ》らかな生活感情《かんじょう》が滾々《こんこん》と湧《わ》き出て来ます。先《ま》ず神の霊波《れいは》に合致《がっち》する生活感情を湧き立たすことが、何事《なにごと》をしても成就《じょうじゅ》する根本条件《こんぽんじょうけん》であります。神を信《しん》じてもお蔭《かげ》がないと云うのは、神の霊波に一致《いっち》する生活感情が湧き出ていないで、ただ表面《ひょうめん》だけ神を信じたつもりでいるからです。単《たん》に入会《にゅうかい》したと云う程度《ていど》を超《こ》えるところにこそ、神と波長《はちょう》が合ってお蔭が出て来るのであります。

## ——新装新版　真《しん》　理《り》　第八巻　信仰篇《しんこうへん》——

谷《たに》口《ぐち》雅《まさ》春《はる》著

昭和31年7月1日　初版発行
平成29年1月5日　新装新版初版発行

発行人　白水春人
発行所　光明思想社

〒103-0004　東京都中央区東日本橋2-27-9
初音森ビル10階
電話03(5829)6581
FAX 03(5829)6582
郵便振替00120-6-503028



装幀　松本 桂／カバーイラスト　山根 到



ISBN978-4-904414-53-8